O casal em crise

os Internacionais de Catalogação na Publicação (CIP)
(Câmara Brasileira do Livro, SP, Brasil)

Jolfi, Maurizio.
O casal em crise / Maurizio Andolfi, Claudio Angelo, Carmine
accu ; [tradução Silvana Finzi Foá]. – São Paulo: Summus,
1995.

Título original: La coppia in crisi.
Bibliografia.
ISBN 978-85-323-0454-4

1. Casais - Aspectos psicológicos 2. Casais - Aspectos sexuais 3. Papéis sexuais 4. Psicoterapia de casais I. Angelo, Claudio. II. Saccu, Carmine. III. Título   CDD-
95-3530   616.89156

Índice para catálogo sistemático:

1. Psicoterapia de casais : Medicina   616.89156

Compre em lugar de fotocopiar.
Cada real que você dá por um livro recompensa seus autores
e os convida a produzir mais sobre o tema;
incentiva seus editores a encomendar, traduzir e publicar
outras obras sobre o assunto;
e paga aos livreiros por estocar e levar até você livros
para a sua informação e o seu entretenimento.
Cada real que você dá pela fotocópia não autorizada de um livro
financia o crime
e ajuda a matar a produção intelectual de seu país.

O casal em crise

Maurizio Andolfi
Claudio Angelo
Carmine Saccu

ORGANIZADORES

summus
editorial

Do original em língua italiana
LA COPPIA IN CRISI
Copyright© 1993 by Accademia de Psicoterapia della Famiglia,
S. R. L.
Direitos desta tradução adquiridos por Summus Editorial

Tradução: **Silvana Finzi Foá**
Revisão técnica: **Tai Castilho**
Instituto de Terapia Familiar de São Paulo
Capa: **Carlo Zuffellato e Paulo Humberto Almeida**

Summus Editorial
Departamento editorial:
Rua Itapicuru, 613 – 7º andar
05006-000 – São Paulo – SP
Fone: (11) 3872-3322
Fax: (11) 3872-7476
http://www.summus.com.br
e-mail: summus@summus.com.br

Atendimento ao consumidor:
Summus Editorial
Fone: (11) 3865-9890

Vendas por atacado:
Fone: (11) 3873-8638
Fax: (11) 3873-7085
e-mail: vendas@summus.com.br

Impresso no Brasil

Sumário

Apresentação	7
Introdução à edição italiana	11

PARTE I
O casal normal

As funções do casal Carl A. Whitaker	21
A mudança no casal Virginia Satir	29
A construção diádica da realidade Jürg Willi	38
A escolha do parceiro Claudio Angelo	47
O casal útil Paolo Menghi	58

PARTE II
Crise de casal: qual terapia?

Psicanálise e terapia sistêmica: dois paradigmas em ação Helm Stierlin	71
O modelo psicanalítico de funcionamento do casal Anna Nicolò	75

Terapia de casal, sistema terapêutico e ressonância
Mony Elkaim 91

Crise de casal e família trigeracional
Maurizio Andolfi 105

O casal: terapeuta do indivíduo
Elida Romano, Jean-Clair Bouley 120

Terapia de casal do ponto de vista sistêmico:
uma pesquisa em curso
Philippe Caillé 133

PARTE III
A sexualidade no casal

Prisioneiros do papel sexual
Peggy Papp 147

A crise de casal entre pseudo-reciprocidade e emancipação
Marcella de Nichilo 155

Comunicar para amar ou amar para comunicar
Willy Pasini 162

Terapia de casal e/ou terapia sexual
Rodolfo de Bernart, Roberta Giommi 170

PARTE IV
Casais desintegrados e reconstituídos

As crianças, pequenos Ulisses entre Cila e Caribde
Carmine Saccu, Giovanna Montinari 183

Famílias reconstituídas: a criação de um novo paradigma
Elizabeth Carter 192

Terapia com casais em uma sociedade desagregadora
Kitty LaPerrière 199

Apresentação

É um prazer apresentar a edição em português de *O casal em crise*, pois, quando entrei em contato com este livro, apaixonei-me pelos artigos e pela seriedade da discussão. Depois de minha estadia, com Sandra Fedullo, no Instituto de Terapia Familiar de Roma, nasceu o desejo de traduzi-lo para nosso idioma e poder assim compartilhar com outras pessoas uma reflexão que é da maior importância nos dias de hoje.

Ao voltar ao Brasil, tomada pela riqueza de meu aprendizado em Roma e ávida por dividir as novas experiências com meus colegas, entrei em contato com a Editora Summus, e os trabalhos para esta edição foram iniciados.

O casal em crise é uma coletânea de textos escolhidos acuradamente entre as conferências apresentadas em um congresso cujo tema central foi a complexidade da relação de casal. Embora tenham passado quase dez anos, a discussão não poderia ser mais atual, não só pelo tema proposto — a crise do casal, ou melhor, o casal em crise — como também pela riqueza do material selecionado. Poucas vezes os maiores expoentes do mundo no campo da terapia de casal e família estiveram reunidos para pensar o casal moderno.

Um evento de tal dimensão ainda não se repetiu e parece-me que a discussão sobre as mudanças no casal ainda se restringe ao limite das paredes de nossos consultórios e ao silêncio sobre o que realmente significa ser e viver o casal. Numa sociedade na qual cada vez mais nos preocupamos com os papéis sexuais, ainda não foi possível privilegiar a relação que se dá no único espaço em que os papéis masculino e feminino se confrontam. Um campo de estudo e observação assim tão complexo como este certamente merece que experiências como a deste congresso se repitam, principalmente no Brasil.

Infelizmente, não foi possível manter na edição brasileira todos os textos selecionados pelos editores italianos. Apesar da qualidade indiscutível de todos os trabalhos, esta edição manteve apenas os artigos mais significativos em cada um dos temas abordados e os autores mais conhecidos do público brasileiro. Espero que aqueles não selecionados sejam publicados em uma próxima oportunidade. O livro está dividido em quatro partes: o casal normal, a crise de casal, a sexualidade no casal e, finalmente, os casais desintegrados e reconstituídos.

Na primeira parte, não poderíamos deixar de incluir grandes mestres como Virginia Satir e Carl Whitaker, que definem tão bem a relação de casal como um modelo adulto de intimidade. Satir nos ajuda a compreender as regras de relação no casal no contexto das mudanças pelas quais passaram os papéis sexuais desde o início do movimento feminista. Paolo Menghi nos mostra, em seu brilhante trabalho, o quanto o casal é útil para o nosso crescimento. Cláudio Angelo e Jürg Willi falam sobre os caminhos que levam à escolha de nossos parceiros e sobre a necessidade que temos de viver em casal, embora o casamento continue em discussão e os divórcios, em ascenção.

Na segunda parte incluímos, entre outros, o modelo de Mony Elkaim, que nos permite compreender o quanto é criativo trabalhar no paradoxo do encontro do casal: "preciso tanto desta tua forma de amar, e ao mesmo tempo minha história não me permite vivê-la". Esse modelo ressoará, certamente, nas histórias dos terapeutas de casal.

Maurizio Andolfi nos presenteia com um belo texto sobre o significado da crise de casal quando posta em uma chave trigeracional. A relação do casal é, então, um terceiro em que pomos nossos mitos intergeracionais e de onde emergem nossas expectativas.

Elida Romano nos fala da relação de casal como terapêutica para os indivíduos que a compõem. Os trabalhos de Helm Stierlin e Anna Nicolò, de conteúdo mais psicanalítico, são excelentes contribuições, assim como o modelo terapêutico de Philippe Caillé, para nos ajudar a pensar o casal como autocriador da relação que o constitui.

Na terceira parte é abordado um tema ainda pouco tratado pelos terapeutas, que insistem em relegá-lo ao campo da sexologia, como se fosse possível separar a intimidade da relação do casal da intimidade sexual. Rodolfo de Bernart discute esses aspectos contribuindo para que sexólogos e terapeutas de casais possam encontrar um ponto de intersecção em seus trabalhos.

Quanto à última parte, o polêmico tema das famílias desintegradas e reconstituídas, ela nos mostra que esta é uma discussão que precisa urgentemente de um espaço maior em nossas reflexões. Os fóruns estão cheios de processos litigiosos, cujo confronto leva à guerra pelos filhos e sobrepõe a relação conjugal desestruturada à relação parental, acarretando danos pessoais mas, principalmente, para os filhos, que sofrem passivamente violências diversas.

O trabalho de Carmine Saccu é emocionante, devido à forma poética utilizada para relatar suas experiências com situações litigiosas envolvendo os filhos.

Discutir esses trabalhos abrirá para os leitores uma porta que permitirá que penetrem na riqueza deste livro.

Tai Castilho
Instituto de Terapia Familiar de São Paulo

Introdução à edição italiana

Este volume está sendo publicado um ano após a realização do Congresso Internacional que teve como tema "O Casal em Crise", organizado pelo Instituto de Terapia Familiar (I.T.F.) em colaboração com a Sociedade Italiana de Terapia Familiar, na esplêndida moldura da Universidade Urbaniana de Roma, de 1 a 4 de outubro de 1987. Os ecos desse Congresso, ainda vivos e entusiásticos entre os mil e quinhentos participantes de todas as partes do mundo, e o significado histórico desse primeiro simpósio internacional sobre um tema tão crucial e atual nos estimularam a reunir as principais contribuições num volume editado pelo I.T.F. (Roma), que, decerto, não poderá reproduzir a vitalidade das intervenções e dos animados debates do Congresso, mas se propõe a oferecer um panorama científico e cultural rico e variado das complexas temáticas relativas ao casal.

Em vez de nos aventurar numa obra ciclópica e publicar os Anais do Congresso, com mais de 150 contribuições — e todas de alto nível — apresentadas sob formas diversas, preferimos selecionar alguns dos trabalhos[1] mais destacados, pedindo aos seus relatores que reelaborassem e ampliassem o texto apresentado e discutido em Roma, em roupagem mais apropriada a uma publicação científica. Muitos dos trabalhos, redigidos em outros idiomas, foram traduzidos e editados para o leitor italiano; e todos os materiais foram depois subdivididos pelos curadores do livro, em quatro partes, na mesma seqüência que marcou aqueles dias do Congresso de Roma.

Cada uma das partes deste livro é precedida de uma breve apresentação crítica, de modo a estabelecer uma vinculação entre os vários textos e conferir maior homogeneidade ao conteúdo da obra.

---

1. Todos os trabalhos apresentados neste volume são originais. Alguns deles foram ou serão publicados, em versões diferentes, em publicações científicas do setor, sempre referidas em nota a cada artigo.

Os autores que contribuíram para este volume participaram como conferencistas do Congresso de Roma, com exceção de Carl Whitaker, que, infelizmente, não pôde estar presente por motivo de saúde. De Whitaker, cuja presença espiritual pairava em todo o Congresso, julgamos imperioso reproduzir um texto dos mais belos por seu conteúdo humano e profissional: "As funções do casamento", extraído do livro norte-americano *From Psyche to System*. Alguns dos conferencistas principais, aos quais estendemos o convite para contribuírem para este volume, não puderam fazê-lo por falta de tempo. Também a eles agradecemos sua contribuição sob a forma de ativa participação no Congresso.

Este livro começa com uma parte fundamental, relativa ao estudo e compreensão do *casal em seus processos evolutivos normais*, detendo-se na escolha do parceiro, nas funções do casamento, na evolução do papel masculino e feminino, na construção diádica da realidade, e ilustrando também as questões relativas às mudanças no casal, seja no que diz respeito ao ciclo vital da família, seja às profundas transformações sociais do nosso tempo. É bem verdade que ainda estamos longe da construção de uma teoria da normalidade; contudo, chega-se ao fim dessa parte com a clara sensação de que o *movimento sistêmico*, tanto nos Estados Unidos como na Europa, está amadurecendo uma "cultura da normalidade" que já não se baseia, como no passado, em pressupostos e conhecimentos adquiridos sobretudo no campo da patologia e da terapia.

Essa parte enfoca uma série de questões complexas e de certo modo novas para os estudiosos e terapeutas da família, a começar por: o que é um casal? Em seguida: de que maneira se pode utilizar a bagagem conceitual elaborada e transmitida pelas escolas sistêmicas para a compreensão de um casal em evolução? Em que medida a relação, que constitui, para falar à maneira de Satir, "a terceira dimensão do casal", intervém na construção da identidade individual? Que influência exerce sobre o casal o contexto cultural em que vive, bem como as expectativas e normas das famílias de origem?

Em outra parte aborda-se o tema da *sexualidade no casal*. As contribuições nessa área são ainda escassas e, em certa medida, controvertidas, apesar da preciosa contribuição de alguns sexólogos, como Pasini, e das propostas de maior colaboração com estudiosos e terapeutas familiares. Embora estes só recentemente tenham se dedicado às problemáticas sexuais e aos conflitos entre intimidade sexual e intimidade afetiva no casal, percebe-se um crescente interesse pela sexualidade como área de compreensão das modalidades comunicativas do casal e de seus conflitos interpessoais. Destaca-se também a relação entre a intimidade do casal e as fronteiras intergeracionais;

ou seja, observa-se a relação de casal e suas disfunções, inclusive sexuais, dentro do desenvolvimento intergeracional da família.

Nessa parte são também consideradas certas temáticas relativas ao papel sexual, o qual, para alguns autores, constitui o princípio organizador mais importante da relação de casal. A suposta "neutralidade" das teorias sistêmicas e o princípio de "equidistância" são profundamente questionados em alguns trabalhos, que enfatizam, de modo mais ou menos explícito, os pressupostos éticos do observador-terapeuta e seu sistema de valores. Em especial, Papp observa o risco de que o casal, e também o terapeuta, possam permanecer presos a seus próprios papéis sexuais, se for ignorado o sistema mais amplo, sociocultural e econômico.

Na segunda parte chega-se ao coração deste livro, onde é questionado de modo mais concreto como avaliar *a crise do casal* e quais critérios adotar quando se requer uma terapia. Ou seja, entramos no calor do debate entre modelos, coerências epistemológicas e práticas terapêuticas.

É impossível identificar um elemento unificador dentre as numerosas contribuições a essa terceira parte: os textos vão desde paradigmas psicanalíticos de matriz kleiniana, com a proposta de terapia de casal a longo prazo, até uma série variada de enfoques sistêmicos; por exemplo — para mencionar apenas alguns —, passa-se da análise do macrossistema social e institucional à proposta de um modelo trigeracional ao se considerar a crise do casal, e também são descritos modelos estratégicos de terapia breve. Há quem fale de uma possível integração entre psicanálise e teoria sistêmica no trabalho com casais; outros, como Satir, enfatizam a dificuldade dessa tentativa e talvez mesmo sua inutilidade, uma vez que *as diferenças produzem diferença*, e esta diz respeito sobretudo a como conduzir uma terapia de casal psicanalítica ou sistêmica.

O leitor curioso, que souber extrair idéias preciosas de fontes diferentes, sem insistir em buscar um ecumenismo fácil, ficará certamente satisfeito com a riqueza do material clínico apresentado e com a preocupação de cada um dos autores de enquadrar sua intervenção numa perspectiva teórica rigorosa, evitando uma mera exposição de efeito sobre as técnicas usadas, antigo defeito dos terapeutas sistêmicos dos anos 70, talvez definitivamente abandonado.

A última parte, curta e sintética, nos traz decididamente para o plano de realidade, crua e atual, antecipando os novos desafios do futuro.

Como iremos usar as refinadas teorias psicanalíticas ou a conquista mais recente da segunda cibernética no estudo das *famílias reconstituídas*? Nestas, os vínculos de apego e os processos de diferenciação individual e de pertencimento ao grupo de origem, provavelmente, seguirão caminhos diferentes daqueles que foram traçados, até hoje, por uma psicologia baseada em pais e filhos biológicos, em papéis sexuais tradicionais, nas chamadas famílias "intatas". Como poderemos reformular os pressupostos das teorias sistêmicas, quando tivermos que trabalhar com um sistema-família e um sistema-indivíduo muito diferentes daquilo que até agora foi entendido por essa terminologia?

As estatísticas norte-americanas, apresentadas no texto de Carter, são estarrecedoras, e infelizmente muito semelhantes aos dados relatados durante o Congresso por estudiosos dos países latinos e de vários países europeus.

A previsão para 1990, nos Estados Unidos, é de 60% de divórcios entre pessoas que estão no segundo casamento. E há que se perguntar o significado do fato de 70% das pessoas voltarem a se casar com a convicção de que o primeiro divórcio aconteceu por causa de uma escolha errada de parceiro ou por algum problema emocional, seja pessoal ou familiar.

Em suma: o que quer dizer, também para nós, terapeutas, que quanto mais a instituição familiar parece estar falida, mais parece que ela mantém sua credibilidade e se coloca como única alternativa para si mesma?

Enquanto nos interrogamos sobre questões tão graves e complexas, somos chamados, inclusive pelo Poder Judiciário, a intervir em situações de grande sofrimento e, muitas vezes, de igual violência interpessoal. Essas situações decorrem de separações improvisadas, de separações incompletas ou cheias de ressentimentos, do maciço envolvimento dos filhos, famílias de origem, instituições e fantasmas; e o vínculo do casal continua sem uma rescisão de ambos os lados, ou é sempre ele que continua contando e dominando.

Este volume termina com o texto de LaPerrière, que afirma que com demasiada freqüência as intervenções dos terapeutas familiares e de casal têm dado ênfase aos processos de autonomia, à necessidade de se identificar e de mudar, em detrimento das exigências igualmente vitais de pertencimento, de continuidade e de vínculo com o outro.

Então, por que não desejar que os terapeutas consigam ajudar os casais a se aceitarem e a redescobrirem áreas vitais de intimidade e estabilidade, sem a avassaladora pressão para mudar?

Maurizio Andolfi
Roma, 30 de agosto de 1988

Agradecimentos

Agradecemos em primeiro lugar ao dr. Claudio Angelo, que, além de ser um dos curadores da obra, contribuiu de modo determinante para que este volume fosse publicado rapidamente, colocando à disposição seus conhecimentos, sua prática de trabalho com computador e os equipamentos necessários.

Agradecemos também à dra. Katia Giacometti por seu minucioso trabalho de supervisão de alguns trabalhos em outros idiomas, bem como aos tradutores principais, dra. Francesca Vanon e dr. Marc Rives. Um último agradecimento ao notável e precioso trabalho de redação feito por Maria Bearzatto.

PARTE I
O casal normal

O que é um casal normal? Falar em casal significa hoje enfrentar o problema preliminar de definir seus conteúdos conceituais. Paradoxalmente, essa exigência vem se colocar quando já foi consagrada uma prática de intervenção terapêutica junto ao casal. Intervenção que se desenvolveu a partir da teoria dos sistemas, pelo estudo do equilíbrio interno do casal e das normas que o regem. Ou seja, temos tratado do "mecanismo", sem dar muita atenção à natureza do "objeto".

Digo "paradoxalmente" porque foram sendo construídos conhecimentos baseados, sobretudo, em situações patológicas como único dado de realidade verificada. Em contraposição, havia uma idéia de "normalidade", postulada ou construída abstratamente, de modo complementar ao modelo de observação, com base na experiência pessoal do observador em sua própria família e sua própria cultura.

É verdade que o conceito de ciclo vital da família, suas fases específicas e momentos críticos que atravessa ao longo de sua evolução, já é consagrado há alguns anos; mas também é verdade que foi formulado de modo extremamente genérico e vago, apresentado como elemento unificador e universal em qualquer situação, independentemente das particularidades individuais e culturais.

Paralelamente à série de estudos sobre o casal e a família "normais", num contexto não-terapêutico e predominantemente sociológico e psicológico, manifesta-se, repetidamente, de vários lados, a exigência de aprofundar o significado que as diferentes experiências e as próprias relações adquirem para as pessoas nelas envolvidas.

Surge então, a respeito do casal, uma série de questões extremamente complexas e articuladas entre si: o que é um casal? O que há de diferente em nossa maneira de considerá-lo, em comparação à experiência do passado — por exemplo, como a psicanálise e as

17

escolas de orientação psicodinâmica abordaram os problemas do casal e o seu modo de funcionamento? De que maneira pode ser utilizada, corrigida e ampliada a bagagem conceitual transmitida por essas escolas? Em que medida a relação, "terceira dimensão do casal", intervém na construção da identidade individual, torna-se elemento organizador que controla o processo evolutivo dos parceiros e a construção de sua realidade externa? Que influência têm o contexto cultural e social em que vive o casal, as expectativas e normas das famílias de origem? Que influência têm os pressupostos iniciais de cada parceiro sobre a estruturação e evolução da relação; como são administrados eventuais conflitos com a cultura ou com as famílias de origem?

Os artigos que se seguem procuram enfrentar algumas dessas questões, sem pretender construir uma teoria da normalidade, aliás, algo impossível no atual estágio de nossos conhecimentos. De nossa parte, não nos colocamos o problema da coerência entre os textos apresentados: pode-se observar que os campos de investigação ou de observação são às vezes muito distantes, desde considerações de caráter histórico-sociológico até observações que focalizam essencialmente os indivíduos.

Pensamos, porém, que é justamente essa heterogeneidade que ilustra com eficácia a *complexidade* do "objeto" de estudo, que abrange vários níveis de observação e de análise, e diferentes percursos de leitura. Níveis antropológicos, que nos permitem coletar as normas e papéis vigentes em vários tipos de culturas e as expectativas implícitas ligadas a eles.

Níveis psicológicos e relacionais, em percursos que se ramificam com eixos plurigeracionais, verticais ou eixos horizontais, onde se colocam figuras pertencentes a uma mesma geração e a uma rede de relações com a sociedade ampla. Em particular, nos defrontamos com o problema da evolução do conceito de papéis masculino e feminino, e das limitações que suas rígidas atribuições determinaram no desenvolvimento da identidade pessoal; com a influência disso tudo sobre a instituição matrimonial; com a influência que o fenômeno da "complementaridade" na escolha do parceiro exerce sobre a construção e conservação da própria imagem e das próprias defesas, sobre a construção da realidade externa, sobre a evolução de cada um dos membros do casal; com o significado da inevitável transformação, do cônjuge, com o passar do tempo, de personagem ideal a tirano, e do desafio da superação desse estágio evolutivo; com a leitura de percursos relacionais colocados em vários níveis geracionais, por meio da exemplificação de casos com diferentes configurações de relações etc.

Apesar da aparente heterogeneidade dos instrumentos de investigação e das perspectivas de observação, o leitor poderá reconhecer palavras ou "conceitos-chave" que servem de ponto de referência para diversos percursos de exploração: casal, trigeracional, papel, identidade, eu/outro, união/separação, diferenciação etc. — pontos cruciais em que os diversos percursos se encontram, se entrelaçam, servem de conexão entre diferentes níveis, apresentando "realidades" diferentes. E, enfim, colocam o problema de qual percurso seguir, mas também explicam a inutilidade de dar uma resposta unívoca, ou dão a entender claramente que a pergunta está errada. O problema é sempre o da coerência com o caminho que se escolheu, e será enfrentado, em parte, nos capítulos seguintes.

AS FUNÇÕES DO CASAL*
Carl A. Whitaker

Há muitas maneiras de falar de casamento. Do ponto de vista funcional, podemos perguntar o que ocorre com o indivíduo no casamento; o que ele obtém e o que lhe acontece no processo. Eu escolhi falar de casamento evitando ser sistemático; se esta experiência puder ter alguma utilidade para vocês, deve permitir que pensem junto comigo, e não que fiquem tomando notas para procurar demonstrar que o que estou dizendo está errado.

Para falar de casamento, precisamos ter alguma idéia do que é o ser humano, do que é o indivíduo antes de se unir a alguém e de quais são os aspectos funcionais da união.

É óbvio pensar que o ser humano sofre uma deficiência, do ponto de vista biológico. Eu sou um deficiente biológico: sozinho, não tenho possibilidade de continuar no tempo, sou excluído. Sou um deficiente porque não tenho seios, nem vagina. Não posso me reproduzir. Essa deficiência faz parte do *background* funcional do intenso desejo de um pelo outro. Se eliminarmos, por um momento, o instinto de reprodução, perceberemos que o meu problema é ser incompleto. Faltam-me componentes que são parte da minha necessidade biológica. Conseqüentemente, o que está por trás do casamento é que eu sou um indivíduo ao qual falta alguma coisa.

Há outras coisas que têm a ver com o indivíduo: o conceito de transferência, o fato de cada qual transferir emoções de um estado para outro. A homeostase: o esforço do indivíduo para manter uma segurança, uma condição de estabilidade. O caráter fásico de estar junto: você pode alcançar o outro e depois perdê-lo. O fato de que, em certo ponto, você está consigo mesmo e em outro ponto, está além

---

* Extraído do livro *From Psyche to System: The evolving Therapy of C. Whitaker*. Guilford Press, Nova York/Londres, 1982.

de si mesmo. Esse fluxo e refluxo do processo de vida faz com que seja difícil que possamos ficar satisfeitos onde estamos.

Além disso, podemos pensar que há aspectos de nosso modo de crescer que são culturalmente determinados; não vou relacioná-los porque são muitos, demais. Um é o desejo de permanecer criança, um esforço contínuo para simplificar a vida, ser dependente, ficar no Éden, fazendo de conta que Deus não nos expulsou... era só brincadeira. E o desejo de fazer alguma coisa por alguém, de deixar mamãe contente, de virar terapeuta e resolver os problemas do mundo, de ser Jesus Cristo e assim por diante...

Bom, nesse quadro, precisamos definir casamento para falar dele. Acho que a definição mais simples é a que diz que casamento é um modelo adulto de intimidade. É uma espécie de união e separação que faz parte do modelo adulto de nossa estrutura. Tem as mesmas qualidades de todos os "casamentos", para usar esse termo em sentido mais amplo: mãe/filho, relação entre sócios ou amigos, casamento ou encontro de inimigos. (Vocês observaram que nos últimos dez anos tivemos um tipo especial de relação com a Rússia, em que inicialmente havia uma tensão muito negativa e amarga, e agora podemos ver a outra face dessa ambivalência? Isso vale também para o "casamento" entre inimigos.)

Muitas vezes tenho a sensação de que a maior parte dos casamentos é como o número 69, e se houver os avós, dá 73, com quatro olhando. Há diferenças substanciais entre a família como modelo e a cultura como modelo. Uma das diferenças é que os regulamentos e normas que as regem, as generalizações que se aplicam a elas, são diferentes.

Estou me referindo, por exemplo, às pessoas que tratam seu casamento como um projeto de relações públicas. Tenho em terapia um dentista que me procurou dizendo que estava com um problema muito difícil. Queria usar o divórcio como ameaça à mulher, que ia para a cama com outro e queria ir embora com o amante, largando o marido e os filhos. Ele dizia: "É claro que nunca vou fazer isso, mas pensei que se eu ameaçasse seriamente pedir o divórcio, ela ia largar esse outro sujeito". Esse tipo de norma de relações públicas aplicada ao casamento, a uma situação privada, contrasta com aquela clássica, do esquizofrênico, que tem um sistema privado de relações com todos. Ele quer ter um tipo de intimidade — a relação consciente/inconsciente — com uma pessoa que acaba de conhecer na rua e a quem disse "oi".

Estes dois exemplos podem dar uma idéia das diferenças entre o que, a meu ver, constitui conceitualmente o casamento — um quadro de intimidade, com um sistema de normas preciso — e o mundo das relações públicas, em que eu e vocês vivemos e estamos nos comunicando neste momento.

Citando Warkentin: "Na guerra e no amor tudo é permitido. E o casamento é as duas coisas". Nesse sentido, as normas do mundo não se aplicam ao casamento. No casamento, é bom haver guerra, é bom não haver boas maneiras e cortesias. Uma coisa típica que pede uma mãe de esquizofrênico, quando vem nos procurar no consultório, é: "Só queria que o senhor fizesse o Johnny ficar bonzinho comigo de novo, ele anda horrível! Eu queria que ele fosse gentil como os outros, ele não tem consideração, parece que não sou gente!" Há tipos diferentes de casamento. Se vocês olharem para os casamentos que passam por seus consultórios, seria fácil descrevê-los. Mas os tipos não são exclusivos: tendem a coincidir.

Um dos tipos mais simples é o de "companheiros", pessoas que são boas amigas e resolveram viver a dez passos de distância, mas casados. Elas querem manter essa distância e, quando acham uma pessoa com a mesma necessidade, encontram um equilíbrio. São como dois sócios muito quietos, nenhum dos dois dirige o negócio; cada um é dono de metade e não vende nada da sua parte.

Margaret Mead propôs dois tipos de casamento. Um é o casamento legalmente permitido, para o qual tiram uma licença, e que prevê que a mulher vai tomar pílula e não haverá filhos. Depois de algum tempo, os dois podem renegociar o contrato e resolver casar com fins reprodutivos. Aí tiram outra licença de casamento, fazem uma cerimônia formal e, então, podem ter filhos quando quiserem. Outro é o casamento baseado numa adoção bilateral, quando um psiquiatra encontra uma paciente e legalizam essa relação. Aí podemos observar uma série de experiências fascinantes. Eu tive em terapia um casal desse tipo, alguns anos atrás, só que na época ainda não estavam propriamente legalizados. Ele tinha passado direitinho por seus quatro ou cinco anos de terapia rogeriana, e aí achou uma esquizofrênica verbalmente muito atraente, e de outros pontos de vista também, e resolveram morar juntos. Depois de uns dois anos de convivência as coisas estavam bem explosivas, e ele me procurou para que eu desse "um jeito nela". Até que consegui, só que notei que os dois eram bastante loucos. E isso se tornou um problema quando a loucura dele veio à tona e os dois se acharam numa situação bem diferente de antes, quando ele guardava a devida distância da loucura, que estava toda colocada nela. Depois, a mulher começou a melhorar e, paralelamente, ele começou a ficar ansioso, então acharam que era demais e não valia a pena.

Tratava-se de um processo de adoção — ele servia de psiquiatra dela, e ela era a *vida* dele —, era uma relação recíproca. Ele era frio, congelado, ela parecia uma descarga elétrica; ela era a terapeuta dele, pelo menos tanto quanto ele era dela. Do meu ponto de vista, esse processo de adoção é um processo pseudoterapêutico. Tratava-se do que eu chamo de casamento pseudoterapêutico bilateral, que provavelmente corresponde ao casamento americano padrão, o que o meu casamento e o da maior parte das pessoas acaba sendo. Cada um procura ajudar o outro. Um exemplo desse tipo de união está maravilhosamente descrito num pequeno livro chamado *The $ 100 Misunderstanding*, que conta a história de uma prostituta negra, analfabeta, de 14 anos, e de um estudante de Yale de 18 anos, cujo pai é o líder da liga antiblasfêmia da comunidade, e que procuram um jeito de se ajudar reciprocamente. Esse casamento pseudoterapêutico é quase inevitavelmente recíproco ou bilateral, e, no fundo, essa é a característica de todos os casamentos: são recíprocos, são imagens espelhadas.

Há também o casamento de tipo homossexual: o casamento de duas pessoas que têm corpos fisicamente diferentes, por isso podem se casar legalmente, mas têm uma base relacional essencialmente competitiva, como dois homens ou duas mulheres. Há o casamento pervertido, cujos tipos mais comuns são o casamento sem sexo ou sem agressividade, como o de Henry Ford: viveram cinqüenta anos juntos e nunca brigaram. Um dos modos mais interessantes de pensar o casamento, além da formulação de Eric Berne, com a qual concordo inteiramente, é a de um encontro pseudoterapêutico: os sentimentos ou os papéis maternos ou paternos e o papel de filho de cada parceiro, e o masculino e feminino que está por trás, são características obrigatórias de todos os relacionamentos humanos.

Quando estou aqui com vocês, estou personificando o papel de pai e de mãe, e vocês ficam quietinhos e engolem direitinho, assumindo o papel de criança, e fazem de conta que é só isso, mas que na verdade somos adultos e estamos agindo como adultos uns em relação aos outros.

Mas se observarem o casamento de duas pessoas em toda sua complexidade, supondo que se compõe da masculinidade e feminilidade dele e da feminilidade e masculinidade dela, então acho que podem pressupor que em toda relação de casal podemos encontrar níveis complexos de combinação, que a masculinidade dela e a dele são inter-relacionadas, que a masculinidade dela e a feminilidade dele podem andar juntas, e que a masculinidade dele e a feminilidade dela podem se combinar, ou que a feminilidade de um pode se combinar com a do outro. Assim, quando falamos de casamento homossexual entre um tipo masculino de mulher e um tipo feminino de homem, não estamos falando só de uma combinação homossexual, mas de todas as possíveis combinações dos quatro aspectos aí representados.

A esse respeito, Ambrose Bierce, em seu *Devil's Dictionary*, elabora uma boa definição do casamento, dizendo que é uma comunidade composta por um patrão, uma patroa e dois escravos, totalizando duas pessoas. No fundo diz a mesma coisa que Berne, só que disse cinqüenta anos antes.

Há também outras formas de casamento, sobre as quais não me alongarei, como, por exemplo, a relação extraconjugal, ou seja, um casamento que assume até a forma de uma relação legalizada que se prolonga por muito tempo, e em que a única comunicação entre os dois é que vão para a cama juntos. É um arranjo, em que a vagina e o pênis têm um apego, mas as pessoas estão ausentes: estão em vários lugares e em outros momentos, só que de vez em quando juntam os seus corpos.

Além das características, vale a pena falar também das mudanças que ocorreram no casamento.

O casamento tem uma dimensão temporal, e numa dimensão temporal acontecem algumas coisas. Vou falar disso de um ponto de vista que julgo similar, em certos aspectos, à fisiologia, e depois vou tratar dos nós que encontramos ao olhar o casamento ao longo dos anos. Uma de suas funções, por exemplo, consiste em aumentar o nível do metabolismo. Isso acontece na hora, mas também em sentido mais geral. Acho que ninguém vive uma vida tão intensa se não for casado.

A vinculação entre o contrato legal, que é estável, e a pressão e movimento do envolvimento levam a um aumento da temperatura interna, que duvido que possa ser obtido de outro jeito. Podemos discutir isso, porque desconfio que não seja evidente para todos, talvez nem seja verdade. Mas eu acredito que uma das grandes funções do casamento é desencadear a tensão, aumentar a ansiedade e os seus efeitos positivos e negativos.

O casamento provoca também uma alienação em relação ao passado. É uma espécie de experiência existencial obrigatória, que tende a nos arrastar para longe do passado; por isso, pode-se dizer que as pessoas casadas correm menor risco, em comparação às não-casadas, de continuar grudadas à barra da saia da mamãe e do papai e à infância. O casamento também funciona como catalisador da criatividade, não apenas biológica, mas em sentido geral, e faz isso perturbando a homeostase, destruindo a organização individual, sua solidez, o sossego. Acho que provoca, inclusive, mudanças físicas, mudanças na imagem corpórea, no autoconceito. Uma coisa que talvez vocês não tenham notado é que há mulheres de busto achatado que, depois de casadas, desenvolvem seios grandes, e não é por causa de gravidez. Vocês até podem postular o contrário; eu não consigo.

25

Cresci numa fazenda e tendo a ver tudo de um ponto de vista positivo. Não ficaria surpreso se vocês me dissessem que algumas pessoas, depois do casamento, desenvolvem uma fisiologia negativa e problemas físicos, como artrite. Eu estaria muito interessado em maiores dados do ponto de vista estatístico: o número de pessoas que desenvolvem artrite depois de casadas pode ser um dado significativo. Penso que o casamento também precipita a integração. Parece que a vontade se transforma em desenvolvimento. Também questiona a integração, por causa da tensão e da subversão que traz consigo. Mas penso que também resulta num aumento da homeostase e da estabilidade, embora esses aspectos possam se manifestar por último. Bom, se passarmos a examinar por que isso acontece, quais são os eixos em torno dos quais tudo isso ocorre, caímos numa coisa que eu acho que é comum a todos os casamentos, a todos os conteúdos do casamento, e que é uma qualidade fantasticamente paradoxal e altamente dialética, tanto que quando se começa a falar disso eu logo fico confuso. Começo de um lado e vou para o lado oposto. Vocês podem resolver em parte esse problema, por exemplo, dizendo que duas pessoas vivem juntas e não acontece nada, depois os dois ficam cada vez mais juntos e ao mesmo tempo crescem também individualmente. É uma coisa esquisita, mas quanto mais eles estão juntos, mais estão separados. Se não conseguirem se separar, não conseguem nem aumentar a intimidade. Se não conseguirem aumentar sua individualidade, também não conseguem aumentar o ficar juntos. É difícil falar disso, porque é como se estruturar com base num duplo vínculo. Eu precisaria de maior preparo lógico ou filosófico, e não tenho nenhum dos dois. Quanto mais você é livre para ficar com os outros, especialmente sua mulher, mais você se sente livre consigo mesmo. Quanto mais estiver consigo mesmo, mais pode estar com ela. E se me permitirem uma linguagem crua, é como transar. Não dá para entrar e ficar. É um movimento para a frente e para trás, um estado fluido.

Entre todos esses aspectos dialéticos e paradoxais, os mais evidentes são o amor e o ódio. Não sei se é verdade que quando o amor aumenta, aumenta o ódio também, mas penso que o casamento transita da distância à proximidade, e esta abrange ambos os componentes, ódio e amor, e que a intimidade e a vulnerabilidade elevam a temperatura do amor e do ódio.

Agora quero falar disso em termos de tempo, um período de tempo. Se partirmos da premissa de que o começo do casamento é essencialmente um fenômeno de transferência, e que a escolha do parceiro é muito precisa, então trata-se de um processo "de inconsciente para inconsciente". Ele se dá com a mesma precisão de um computador respondendo a uma pergunta. Os computadores às vezes erram (e nós também, e Deus sabe como), mas a combinação marido e mulher é extremamente precisa.

Em minha experiência clínica, constatei que isso vale, inclusive, no caso de dois parceiros com perturbações profundas. É como se esse encaixe estivesse num nível inferior ao do distúrbio psíquico. Quando acaba essa espécie de lua-de-mel do tipo "é o sonho da minha vida", sucede-se um outro período, com outro tipo de transferência — não há um termo para designá-lo. É um período entre o momento do fim do sonho transferencial e o fim de toda relação terapêutica, sete, oito ou nove anos depois. Geralmente, é chamada de crise dos sete anos, síndrome dos dez anos: o momento em que se torna claro, para as duas pessoas, que não podem reconstruir o outro. Ele percebe que ela nunca vai ser o que ele queria que ela se tornasse, e ela sabe que não vai conseguir fazer com que ele mude para o homem que ela queria que ele fosse.

Esse é outro fim da lua-de-mel, o segundo tipo de fim. O que entendo por transferência?

Eu me caso com a minha mãe, transfiro para essa mulher que provoca em mim os sentimentos que eu tinha por minha mãe, ou por meus pais, a combinação de papai e mamãe, ou a combinação dos meus pais mais os pais deles. O resultado compõe-se de uma quantidade incrível de componentes, e penso que o fenômeno de transferência constitui boa parte dessa combinação. Transferência não é coisa simples. Costumamos falar como se fosse simplesmente o fato de um sujeito se casar com a própria mãe. Mas não é isso. Penso que há aspectos dessa mãe que ele procura porque precisa deles. Mas a moça que ele escolheu pode ter certas características do pai ou do avô, e que o atraíam.

Todas as informações estão na memória do computador, e precisamos tomar cuidado para não simplificar demais.

No fim desse período de sete a dez anos, acontece o que eu chamo de impasse terapêutico. É uma espécie de geléia de transferência e contratransferência, e o relacionamento fica cada vez mais morto. Eles contam: "Temos as mesmas brigas de seis anos atrás, sempre pelas mesmas coisas, e nos dizemos sempre as mesmas coisas". Estamos na milésima sessão, e ela é igualzinha à quinta. E se chegamos a um impasse, é sempre pelo mesmo problema que gera o impasse, e aí, o que fazer? Mandar o paciente embora e substituir por outro? Como se se estivesse divorciando e casando de novo? Ou chamar um co-terapeuta e procurar conseguir algo de bom, ou então dar-se um jeito de acabar com a relação de uma vez, introduzindo uma outra pessoa? Uma coisa típica que se faz nessas circunstâncias é arranjar um amante — e isso leva a outra questão sobre o casamento, a que ele é uma supra-organização que ultrapassa os indivíduos que a compõem e que as coisas que nela ocorrem são efeito do encontro. Ele diz "Você é frígida", e ela retruca "Você sofre de ejaculação precoce". Isso continua por algum tempo, até que eles resolvem fazer alguma coisa para aumentar a temperatura do casamento, e Fulano é a pessoa certa para elevar a temperatura da mulher. Resolvem também que ela vai fazer isso escondido, assim ele não vai se sentir um corno e quando descobrir vai ficar apavorado. Mas isso também faz parte do acordo, e eles vão voltar a ficar juntos, coisa já prevista antes que começassem essa psicoterapia de amadores. De qualquer maneira, a temperatura subiu, e eles terão superado o impasse tornando-se mais íntimos e sua relação, mais significativa.

Muitas vezes, o resultado é o seguinte: a temperatura sobe, ele fica morrendo de raiva até superarem o problema, e todas as vezes que as coisas esfriam entre eles, ela põe os olhos em outro e a temperatura sobe de novo, e assim por diante... Ela arranja outro, e ele diz: "Tá bom, você arranjou o seu, agora é a minha vez de arranjar uma terapeuta". E ela responde: "Não aquela loira", querendo dizer, na verdade: "Não me conte, mas pode ir em frente".

Se o impasse dos dez anos for superado com o triângulo amoroso ou profissional, vem outro período, de uns dez anos, de instabilidade e crescimento, até chegar à crise dos vinte anos, que corresponde mais ou menos à época em que os filhos estão saindo de casa.

Durante muito tempo, um ficou sentado de um lado e o outro, do outro lado, com um monte de gente no meio. De repente, não há mais ninguém e tudo que resta é viver junto ou jogar tudo para o alto. Essa crise dos vinte anos é outra que, quando superada, leva ao enfrentamento da velhice e da morte, percurso que também requer um certo tipo de *background* para que também se torne parte construtiva de sua vida em comum.

A MUDANÇA NO CASAL
Virginia Satir

Devido à brevidade desta apresentação, meu quadro de referências pode parecer esquelético. Por isso peço que vocês vejam o que eu digo neste artigo como se estivessem olhando um mapa rodoviário que só mostra as estradas principais.

A idéia de trabalhar com o casal como unidade de tratamento é relativamente nova: provavelmente só tem uns quarenta anos. No início, pensávamos no casal composto só por dois indivíduos, e portanto o tratávamos com a única abordagem conhecida, a psicodinâmica. Os cônjuges eram acompanhados individualmente, em geral por dois terapeutas. Depois, fomos percebendo que o casal se compõe de três partes, dois indivíduos e uma relação: eu, você, nós. Cada uma das partes deve ser observada, pois cada uma tem um significado na vida do casal.

Por exemplo, qualquer coisa que uma das pessoas faz, requer que a outra responda, e essa resposta modela aquela pessoa. Paralelamente, a resposta do outro modela seu próprio eu. Essa seqüência, repetida, dá origem a um modelo, que se traduz em normas para a relação. Isso, por sua vez, estabelece os parâmetros da relação, limita e expande a vida de cada um dos membros do casal. Esse é um conceito sistêmico. Embora o pensamento sistêmico aplicado ao comportamento humano seja relativamente recente, parece aceito e apreciado pela comunidade terapêutica. Na verdade, tem sido enormemente útil para a compreensão do funcionamento do casal.

Originalmente, a abordagem terapêutica baseava-se unicamente na patologia e na eliminação dos sintomas.

Nos últimos cinqüenta anos, foi sendo desenvolvida uma abordagem diferente, baseada no crescimento e no desenvolvimento, mas que, por muito tempo, só foi considerada válida e aplicável às pessoas sadias, na medida em que era formulada numa linguagem não-terapêutica e mais pedagógica.

Hoje conhecemos e estamos adotando progressivamente essa abordagem positiva. Torna-se cada vez mais claro que a ausência de doença não coincide com saúde. Um casal sadio está atento aos papéis e expectativas sociais, ao efeito das relações com os pais sobre os parceiros adultos, aos problemas de auto-estima etc. Estamos começando a ver que a possibilidade de formar um casal sadio é algo que pode ser ensinado, e hoje muitos terapeutas estão trabalhando dessa perspectiva.

Olhar juntos os membros do casal permitiu que observássemos a interação entre os dois e compreendêssemos como os parceiros se relacionam entre si desempenhando papéis de pai e mãe e utilizando projeções recíprocas. Agora temos condições de ver como uma pessoa, para manter um senso de auto-estima, ameaça o outro, afastando-se da relação e atacando-o. Merloos e Bergler descreveram, nos anos 50, como uma vida em casal pode ter efeitos deletérios sobre os indivíduos. Lembro-me especialmente de um artigo de Merloos, intitulado "How to Drive Your Mate Crazy". Harry Stack Sullivan já falara, muito antes, da terceira dimensão, a relação, mostrando como o comportamento de um indivíduo contém as reações do outro significativo. Mas era cedo demais para utilizar esse conceito em terapia. Nathan Ackerman também falara disso, num artigo de 1936, mas na época estávamos tão concentrados nas dinâmicas individuais que não podíamos entender o alcance disso.

Com o tempo, surgiram cinco novas idéias, que podem mudar sensivelmente o modo de os membros de um casal se relacionarem, de as pessoas verem a si mesmas e de os terapeutas trabalharem.

Primeira: a possibilidade de formar um casal sadio depende da capacidade de haver um senso de igualdade entre as partes. Isso contraria a idéia mais que secular de que o casal se baseia numa desigualdade, o que leva à formação de uma relação de dominação/ submissão tipo vítima/carrasco, enfermeiro/doente etc.

Segunda: todas as pessoas, homem ou mulher, têm partes intuitivas e partes cognitivas. Para funcionar da melhor maneira, essas partes devem ser desenvolvidas e integradas.

No passado, os homens eram destinados ao papel cognitivo e as mulheres, ao intuitivo. Acredito que a necessidade de plenitude, comum a todos, requer ambos. No passado, as pessoas procuravam restringir essa integração à relação homem/mulher: duas pessoas para fazer um todo. A mulher representava o papel intuitivo pelo homem, e vice-versa. Era como se a mulher tivesse que usar a cabeça do homem, porque ela não tinha, e o homem, o coração da companheira. Mas como precisamos das duas partes, a relação homem e mulher tornava-se uma questão de vida e de morte. Como se pode viver sem cabeça ou sem coração?

Depois, foi ficando claro que esse arranjo requer a "morte do eu" em prol da "segurança amorosa", acarretando efeitos colaterais catastróficos, tais como sentimento de culpa, ansiedade e medo. A seu modo, por meio dos sintomas, os casais lutam para formar um todo. De algum ponto, profundo, sabem que esses efeitos colaterais vão passar quando forem pessoas inteiras. O problema é que não sabem como alcançar essa inteireza, e essa necessidade é fonte de dificuldades. Para ajudá-los a mudar as bases de sua relação, precisamos ajudar cada um deles a se tornar um todo. Isso implica uma mudança radical na consciência. Penso que uma relação sadia só pode se instaurar entre duas pessoas que se sintam de igual valor, uma em relação à outra. Meu esforço como terapeuta se dá nesse sentido.

Terceira: a identidade não se confunde com o papel. Desde sempre o papel era o fator mais importante na estruturação da identidade. Quando se pergunta a uma pessoa quem ela é, é provável que responda em termos de papel: sou uma dona-de-casa, trabalho como médico etc. O papel descreve o que a pessoa é. Um dos meios de que lanço mão é o de ajudar as pessoas a encontrar a si mesmas por trás do papel, e colocar esse "si mesmo" no centro. Aí aparece Maria, em vez da mãe, que, eventualmente, também pode ser esposa, avó, costurar, lecionar, fazer palavras cruzadas, praticar *trekking* no Nepal e assim por diante.

Os papéis mais perigosos são aqueles que definem homem e mulher. O delineamento do papel sempre foi tão rígido que quaisquer variações na sua definição eram sempre consideradas patológicas. Os meninos que não eram machões eram considerados maricas e as meninas que não brincavam de boneca eram vistas como moleques.

A luta das mulheres por um lugar legítimo na sociedade, a introdução do planejamento familiar e do divórcio favoreceram esse processo de desenvolvimento, e agora elas sentem que têm um controle maior sobre sua própria vida. Maiores oportunidades de trabalho também contribuem para torná-las mais independentes. Tudo isso, evidentemente, abala os alicerces do modelo dominação/submissão para homens e mulheres.

Em meu tempo de estagiária, tive em terapia um casal em que a mulher consertava o carro e o marido costurava. Meu supervisor pediu-me para mudar a situação: era o homem que tinha que fazer consertos e a mulher, costurar. Só isso podia ser considerado saúde.

31

É claro que hoje em dia somos mais flexíveis, mas ainda não o bastante. Os papéis, sobretudo os atribuídos às mulheres, começaram a ser questionados durante e após a Segunda Guerra Mundial, quando as mulheres demonstraram que tinham condições de fazer também o trabalho normalmente destinado aos homens. Como resultado desses e outros fatos, conseguimos leis que reduziram a polarização do mundo do trabalho em atividades masculinas e atividades femininas. Essa idéia ainda é nova, na medida em que marca uma grande diferença com um passado que ainda está muito arraigado, e nós ainda hesitamos no novo caminho. É um progresso lento, porque as mudanças sociais são lentas.

Apesar disso, a mudança que já foi alcançada permite que os homens manifestem sentimentos mais ternos e participem mais na vida emocional da família. Com o tempo, à medida que os homens venham a estabelecer vínculos emocionais e afetivos com os filhos, estes vão crescer com uma tendência diferente. Uma vez legitimado seu acesso aos sentimentos, os homens não precisarão mais canalizar tanta energia para a aquisição de *status* e poder e não precisarão depender das mulheres para gratificação emocional. Então, o padrão duplo, que teve um papel tão importante na guerra entre os sexos, desaparecerá.

Durante muito tempo, as pessoas viveram convencidas de que essa guerra era inata. Foi surpreendente descobrir que é coisa aprendida. O tema da dominação/submissão na relação leva ao sistema dos opostos, em que um está certo e o outro está errado. Quem está com a razão é gratificado e quem está errado é castigado.

Devemos lembrar que, durante séculos, a sociedade definiu as pessoas com base nos papéis. O que estava por trás da pessoa ficava sujeito aos ditames do papel, ou seja, repressão e modelagem da força vital num papel perfeito. A história está repleta de descrições das conseqüências dessa postura: Hitler é um dos exemplos.

Voltando um pouco mais, é importante lembrar que, até 1920, data em que mulheres obtiveram direito de voto nos Estados Unidos, mulheres e crianças eram propriedade dos homens. Só passaram sessenta anos desde que tudo isso mudou. Aquele foi o começo do reconhecimento legal da mulher como pessoa. Ela tinha aprendido tão bem o papel de vítima e dependente que foi preciso muito tempo até que conseguisse erguer-se nas próprias pernas e lutar pelo novo *status*. Planejamento familiar, divórcio, maior aceitação no mercado de trabalho e o movimento das mulheres proporcionaram a possibilidade de escolher.

Se, por um lado, a posição dos homens sempre foi melhor que a das mulheres, também é verdade que eles ficaram prisioneiros de seu papel. A maior liberdade conquistada pelas mulheres deu margem à maior liberdade dos homens. Muitos dos casais baseados no modelo de dominação/submissão querem uma relação diferente. Seus problemas refletem essa busca. Em certos ambientes, ter como objetivo principal de vida tornar-se uma pessoa ainda é considerado uma heresia. No entanto, fica cada vez mais claro que é o sujeito que toma decisões, independentemente do papel. Por exemplo, podemos dizer que um médico toma uma decisão médica, mas a idéia é de uma pessoa, não de um papel.

Quarta: uma boa auto-estima é o fundamento das decisões sobre como se comportar. Se uma pessoa tiver um conceito pessoal baixo, suas escolhas serão feitas em termos de decisões a favor ou contra si mesmo, comprometendo, conseqüentemente, sua integridade. As pessoas com uma auto-estima elevada tomarão decisões com base em elementos objetivos de avaliação: são pessoas que podem ser honestas e têm condições de amar autenticamente. As dificuldades para enfrentar problemas, em um casal, sempre estão relacionadas à baixa auto-estima dos parceiros.

Outra complicação é representada pelo fato de que os membros de um casal podem ficar presos um ao outro, num encaixe psicológico que faz lembrar seus modelos infantis. Nesse caso, a terapia precisa estar atenta aos mecanismos de projeção.

Eu adoto a regra segundo a qual quanto maior é a necessidade de projeção, mais baixa é a auto-estima.

Para alterar o modelo projetivo, ajudo as pessoas a entrarem em contato com seus sentimentos para com o pai ou a mãe, que pode ser personificado pelo cônjuge, para que estejam em condições de diferenciar o primeiro do segundo. Isso é particularmente importante quando a relação objetal é do tipo pai (ou mãe)/filho. É um jeito de esclarecer com quem se está lidando: "você ou a minha idéia de você". Na projeção, estou lidando com minha idéia de você, não com quem você é realmente. Saúde corresponde à possibilidade de lidar com a pessoa real.

É um fenômeno habitual, entre os casais que têm problemas, que cada um tenha baixa auto-estima, e por isso procura mascarar as dificuldades, criando defesas. Viver com essas defesas significa tornar-se emocionalmente desonestos, e o custo dessa operação é a violação das necessidades mais profundas, que são penosas e por isso experimentadas como dor e insegurança. Quando uma pessoa está insegura, inevitavelmente usa mecanismos de defesa do tipo projetivo, às custas de violar o eu. Isso, por sua vez, cria uma sensação de fraqueza e vulnerabilidade, da qual a pessoa se defende com novas projeções, das quais decorre uma sensação de derrota, que faz baixar ainda mais a auto-estima. Esse círculo vicioso traz, como conseqüênca última, que a pessoa se afasta do amor e da estima de que necessita. A raiva aumenta, aumenta o pânico e o comportamento fica cada vez mais incongruente. Os desejos estão longe de poder ser satisfeitos e, em casos extremos, chega-se ao homicídio e ao suicídio. No contexto do casal, inconscientemente, cada um dos membros ajuda o outro a fazer o que estiver fazendo. Esse diálogo interno destrutivo muitas vezes se traduz em conflitos de casal que não passam de transações defensivas ligadas ao baixo nível de auto-estima. Individualmente, esse comportamento é concebido como uma traição, uma vez que o contrato implícito era que cada um deles ia ser o que o outro queria que fosse.

Álcool e drogas constituem, muitas vezes, analgésicos temporários contra a dor. Escondem e atenuam o desejo de ser amado. Mas a auto-estima fica ainda mais comprometida pelo hábito de usar substâncias entorpecentes.

As sementes das nossas experiências de casal estão nas primeiras experiências de aprendizagem. A maioria das pessoas é ensinada a obedecer e a se conformar às normas externas, sob ameaça implícita de serem abandonadas ou rejeitadas. Em termos de auto-estima, esse não é um bom ensinamento: pelo contrário, leva a não conseguir desenvolver a auto-estima e, conseqüentemente, a não poder correr o risco de estabelecer uma relação íntima. Não se satisfaz a necessidade profunda de estabelecer vínculos, de que resulta uma profunda solidão interna.

Havendo baixo nível de auto-estima, tudo passa a ter significado pessoal: a meu favor ou contra mim. O desejo de intimidade é grande, mas o medo é maior ainda. Quando posso, procuro ajudar as pessoas a entrar em contato com suas próprias necessidades espirituais e, com o meu modelo, ajudo-as a desenvolver uma nova perpectiva mediante um senso de ironia.

Para sarar, precisamos de novos modelos de saciar a fome, precisamos responder aos desejos do coração. Somente saciando essas necessidades é que o homem pode gradualmente recuperar a força de se erguer sobre as próprias pernas.

É preciso promover a compaixão e o amor entre os casais, e neutralizar a força destrutiva ligada ao medo. Depois, é preciso canalizar construtivamente a energia que foi usada negativamente, de modo a promover estima e intimidade. Essa atitude é contrária à atitude de buscar na vida objetivos de *status*, habilidade e poder.

Quinta idéia: as pessoas são seres espirituais. São vida em ação, e portanto são parte da vida. Eu costumo dizer que todos nós somos pequenos enganos cósmicos, mas não podemos aceitar essa idéia até percebermos que somos também seres cósmicos sagrados. Isso leva a respeitar a vida, e sem esse respeito é difícil sentir paixão e compaixão. O comportamento dos parceiros, muitas vezes, nada tem a ver com paixão, nem compaixão, por si mesmos e pelos outros.

Resumindo as cinco idéias, temos:

Primeira idéia: a constituição de um casal sadio depende da capacidade de experimentar um senso de igualdade com o outro;

Segunda idéia: os indivíduos sadios caracterizam-se pela união de partes intuitivas e cognitivas;

Terceira idéia: os indivíduos sadios sabem que são seres únicos e expressam a própria identidade na integração das várias partes;

Quarta idéia: as pessoas sadias sabem que uma boa auto-estima é o fundamento de uma vida sadia.

Quinta idéia: os seres humanos são manifestações da vida, e por isso são espirituais. Cada um dos casais e cada uma das famílias que eu conheci em meu trabalho clínico ao longo dos últimos cinqüenta anos representavam aquilo que chamo de prática desumana, que é a imposição de normas desumanas a seres humanos.

As pessoas, corajosamente, procuram fazer a vida funcionar. Mas sua vida não funciona porque suas idéias e seu comportamento não estão em sintonia com a idéia de saúde. Para ajudar esses casais e famílias a viverem de forma saudável, ajudo-as a conquistar um senso de igualdade em relação aos outros, a distinguir entre papel e identidade, de modo que o eu tenha a oportunidade de respirar e possa ser libertado da prisão do papel.

Tudo isso é novo, nunca aconteceu antes. E boa parte desse trabalho é educação. Eu vejo o que as pessoas fazem como resultado do que aprenderam, não como produto de sua perversão ou limitação. Penso que todos somos capazes de aprender coisas novas a cada momento da vida.

No fundo, a maior parte das pessoas está parada e vive segundo a lógica da dominação/submissão, que continua negando a individualidade e encorajando uma identidade baseada no papel. Isso é particularmente perceptível no ambiente clínico.

Viver desse jeito faz as pessoas ficaram vulneráveis a todo tipo de relação social e psicológica e a doenças físicas. Eu acredito que qualquer comportamento que acabe manifestando desarmonia está simplesmente evidenciando o desequilíbrio em que as pessoas vivem. Parto da premissa de que devo acolher o presente, seja qual for o estado em que se manifeste, porque só assim posso enxergar o que está tentando emergir. Acredito que a vida faz todo o esforço possível para se completar, e, para isso, toma qualquer caminho que possa percorrer, por mais estranho que seja.

Só é possível ter saúde quando se alcança esse objetivo. Só então as pessoas podem formar casais sadios, ou seja, unidade e diversidade ao mesmo tempo. Cada um tem aspectos em comum com o outro, e cada um é diferente do outro. A diferença é conseqüência inevitável da vida humana e precisamos aprender a acolhê-la como um dom, não como um chamado à guerra.

Uma relação sadia é capaz de acolher a unicidade de cada parceiro e sua comunhão. O resultado é que essa relação permanece vital e viva: há sempre novas possibilidades emergindo. Quando a diferença não é compreendida nem avaliada positivamente, não pode ser tolerada e torna-se uma ferida purulenta. Não se pode pagar o preço exigido pelo conformismo, cujo lema é "seja igual aos outros", "todo desvio será castigado". Para viver é preciso ter a coragem de se expressar. É raro que uma pessoa tenha sido criada com autoestima; pelo contrário, muitos têm sentimentos de grande desprezo por si próprios. Nos ensinaram a conquistar, competir e superar os limites, mas pouco nos ensinaram a amar a nós mesmos. Mas se não pudermos amar a nós mesmos, como podemos amar os outros?

No modelo de dominação/submissão, amar a si mesmo é visto como egoísmo e/ou superioridade/inferioridade. No modelo de igualdade, o amor remete aos sentimentos e se transforma na seiva para irrigar a alma e fortalecer.

Eu descobri que quando há problemas de casal, o que se está pedindo ao parceiro é que ele preencha as necessidades que os pais não atenderam. Embora isso ocorra dentro do casamento, trata-se, na realidade, de uma relação pai (ou mãe)/criança. Muitas pessoas escolhem o parceiro por ser ele diferente do pai (mãe), e acabam descobrindo que ele (o parceiro) apresenta os mesmos problemas que queriam eliminar. Penso que esse processo pode ser remetido a uma separação incompleta dos pais. Os parceiros são inconscientemente atraídos um pelo outro por uma adesão emocional e psicológica que ignoram totalmente. É óbvio que as pessoas que ainda são muito dependentes dos pais tendem a repetir os mesmo jogos com o parceiro. E os dois jogam o mesmo jogo.

Um dos objetivos terapêuticos, então, consiste em completar a separação dos pais e construir uma relação verdadeiramente nova, fundamentada em dois indivíduos e não nas projeções recíprocas.

Nesta apresentação, procurei expressar minhas idéias sobre o conteúdo social e psicológico em que está enraizada a desarmonia de um casal. Muito do que usávamos no passado não serve mais. Os diagnósticos baseados na patologia são cada vez mais inúteis. A elaboração de modalidades que possam ajudar as pessoas a aprender, a entender e a se usarem num contexto de crescimento, está só começando.

No contexto da terapia de casal, os terapeutas que trabalham para "eliminar uma patologia" fazem-no de modo muito diferente daqueles que agem segundo o princípio "vamos acrescentar o que vocês precisam para viver bem".

Eu estou aprendendo a trabalhar do segundo jeito.

A CONSTRUÇÃO DIÁDICA DA REALIDADE
Jürg Willi

O casamento ainda é atual?

Hoje em dia, o desenvolvimento pessoal é um objetivo cultural e terapêutico muito valorizado, e as relações de casal, quando sinceras, abertas e criativas, são vistas como condição fundamental para esse desenvolvimento. Mas o casamento, por definição, não é uma união livre, é um compromisso. Não combina, então, com a imagem moderna de realização pessoal: não é bem visto, é tido como uma prisão, um amor forçado, formal e institucionalizado, que restringe o espaço evolutivo e obriga os cônjuges a levarem uma vida burguesa, caseira e chata. O casamento não condiz com a imagem de um ser humano emancipado e autônomo. O aumento do número de divórcios, aparentemente, demonstra que essa instituição não funciona mais. É por isso que não se fala mais de psicoterapia matrimonial, mas de relação de casal; não falamos mais em terapia conjugal, mas de terapia de casal.

No entanto, as estatísticas epidemiológicas mais recentes (1, 2) demonstram que as pessoas casadas estão melhor, de qualquer ponto de vista, do que as pessoas divorciadas ou viúvas. Isso vale para o índice de mortalidade, distúrbios psíquicos ou somáticos, doenças psicossomáticas, drogas, alcoolismo, estado das defesas imunológicas, número de infartos, cânceres e suicídios, e assim por diante. Também nas pesquisas sobre satisfação com a própria vida, sobre dedicação e sucesso profissional, as pessoas casadas têm resultados melhores do que as pessoas sem parceiros. Como pode ser que a pessoa casada apresente aparentemente um estado melhor de bem-estar psíquico e físico, se o casamento é tido como uma condição insuportável?

A psiquiatria procura suas explicações, em primeiro lugar na genética e na estrutura psicofísica. Do seu ponto de vista, não é que as pessoas estejam melhor porque são casadas, mas as pessoas mais estáveis e mais sólidas no plano emocional e físico são as mais capazes de se empenhar no casamento. Os resultados melhores das pessoas casadas explicam-se, então, como efeito de melhores disposições genéticas e psicofísicas. Eu penso que essa explicação não é suficiente. O atual modo de pensar, que diz "sim" à relação de casal e nega o casamento, não leva em conta fatores psicológicos importantes, ligados a ele. Até hoje, a psicologia conjugal e as terapias de casal têm tratado sobretudo da patologia, estudando particularmente a luta pelo poder, a rivalidade entre os cônjuges, os riscos de perda de autonomia, a fusionalidade, a simbiose, os diferentes papéis conjugais, as tentativas de repressão etc. Temos hoje um conhecimento bastante amplo das origens dos problemas nessa área, mas pouco conhecimento sobre o que um casamento funcional pode realizar de positivo, e de fato realiza, se levamos em conta o fato de que as pessoas casadas vivem melhor do que as não-casadas. A maioria dos estudos de psicologia conjugal partem da premissa de que é na relação de casal que certas necessidades são satisfeitas. A patologia nasce quando os parceiros não conseguem satisfazer reciprocamente essas necessidades, ou então quando têm, um em relação ao outro, expectativas imaturas, que não são atendidas. Desse ponto de vista só se vêem os aspectos prejudiciais do casamento. Queremos propor uma outra perspectiva, partindo da seguinte questão: em que medida são satisfeitas, no casamento, as relações com o mundo, a construção da realidade?

A especificidade da relação conjugal

O casamento é diferente de todas as outras relações. Os cônjuges tomaram a decisão de viver juntos dali em diante, de se apoiarem reciprocamente no bem e no mal, na saúde e na doença. Essa decisão muda radicalmente a relação entre os parceiros. No começo da vida adulta, o indivíduo é impelido a se realizar numa série de objetivos vitais, que fazem parte de suas potencialidades evolutivas. A infância e a adolescência serviram como preparação para se experimentar, por exemplo brincando (fazer de conta que...), para reunir experiências. Agora chegou a idade em que o jovem adulto sente-se impelido a realizar os objetivos que elaborou em sua vivência, em experiências anteriores. Quando duas pessoas decidem que daí em diante vão viver juntas, cada qual deve se modificar internamente e se reorganizar. Esta é a condição para poderem orientar suas forças de modo a alcançar da melhor forma e o mais economicamente possível seus objetivos.

A dimensão histórica, a continuidade, distingue o casamento da aventura amorosa. Quando duas pessoas resolvem fundar uma família, o casamento mostra seus frutos reais, rastros que não podem ser apagados, contribuindo para uma continuidade histórica que não será rompida, nem mesmo pelo divórcio ou pela morte. Já na aventura amorosa, geralmente, essa dimensão é menos elaborada, porque o encontro se dá num quadro que envolve menos compromissos. É relativamente fácil aceitar o parceiro e suas particularidades, porque as conseqüências não são tão significativas; a aventura amorosa é mais livre, deixa as pessoas mais independentes. É mais fácil se apoiar mutuamente e, muitas vezes, também se está mais disponível para entender o outro.

O casamento muda muita coisa. Os parceiros se comprometem numa história comum, em que cada um é realmente afetado pelo comportamento do outro. O comportamento e o bem-estar de A não podem mais se desenvolver independentemente de B. As decisões importantes que irão determinar o futuro devem ser tomadas pelos dois:
— a escolha do local onde morar, o número de filhos;
— o modo de viver (por exemplo, em que medida o dinheiro, a carreira, a busca de prestígio são coisas importantes? Ou é preferível uma vida modesta, serena e sossegada? É melhor morar na cidade ou no campo?);
— a educação dos filhos (devem ser encorajados e levados a estudar, ou é melhor que se arranjem por conta própria?).

Há também decisões a serem tomadas sobre o círculo de amigos a freqüentar, sobre a vida social, sobre o relacionamento com as famílias de origem. O casamento, então, não diz respeito apenas aos vínculos interpessoais entre duas pessoas, mas também a todo ecossistema com o qual essas pessoas estarão interagindo daí em diante.

Liberdade, opções individuais e independência, por definição, ficam reduzidas no casamento. Desse momento em diante os parceiros terão de tomar muitas decisões juntos. Por isso brigam mais e se criticam com maior envolvimento. Esse compartilhar, essa relação mais estreita, dá origem a angústias de dependência e aos sentimentos de impotência, e pode levar ao sentimento de estar num beco sem saída.

A criação de um mundo exterior em comum

Com a decisão de compartilhar a vida com o outro, formar uma família e envelhecer junto, os cônjuges iniciam a construção de um mundo em comum. As relações com o círculo de amigos se modificam, tornam-se o canal para troca de experiências práticas que ajudam a resolver os problemas da vida. Os contatos com as famílias de origem se intensificam. Os amigos, assim como os parentes, precisam uns dos outros para enfrentar os problemas da vida cotidiana. Por intermédio dos filhos intensificam-se os contatos com os vizinhos, a escola, a comunidade. Faz-se uma reforma na casa, às vezes se constrói uma nova, tornando assim externamente mais visível esse mundo elaborado em conjunto. Essa propriedade, muitas vezes adquirida às custas de um compromisso vultoso, ajuda a desenvolver os vínculos e a reduzir a mobilidade geográfica. Assim as pessoas casadas vão se tornando elementos de um ecossistema, numa rede de interdependências complexas.

O tempo que duas pessoas passaram no mundo que construíram juntas é um fator fundamental. Um casamento que durou pouco, do qual não nasceram filhos, pode ser facilmente anulado. Já um casamento do qual nasceram filhos e que durou anos não se deixa apagar, nem pelo divórcio, porque já não diz respeito a duas pessoas somente. Há os filhos, que continuam considerando aquele homem e aquela mulher como seus pais; há as famílias e os parentes, cuja importância aumenta com a presença dos filhos, que mantêm vínculos com as famílias de origem; há o círculo de amigos, que é desestabilizado pela dissolução do casamento (muitas vezes, os amigos querem manter um relacionamento com cada um dos parceiros).

Os cônjuges compraram coisas juntos e juntos montaram a casa. Participam da vida do bairro ou da comunidade rural. Todos esses aspectos muitas vezes são menosprezados, inclusive pelos terapeutas. Com demasiada freqüência, focaliza-se unicamente a relação entre os parceiros. Cultiva-se a ilusão de que, com o divórcio, se possa acabar de uma vez por todas com uma vida em comum que se tornou insuportável; acredita-se e estimula-se a crença na possibilidade de uma vida nova. Muitas vezes, o divórcio significa apenas a continuidade do casamento, sob outra roupagem. Assim, novas aventuras amorosas não mudam grande coisa, e muitas vezes a velha relação diádica sobrevive a uma nova união: para o novo parceiro, é uma situação dolorosa e ofensiva. Espera que, tendo um filho, se vá apagar a relação anterior. Porém, muitas vezes, não se deseja realmente formar uma nova família, e os parceiros continuam apegados um ao outro, anos e anos depois do divórcio.

Quando os terapeutas estão diante de um casal que quer se divorciar, deveriam levar em conta essas dimensões ecológicas. Podemos resumir da seguinte maneira o que dissemos até agora: o casamento transforma a imagem de realidade dos parceiros. Quando eles formam uma família, a colaboração ocupa um lugar central em sua vida. Criam obras comuns, que dão vida a um quadro estável: educam os filhos juntos, montam casa, buscam uma segurança existencial, se apegam ao lugar onde moram e fincam raízes na vida desse lugar. O mundo das pessoas não-casadas, pelo contrário, é menos visível e menos definido, mas é mais livre. Deixa mais espaço para os desejos, os sonhos, o voltar-se para si mesmos. Externamente é menos determinado e definido como menos seguro, com maiores possibilidades de mudança ao longo da vida.

O quadro estrutural do casal casado

Para elaborar um mundo comum é preciso negociar junto certas estruturas. Estas dizem respeito ao sentido e objetivo da relação de casal, por exemplo, à sua duração ou se vão ser compartilhados todos os âmbitos pessoais ou apenas algumas áreas, tais como a área sexual ou certos interesses comuns. Se os parceiros resolvem formar uma família, precisam empenhar tempo e energia. Não podem deixar de fazer ajustes relativos aos papéis, funções, poder, bem como à maneira de viver juntos. São poucos os que conseguem distribuir as funções de modo paritário. A maior parte chega a soluções de compromisso, que ainda hoje se baseiam em modelos tradicionais. A escolha de certas funções é mais bem-sucedida com o apoio do outro. A negociação das estruturas é particularmente importante no começo de uma relação, mas continua mesmo depois. Efetivamente, sempre acontecem situações novas, que requerem uma readaptação das regras anteriormente estabelecidas.

O desenvolvimento pessoal de cada um implica redefinir continuamente a distribuição de papéis, regras, funções, poder. Para que uma relação continue sendo funcional, é importante que essas regras não sejam nem totalmente rígidas, nem modificáveis por um dos dois quando lhe aprouver e sem consultar o outro. Cada um tem o direito de pedir, a qualquer momento, que as regras sejam rediscutidas e esclarecidas. Muitas vezes, essas regras não são formuladas explicitamente, mas confirmadas e evidenciadas por certos rituais.

Por exemplo, um casal cumpre esses rituais ao voltar de um jantar: critica as pessoas que encontrou, e aquilo que ficou sabendo lhe serve para reforçar seus próprios valores, sua concepção de mundo e seus objetivos, para delimitar o espaço de casal em relação ao exterior e consolidar esse espaço. O mesmo acontece quando um conta ao outro casos excitantes, que leu ou ouviu, sobre relações extraconjugais, problemas econômicos, dificuldades financeiras devidas à compra de uma casa grande demais, má educação dos filhos etc. Todos esses rituais têm como objetivo reafirmar reciprocamente a validade de suas próprias elaborações.

A confirmação da individualidade do parceiro

George Kelly (3), em seu trabalho sobre os construtos pessoais, afirma que o ser humano não é capaz de observar objetivamente o mundo, mas experimenta suas opiniões baseando-se na vivência de eventos repetitivos elaborados sob forma de modelos, de esquemas segundo Piaget (4, 5) ou sob forma de construtos, segundo Kelly. Esses construtos permitem que observe as coisas de modo mais diferenciado, atribuindo-lhes um significado ou fazendo associações significativas. Os construtos sempre são formados por meio de abstrações que permitam ao ser humano orientar-se no mundo. Estes construtos têm um significado econômico. Acontecimentos repetitivos são percebidos sempre do mesmo modo, tornam-se habituais, e dessa maneira os construtos ligados à percepção são estabilizados. O indivíduo então se situa num mundo que lhe é conhecido e familiar. Pode concentrar suas energias psíquicas nos aspectos da vida que ainda lhe são desconhecidos, como, por exemplo, aqueles que aspira descobrir. Mas a validade desses construtos depende de sua compatibilidade com a realidade externa (6). Quando não fazem mais parte da vida cotidiana, o indivíduo pode então afastar-se do que se tornou pouco familiar, para se concentrar naquilo que, no momento, se tornou familiar para ele, isto é, nos construtos percebidos, naquele momento, como habituais. No entanto, seria melhor que essa inadequação momentânea de seus construtos o motivasse a modificá-los e diferenciá-los, até as experiências velhas e novas voltarem a se harmonizar. Para o bem-estar psíquico, é importante que o indivíduo viva em um ambiente bastante familiar. Ao ser humano sempre faz falta um pouco de segurança em seu modo de se perceber, perceber o próximo e o mundo. Um dos principais modos de se tranqüilizar quanto à validade dos próprios construtos é o contato com os outros e, entre estes, o parceiro tem um papel específico (7). Quando duas pessoas resolvem compartilhar suas vidas, começam a elaborar seus construtos em função um do outro.

Na vida cotidiana, os parceiros contam um ao outro o que viram ou ficaram sabendo durante o dia. Aquele que escuta, muitas vezes, faz comentários sobre o que o outro diz. Assim, o que os dois viveram é arrumado dentro de seus construtos da realidade (8). O fato de contarem um ao outro suas vivências cotidianas tem uma importância fundamental. É como se uma coisa ficasse mais real com esse compartilhar de experiências. Muitas pessoas dizem que não conseguem apreciar realmente um concerto, um filme, uma exposição ou uma viagem, se não puderem falar a respeito com o parceiro. Muitas pessoas viúvas ou divorciadas sofrem particularmente por se encontrarem, de noite, no seu apartamento vazio, sem ninguém para confiar as próprias vivências.

Essa integração nos construtos diádicos é de capital importância para elaborar as contrariedades cotidianas enfrentadas na vida profissional ou na educação dos filhos. Dessa maneira, pode-se tomar mais distância do acontecimento que se está contando, e, portanto, olhá-lo de modo diferente. As valorações e comentários são importantes para a higiene psíquica pessoal. Por um lado, graças ao parceiro, a pessoa adquire estabilidade emocional com essa possibilidade de avaliar junto; por outro lado, ambos conseguem ficar mais integrados na sociedade, graças às correções recíprocas. Conseguem assim corresponder melhor às expectativas sociais. Por esse motivo, o casamento tem uma influência normalizante sobre os indivíduos (8).

No casamento, esse construto comum, se, por um lado, é normalizante, por outro lado diminui a liberdade de ação, de pensamento e de percepção. B nunca será totalmente compatível com A, mas procurará sê-lo o mais possível.

Esta segunda parte pode ser assim resumida: os parceiros tornam sua relação estável e normalizam reciprocamente seu modo de perceber o ambiente. Eles estabelecem, para sua relação de casal, regras que continuamente *tendem* a confirmar seu empenho na relação. A moldura contém os objetivos, a direção, a forma de seus projetos e de suas ações.

As pessoas casadas sofrem, portanto, uma espécie de estabilização tripla:

— estão mais em contato, e de modo mais concreto, com seu ambiente, ao qual estão ecologicamente ligadas de muitas maneiras;

— a relação de casal exige delas regras que dão origem a estruturas "normalizantes";

— graças ao parceiro, são mais apoiadas e tranqüilizadas na elaboração de suas concepções, percepções e experiências. Seus pensamentos e ações encontram correspondência no outro.

São provavelmente esses três aspectos que contribuem decisivamente para a estabilidade psíquica das pessoas casadas, apesar de limitarem, ao mesmo tempo, sua liberdade de desenvolvimento pessoal.

Em que medida os parceiros precisam concordar entre si, para uma co-evolução e cooperação produtivas?

Os indivíduos formam construtos graças às experiências pessoais. Duas pessoas nunca têm experiências anteriores análogas, e, portanto, nunca poderão perceber de modo idêntico seus construtos diádicos. Nunca perceberão de modo semelhante, idêntico, nem seu mundo, nem sua relação, nem eles mesmos. Pode acontecer que, com base em experiências anteriores diferentes, cheguem a construtos semelhantes. Porém esses construtos podem ter significado diverso para cada um e, diante de uma mudança na situação, podem se desestabilizar de modo diferente. Para confirmar sua validade, estes construtos devem ser continuamente confirmados por rituais.

Em que medida os cônjuges precisam ter construtos correspondentes de suas concepções de mundo, suas relações e auto-imagem? Qual é o grau tolerável de diferença numa relação funcional? Qual é o grau de concordância necessário para não arriscar uma separação e para que o desenvolvimento de cada um não os afaste dos demais? Qual é o grau de liberdade e independência necessário para que a relação continue viva e abrigue possibilidades de desenvolvimento pessoal?

Os parceiros enfrentam o seguinte dilema:

— ou eu procuro fazer com que meus construtos coincidam inteiramente com os do meu parceiro, com a vantagem de obter dele o máximo de aprovação e segurança, mas com o perigo de que meus construtos não sejam mais meus;

— ou eu aceito que o meu parceiro, dadas as suas experiências pessoais anteriores, diferentes das minhas, construa seu mundo de maneira diferente da minha, e que, portanto, eu possa distinguir meus construtos dos dele, com a vantagem de poder conservar meu mundo, mas com a desvantagem de ser menos aprovado e tranqüilizado.

Os casais funcionais estabelecem uma diferença entre fantasia, pensamento, percepção, de um lado, e as ações, de outro. Por meio das ações, o mundo exterior comum sofre uma mudança, mudança essa que atinge diretamente o parceiro e pode até ser percebida por terceiros. Se A faz algo que desagrada B, este último está diante de um fato consumado. Numa relação de casal funcional, B tem o direito de que A fique atento às conseqüências disso para o outro, visto que este sofre os efeitos.

Mas no campo dos fantasmas, do pensamento e das percepções, os casais funcionais deixam mais espaço um ao outro e estão mais dispostos a respeitar a individualidade do outro. Então é importante diferenciar o mundo fantasioso do mundo da ação; isso fica particularmente evidente quando consideramos as atitudes perante as relações extra-conjugais. Entre a maioria dos casais, os parceiros têm opiniões diferentes sobre isso. Em geral, aquele que insiste mais na fidelidade conjugal se limita ao campo da ação, e, portanto, pouco se preocupa com os fantasmas extraconjugais do outro. Não se preocupa que

45

esteja apaixonado por outra pessoa, até que ele venha a ter relações sexuais com esta. A grande diferença entre infidelidade fantasiada e infidelidade agida na realidade não pode ser deduzida fenomenologicamente, a partir da vivência pessoal. Mas é compreensível, quando consideramos que uma relação sexual real introduz na realidade um terceiro, que assim se manifesta de modo inapagável. Dois parceiros nunca correspondem nem satisfazem completamente um ao outro: sempre é assim na natureza. Os seres vivos nunca estão totalmente em harmonia com o seu "nicho"; apenas têm que procurar adequar-se a ele o suficiente para poderem sobreviver. O mesmo acontece com os dois parceiros: sempre construirão a realidade de modo diferente. Determinante é se os construtos pessoais são ou não compatíveis entre si. Essa diferença pesa muito na "dor de amor". No entanto, as tensões resultantes de opiniões diferentes dão sabor à relação; na verdade, é isso que faz com que a história de uma relação seja aventurosa, incomparável e única, mas também pode resultar daí um aspecto trágico, porque as possibilidades de compreensão entre parceiros sempre estão limitadas. Muitas das potencialidades evolutivas não podem ser realizadas numa relação a dois. Cada qual evolui em um domínio tolerado pelo outro, pelo qual os dois estão sempre negociando entre si e lutando juntos (9). Encontrar compromissos e saídas exige um ato de criatividade. Afastar-se e depois reaproximar-se faz correr riscos, mas também torna viva a relação.

Bibliografia

(1) SCHEPANK, H. *Psychogene Erkrankungen der Stadtbevolkerung*, Springer, Berlim, 1987.
(2) KOCHER, R. "Ehe und Familie, Representativuntersuchung im Auftrag des Ministeriums fur Arbeit, Gesundheit, Familie von Baden-Wurttemberg", Publicação dos Institutes for Demoskopie, Allensbach, 1985.
(3) KELLY, Z. *The Psichology of Personal Constructs*, Norton W.W. & Co., Nova York, 1955.
(4) PIAGET, J. *La Psychologie des enfants*, Presses Universitaires de France, Paris, 1966.
(5) PIAGET, J. *La Construccion du réel chez l'enfant*, Delachaux et Niestlé, Neuchâtel, 1937.
(6) GLASERSFELD, E.v. "Einfuhrung in den radikalen Konstruktivismus", in *Die erfunden Wirklichkeit*, P. Watzlawick (ed.), Piper Munchen, 1985.
(7) BERGER, P. L., LUCKMANN, Th. *The Social Construction of Reality*, Doubleday, Nova York, 1966.
(8) BERGER, P. L., KELLNER, H. "Le mariage et la construction de la réalité", in *Diogène, Revue Internationale des Sciences Humaines*, 46, 3-32, 1984.
(9) WILLI, J., *Koevolution, Die Kunst gemeinsamen Wachsens*, Rowohlt, Reinbek, 1985.

A ESCOLHA DO PARCEIRO
Claudio Angelo

John Bowlby, em uma de suas últimas obras, *A perda da mãe*, sublinha um elemento que poderia parecer irrelevante, mas que, referido a situações e exemplos concretos de vida cotidiana, enfatiza a ação "cultural" seletiva de certas atitudes, como aquelas adotadas pela maioria das pessoas, por exemplo, nas situações de luto. Ele assinala que, nesses casos, geralmente há uma ação coletiva, em relação às crianças que estão expostas a ela, inclinada a evitar que elas entendam o que está acontecendo para lhes poupar uma situação penosa. Esse é um exemplo concreto de como se plasma uma "atenção seletiva" ou "desatenção seletiva" a eventos importantes da vida.

Mencionei essa observação de Bowlby porque penso que a escolha do parceiro expressa um jogo extremamente sutil e sofisticado, em que a atenção culturalmente induzida para perceber elementos específicos de interesse no aspecto ou comportamento de determinada pessoa é acompanhada de uma "desatenção" igualmente seletiva por todos os elementos de seu caráter e do relacionamento com essa pessoa que poderiam tornar a relação problemática.

A escolha do parceiro se baseia então num jogo de "vazios" e "cheios" que permitem, justamente por meio de sua interação dinâmica, que o relacionamento prossiga e evolua, ou que, pelo contrário, seja interrompido. Neste último caso, às vezes é justamente o trauma ligado a essa conclusão que se torna a premissa indispensável para uma contínua busca de reconstrução do relacionamento interrompido, sob forma de aspiração a alcançar um suposto "paraíso perdido", identificado no "infeliz" vínculo realizado.

A tentativa constante de *unir-se* a esses conteúdos ideais e o desgosto ou "saudade" decorrente da sensação de distância ou de *separação* deles permitem entender a importância que assumem, nessa tentativa, os aspectos históricos da vida pessoal da pessoa envolvida —

sob a forma de *valores* e de *funções transmitidas pelo mito* — e da história da família de origem e de suas modalidades de enfrentar os processos de união e separação entre seus vários membros.

Já os conteúdos são estruturados de modo a promover a mencionada função seletiva sobre a atenção, na medida em que sugerem a quais características dar atenção na escolha do parceiro, características estas que devem satisfazer as expectativas implícitas nos elementos do mito. Em geral, elas são suficientemente genéricas para permitir uma certa margem de escolhas, quando consideradas individualmente, mas adquirem alto grau de especificidade quando observadas em conjunto.

Por exemplo: se, num mito familiar, a função atribuída a uma filha for unicamente que ela consiga achar um homem que atenda a aspiração de prestígio social que a mãe não conseguiu em seu próprio casamento, a tentativa pode ser bem-sucedida sem grandes dificuldades, com uma variedade bastante ampla de opções potenciais. Mas se, com o tempo, se descobrir que esse homem também deve confirmar a validade de um pressuposto segundo o qual o destino das mulheres é serem sempre incompreendidas e maltratadas ou desprotegidas, é claro que aquilo que inicialmente parecia uma escolha bastante genérica adquire caráter mais seletivo.

O tipo de influência expressa pelo mito familiar depende da sua *força* e *riqueza*: quanto mais "articulado" for, tanto maiores serão as possibilidades de desenvolvimento e escolha; quanto mais forte for um dos seus componentes, tanto mais predominará sobre os outros na busca de satisfação. Isso parece estar relacionado também com o *grau de diferenciação* alcançado pela pessoa e com sua capacidade de *elaboração* do mito: ou seja, com seu grau de autonomia e identificação e com a maneira como estruturou e resolveu seus vínculos com as figuras familiares mais significativas. Em geral, com o passar do tempo, a escolha de um parceiro se torna cada vez mais complicada e sujeita a maior número de exigências.

Por outro lado, o *contexto* e o *tempo* em que ocorre o encontro e se desenvolve o relacionamento podem orientar para um tipo de escolha, em vez de outra, dentro de uma série de opções proporcionadas pelo enredo mítico, ou até orientar para decisões que entram em conflito com esse mito. O adolescente que começa um relacionamento, decerto, não tem as mesmas expectativas daquele que o faz em idade avançada, e não escolhe o(a) parceiro(a) pelas mesmas características.

A escolha do parceiro pode então ser considerada como expressão de uma estrutura que, como os mitos, se constitui e se modifica ao longo do tempo; *a decisão inicial, aparentemente espontânea e livre, não "racionalizada", só passa a ter sentido à luz do que acontece depois, e do entrelaçamento entre os mitos individuais do casal e, posteriormente, entre os mitos individuais dos vários componentes da nova família formada, como estes se inserem em uma história precedente.* Diferentemente de uma história acabada, em que cada elemento tem seu lugar numa trama já definida, a escolha se insere em uma série de relações em contínua evolução, em que sempre estão se criando novas ligações ou divergências em relação ao significado original.

É então o contexto atual que determina quais os elementos da trama, quais as funções e quais as tentativas de solução serão adotados, embora reconhecendo um traçado de fundo, como um motivo musical sobre o qual se elaboram uma série de variações sobre o tema.

A partir dessas premissas, vemos que, nas fases iniciais da construção do vínculo, cada parceiro torna-se o principal meio de transmissão e elaboração do mito familiar. "O terreno de desenvolvimento parece ser os 'problemas não resolvidos de perda, separação, abandono, identificação, alimentação e privação'. Ao passo que a trama parece seguir um 'livro-caixa', com os débitos e créditos intra e intergeracionais, que estabelece os papéis e sua evolução, papéis que as pessoas envolvidas terão que desempenhar, seguindo temáticas de culpa, reparação, busca de perfeição etc., tão comuns em qualquer história familiar" (Andolfi e Angelo, 1987).

De qualquer modo, a experiência cotidiana parece indicar que, quanto menos elementos conflitantes não-resolvidos tiver a família de origem, tanto mais "livre" é a escolha do parceiro, no sentido de que as obrigações, as proibições, a necessidade de se ligar a um "determinado" tipo de parceiro são muito menos prementes.

Mas o que acontece quando, por exemplo, há conflitos relevantes de papel sexual, quando há problemas de rejeição, de abandono, de perda, de separação?

Tem sido justamente assinalada a importância do "mandato" familiar, conceito sugerido por Stierlin para descrever a atribuição de papéis e tarefas pelos pais aos filhos; ele representa, de certa maneira, o elo de ligação entre o mito familiar e o modo como se expressa nas expectativas dos membros individuais da família, e em particular dos pais. Deve-se observar, porém, que não pode ser entendido como simples processo de delegação. É comum ver pais que, mais ou menos explicitamente, impõem aos filhos exigências de compensação pelos problemas que eles, pais, não conseguiram resolver, ou por relações que foram decepcionantes. Porém, não podemos esquecer que, à parte a delegação, qualquer problema relacional existente na família se torna, para cada membro, "seu próprio problema", na medida em que faz parte da realidade em que se baseia na construção da identidade e dos relacionamentos pessoais.

O que quero dizer é que, por exemplo, elementos conflitantes na relação entre os pais se tornam uma bagagem cultural e um termo de comparação que os filhos usam para construir sua própria relação com o parceiro, e que trazem consigo, à espera de definição e solução, os aspectos problemáticos de origem. Penso que isso tem um papel importante no fenômeno de repetição de situações passadas, para além das "intenções" de delegação ou de exigências mais ou menos explícitas nesse sentido, por parte de um ou outro dos pais.

Isso também por outro motivo, ou seja: embora seja necessário deslocar-se para uma posição de observador sempre que se procura modificar uma relação pessoal (preciso observar a mim mesmo, interagindo com o outro), não se pode deixar de utilizar a situação ponto-de-partida (a relação entre os pais ou com os pais) para fazer a comparação com a situação atual (o filho observa a relação entre seus pais e depois observa sua própria relação com o parceiro); é mediante essa comparação que se pode discriminar as semelhanças e diferenças, e portanto, obter informação para resolver os aspectos problemáticos do relacionamento.

Embora esse processo já comece antes de se estar em condição de escolher, fantasiando uma série de alternativas e soluções possíveis ou ideais, sempre fica faltando a verificação.

"É só no momento da *escolha* que a pessoa precisa assumir a responsabilidade por suas ações e verificar, na realidade, aquilo que até então pôde se dar ao luxo de viver só na fantasia, muitas vezes em contraposição com as obrigações que lhe são impostas pelo mundo em que vive. Sempre se tenta integrar, conciliar os elementos dissonantes, isto é, achar uma solução de compromisso que atenda, ao mesmo tempo, as exigências ligadas ao mandato familiar e as exigências que se contrapõem a esse mandato, na fantasia ou na realidade. Quando isso acontece, o produto final representa a *condensação* das tentativas de resposta ao maior número possível de exigências. Esse processo é comparável, em essência, àquele que ocorre na criação do sintoma, que se torna ponto de convergência de exigências diversas e elemento de mediação entre elas, representando a melhor forma de compromisso entre elas, procurando expressá-las adequadamente e, de alguma forma, satisfazê-las" (Andolfi e Angelo 1987).

De tudo o que foi dito, segue-se que a escolha do parceiro só aparentemente envolve apenas duas pessoas: na realidade, o relacionamento que se estabelece pressupõe uma estrutura elementar subjacente, de tipo triangular, que vai sendo confrontada com outras estruturas triangulares, pertencentes ao contexto atual ou passado, e que servem de referência no que diz respeito às características do relacionamento. De fato, considerando que cada pessoa está envolvida contemporaneamente (nas relações atuais) ou sucessivamente (numa dimensão histórica) em várias relações significativas, podemos descrever a rede que elas formam como uma série de triângulos, em que, a cada vez, cada um dos participantes da relação é colocado na posição de observador do que está acontecendo com os outros dois. Então, qualquer novo relacionamento íntimo pressupõe e comporta uma série de confrontos com outros relacionamentos significativos, dos quais precisa se diferenciar. Por exemplo, com irmãos ou parentes, com amigos etc., ou, *no plano trigeracional*, com os pais, avós etc.

Podemos então reconhecer duas dimensões, nas quais se dá o confronto: uma horizontal, em que se colocam os vínculos do mesmo nível "hierárquico" (irmãos, irmãs, parceiros etc.) e um nível vertical, *trigeracional*, em que se inscrevem as ligações entre diferentes níveis hierárquicos (avós, pais, filhos etc.).

Essa visão "tridimensional" dos relacionamentos pode ser particularmente útil para perceber diferenças e criar conexões entre as várias dimensões históricas das relações: assim como há uma história dos relacionamentos sucessivos no tempo, entre pessoas do mesmo nível hierárquico, que condicionam as escolhas individuais, há, paralelamente, uma história de relacionamentos entre figuras pertencentes a níveis diferentes (pais e filhos ou avós e netos, por exemplo), que influenciam as escolhas e que, por sua vez, podem ser influenciados por elas no tocante à *leitura dos acontecimentos sobre os quais foram construídas*. Um erro muito comum é levar em consideração somente o plano "horizontal" das relações: isso faz com que se continue acreditando que repetidos fracassos sentimentais devam ser atribuídos a uma série de acontecimentos infelizes nas relações com os diversos parceiros, sem perceber o quanto essas relações estão "verticalmente" oneradas pelas vicissitudes dos relacionamentos com os pais ou outros membros significativos da família de origem.

Por outro lado, os *acontecimentos contingentes* e o *contexto* em que se instaura o primeiro relacionamento ou em que se faz uma escolha pessoal contribuem, por sua vez, para formar uma "leitura" da história das relações passadas, esclarecendo certos aspectos e, portanto, destacando os componentes mais em sintonia com a situação atual. Aliás, é o que normalmente acontece nas brincadeiras infantis, em que as crianças assumem ora o papel de um dos pais, ora o de um irmão ou outra pessoa significativa, explorando assim os conteúdos das várias relações ou as características das pessoas que representam naqueles papéis.

Tudo isso contribui para determinar o resultado do encontro com o parceiro em potencial, que se revela tanto mais adequado quanto mais acenar com a possibilidade, real ou fantasiosa, de informar sobre pontos problemáticos do relacionamento passado ou de resolvê-los. Para que isso ocorra é preciso que, além de características repetitivas e, portanto, de certo modo tranqüilizadoras, existam aspectos específicos do relacionamento que possam acolher fantasias compensatórias idealizadas, como veremos no texto reproduzido adiante.

Esse quadro fica mais complexo se, além de considerar a aprendizagem do "modelo de relação", também levamos em conta um "processo de identificação". Todo indivíduo, ao longo de seu desenvolvimento, toma como modelo os pais, pelo menos inicialmente, tanto para a construção de sua identidade no papel sexual que lhe "compete", como em *um esquema de relacionamento com o parceiro*. No tocante ao primeiro aspecto, alguma dificuldade com o progenitor do mesmo sexo levará a obstáculos a serem superados na construção da identidade sexual correspondente. Uma filha que se sente rejeitada pela mãe, ou cuja mãe tem notáveis tabus sexuais em relação a impulsos emancipatórios no meio social circundante, provavelmente terá dificuldades para construir o seu próprio papel de mulher. Essas dificuldades podem se agravar quando, ao produto da relação diádica com a mãe, *vierem se somar os efeitos do relacionamento entre a mãe e o pai, com complicações secundárias devidas à influência dos tabus maternos sobre a relação conjugal. Qualquer dificuldade nessa relação, decorrente de problemas psicológicos do progenitor com o qual os filhos se identificaram, vai levá-los, nas sucessivas relações com seus parceiros, à tentativa constante de encontrar uma solução para o problema apresentado na relação de origem.* Portanto, aquilo que, aparentemente, seria uma dificuldade exclusiva dos pais, é na realidade um problema que envolve diretamente cada um dos filhos. *Efetivamente, a ruptura da relação dos pais implicaria, de certo modo, a perda da própria identidade, na medida em que ambos os pais são importantes, para não dizer essenciais, na construção da identidade.*

Se, por um lado, tudo o que dissemos até agora coloca o problema de buscar a ampliação do contexto imediato de observação dos fatores que entram em jogo no momento da escolha e de estender a pesquisa, da pessoa que faz a escolha para suas relações significativas, por outro lado, surgem outras interrogações. Uma deles diz respeito aos elementos que permitem "reconhecer" o futuro parceiro e dão lugar à tentativa de aproximar-se dele; outro diz respeito às condições que garantem a manutenção e evolução da relação.

Mito e metáfora

Num trabalho anterior relativo à metáfora, dizíamos que "quase parece que esta nasce da exigência de cada um de deter o perpétuo fluir da realidade e se apropriar dela, buscando recuperar aquilo que se perde na experiência de cada dia, mediante alguma coisa que o lembre" (Andolfi e outros 1982 p. 106), sob a forma de imagem ou de comportamento repetido ao longo do tempo. Essas imagens e comportamentos podem se tornar *"uma encruzilhada onde são representadas inclusive situações muito distantes uma da outra"*, de modo que, no fim, tais imagens e comportamentos adquirem um valor geral "fora do espaço e do tempo, e válido em qualquer circunstância; só a história pessoal é que vai dar um tempo e um espaço específicos às (suas) manifestações" (ibid. p. 107).

Um exemplo disso é dado, mais uma vez, pela criança: uma das maneiras que ela tem de se "apropriar" do conteúdo de uma relação ou de enfrentar seus aspectos problemáticos consiste em simbolizá-la por uma série de imagens e comportamentos específicos que representem certos elementos da mesma (uma atitude carinhosa ou crítica da mãe, uma expressão gestual, um jeito de fazer ou dizer característico). Parece que fragmentar o que acontece no relacionamento em várias seqüências comportamentais, depois "congeladas" em uma série de imagens relativas a determinados momentos, proporciona à criança a possibilidade de atribuir um significado à relação, por meio da construção de um ou mais "emblemas mímicos" adequados o bastante para conter suas qualidades mais importantes e depois relembrá-las.

A criança se exercita no uso desses "emblemas" quando, brincando, assume o papel da mãe, repetindo certos comportamentos característicos dela.

Que se trata de um "emblema", é confirmado pelo fato de que esses comportamentos são prontamente reconhecidos, e são remetidos à sua forma original quando, tempos depois, se observa a semelhança de certas expressões mímicas dos filhos com as dos pais, atribuindo-lhes as mesmas conotações afetivas.

Inversamente, parece que, muitas vezes, as expressões mímicas que mais nos impressionam nos outros ou que mais estimulam nossa curiosidade, são as que mais podem sugerir relações potenciais aptas a compensar componentes problemáticas dos nossos relacionamentos passados ou atuais.

Isso que dissemos pode ser útil para compreender, pelo menos em parte, o que acontece no momento do encontro com o futuro parceiro. Inúmeros elementos levam a pensar que a escolha é feita muito rápido, justamente com base em "impressões" ligadas a uma série de mensagens verbais, e sobretudo não-verbais, que as pessoas envolvidas na relação enviam uma à outra desde o começo. Essas mensagens são lidas como elementos de conteúdo simbólico elevado, em que se condensam uma série de imagens carregadas de significado e de grande importância para as pessoas interessadas.

Um exemplo muito interessante está no filme de Bergman, *Fanny e Alexander*, no encontro de Emily, a mãe das duas crianças protagonistas — mulher muito atraente, viúva de um homem de teatro descendente de uma família muito rica —, com o bispo protestante, Edward, que vem lhe manifestar pêsames logo depois da morte do marido. O sacerdote, homem de grande prestígio e autoridade, com sua postura solene no meio das outras pessoas presentes, não apenas parece se inserir perfeitamente na atmosfera grave daquele momento e, por isso mesmo, ter seu papel ainda mais valorizado, como também parece se tornar o ponto de referência e apoio mais apropriado para a triste viúva. O momento culminante do encontro, porém, é quando um gesto afetuoso, mal esboçado, de Edward a Emily parece sugerir outros possíveis desdobramentos do relacionamento, e ela reage com uma atitude de surpresa e medo. Poucos movimentos essenciais, num contexto específico, ficam carregados de significados promissores, se tornam "emblemas" de uma relação, cujos desdobramentos futuros são fantasiados. As expectativas aí depositadas são explicitadas num diálogo íntimo entre Emily e o bispo, algum tempo depois.

...

Edward: Quero que tu e as crianças venham para minha casa, sem trazer nada do que lhes pertence.
Emily: O que queres dizer com isso?
Edward: És uma mulher rica, acostumada a um luxo que eu não posso te dar. Por isso quero que deixes o teatro.
Emily: Mas já concordamos nisso. Agora beija-me e diz que eu sou uma dádiva divina para o bispo.
Edward (beijando-a rapidamente): Quero que deixes tua casa, tuas roupas, tuas jóias, teus móveis, teus amigos, tudo que possuis,

teus hábitos e teus pensamentos. Quero que abandones completamente tua vida passada.

...

É sério, meu amor. Terás que iniciar tua nova vida como se tivesses acabado de nascer. Deves pensar bem, Emily.

Emily: Já pensei. Minha vida foi vazia e superficial, leviana e confortável. Sempre desejei viver a tua vida.

Edward (comovido): Eu sei, eu sei.

...

Emily: Nunca tive nada que me importasse na vida, nem meu trabalho, nem as crianças ou qualquer outra pessoa. Às vezes eu me perguntava se haveria algum grande defeito nos meus sentimentos. Eu não conseguia entender por que nada me doía de verdade e por que eu nunca me sentia realmente feliz.

...

Dizes que teu Deus é o Deus do amor. Parece tão bonito, eu gostaria de acreditar também, talvez um dia eu consiga. Meu Deus é diferente, Edward. É como eu, fluido, imenso e incompreensível, tanto em sua crueldade como em sua doçura. Eu sou uma atriz, estou acostumada a usar uma máscara. O meu Deus usa mil máscaras, nunca me mostrou seu verdadeiro rosto, assim como eu não sou capaz de mostrar, nem a ti, nem a Deus, o meu verdadeiro rosto. Por teu intermédio vou aprender a conhecer a natureza divina...

Pertencimento e separação

Nossa primeira questão dizia respeito aos elementos que permitem "reconhecer" o futuro parceiro e que dão origem à tentativa de se aproximar dele; a segunda refere-se aos elementos que contribuem para manter o vínculo, depois de feita a escolha, e que parecem estar ligados, pelo menos em parte, ao problema do senso de pertencimento e da separação.

Pertencimento e separação são vicissitudes que acompanham o ser humano ao longo de toda a vida. Ter um vínculo significa, em certa medida, depender da outra pessoa envolvida na relação. Esta se desenvolve justamente mediante contínuas redefinições ou aprovações das áreas recíprocas do pertencimento e da separação. "União e separação parecem caminhar lado a lado e desenvolver-se num processo circular. As pessoas se separam na perspectiva de novas uniões, ao longo de um arco histórico em que cada união e cada separação sucessiva deveriam ser mais diferenciadas em relação às anteriores. Não é possível unir-se de modo mais satisfatório se antes não houve separação de um esquema de relacionamento em que cada um dos participantes não tem condição de reconhecer seu próprio espaço pessoal. A separação é, na realidade, um processo de separação que pode até durar boa parte da vida, ou a vida inteira, sem se concluir" (Andolfi e Angelo 1987).

A construção de um novo vínculo parece seguir um percurso que tem como ponto de partida o "lugar" e o "tempo" da separação da relação anterior, e busca, no novo relacionamento, algo que a lembre e, ao mesmo tempo, se diferencie dela em maior ou menor medida. Os elementos, de similares e díspares, tornam-se então determinantes para permitir que o relacionamento não permaneça casual mas se desenvolva no tempo com características de *vínculo*. Isso explica porque, quanto mais uma ligação significativa (por exemplo, pai-filho) sobrevive baseada em necessidades parcialmente atendidas, tanto mais tende a se repetir sem modificações em relação às novas figuras de referência, tornando-se um forte elemento de união entre os parceiros e de manutenção de sua relação.

Só quando esses elementos estão presentes é possível elaborar as áreas de dependência não-resolvidas nos relacionamentos originais; quanto mais elas se repetem no "novo" relacionamento, tanto mais este último será vinculante, pela necessidade dos envolvidos de enfrentar constantemente o problema, na tentativa de resolvê-lo ou transformá-lo. Quanto mais uma relação tiver que preencher exigências fundamentais de proteção e segurança, tanto mais forte é a ligação que se desenvolve e tanto maior é a ameaça potencial introduzida por qualquer situação que a coloque em discussão.

Isso leva à conclusão paradoxal de que a ligação que se instaurou, e que deve sua força principalmente aos conteúdos problemáticos das relações anteriores, como mencionamos muito rapidamente, *não deverá evoluir, se quiser manter a mesma intensidade*: ao desaparecer seu conteúdo problemático, com efeito, também viria a faltar, em grande parte, sua razão de ser. Então, separar-se de relacionamentos passados também significa correr o risco de esvaziar o significado da relação atual. É o que percebem bem os casais em terapia, quando, apesar do mal-estar decorrente de suas dificuldades, parecem preferir a situação atual a arriscar uma separação.

Por outro lado, parece que só aceitando esse risco é que a relação pode evoluir, transformando-se numa ligação mais madura e, sobretudo, mais livre de vínculos de dependência supradeterminadas.

Bibliografia

ANDOLFI, M., ANGELO, C., MENGHI, P., NICOLO'-CORIGLIANO, A.M., *La famiglia rigida*, Feltrinelli, Milão, 1983.

ANDOLFI, M., ANGELO, C., *Tempo e Mito nella Psicoterapia Familiare*, Boringhieri, Turim, 1987.

BAGAROZZI, D., ANDERSON, S., "The Evolution of Family Mithological Systems: Considerations for Meaning, Clinical Assessment, and Treatment", *J. of Psychoanal. Anthropol*, 1982.

—————— "The use of Family Miths as an Aid to Strategic Therapy", *J. Fam. Ther.*, vol. 5; 145-154, 1983.

BOWLBY, J., *Attaccamento e perdita* (trad. italiana), Boringhieri, Turim, 1972-1983, vol. I, *L'attaccamento alla madre* (ed. orig. 1969); vol. 2, *La separazione dalla madre* (ed. orig. 1973); vol. 3, *La perdita della madre* (ed. orig. 1980).

BOSZORMENYI-NAGY, I., SPARK, M., *Invisible Loyalties: Reciprocity in Intergenerational Family Therapy*, Harper & Row, Nova York, 1973.

DARE, C., PINCUS, L., "Il contratto segreto del matrimonio", in CIGOLI, V. (ed.) *Terapia Familiare, L'orientamento psicoanalitico*, Angeli, Milão, 1983.

DICKS, H., *Marital Tensions: Clinical Studies Towards a Psychological Theory of Interaction*, Routledge & Kegan, Londres, 1967.

NICOLO'-CORIGLIANO, A. M., "La relazione di coppia in gravidanza", *Crescita* n. 12, 1985.

STIERLIN, H., *La famiglia e i disturbi psicosociali*, Boringhieri, Turim, 1981. Ed. orig. 1978.

WHITAKER, C., KEITH, D., "Symbolic Experiential Family Therapy", in GUERMAN e KNISKERN (ed.) *Handbook of Family Therapy*, Brunner/Mazel, Nova York, 1981.

O CASAL ÚTIL
Paolo Menghi

Uma criança procura um pai e uma mãe, mas não os encontra. Quando adulta, quer descobri-los em uma mulher ou em um marido, mas, antes mesmo de começar, já fica brava, porque sabe que não vai encontrar mulheres ou homens perfeitos. Espera um fracasso, mas pretende um sucesso. Pede algo que não espera obter, exigindo amor de quem não tem como satisfazê-la. Essa batalha pode durar a vida inteira, mas, às vezes, a criança acorda e faz chorar a máscara do velho.

Quem vive em casal muitas vezes se pergunta se sua relação com o homem ou mulher escolhida é normal ou não. Fazer essa pergunta não adianta grande coisa, porque, para respondê-la, precisaríamos saber como "deveria ser" uma relação de casal, visão que só teria validade partindo de alguém que tivesse alcançado o tal estágio de ser "como deveria ser". Além disso, é muito difícil considerar *patológica* uma relação conjugal, quando se compreende que as chamadas relações disfuncionais, entre dois membros de um casal, não passam de tentativas de resolver condições disfuncionais precedentes, as quais, por sua vez, representam soluções das mais normais para outras tantas condições patológicas anteriores, e assim por diante, até achar a origem da patologia do casal na atormentada relação entre Adão e Eva. Por isso, é conveniente não fazer referência a um modo de relação de casal melhor ou mais "sadio" do que outro, mas à continuidade de um processo, em que uma maneira de se relacionar significa adquirir uma dimensão ou então abandonar uma dimensão. Com efeito, ao longo do processo evolutivo, precisamos de experiências relacionais diferentes, que são vantajosas ou desvantajosas *em relação ao tempo* em que ocorrem. Então é mais sensato perguntar se a relação de casal que vivemos está tendo alguma utilidade para nosso desenvolvimento psíquico, e se as modalidades dessa relação têm interesse para nossa evolução.

Falar em utilidade pressupõe consenso sobre a *definição dos objetivos*. Útil em relação a quê? Para que serve uma relação de casal, para os dois que a compõem, se for utilizada da melhor maneira a experiência que essa relação comporta? Quantas vezes já olhamos para nossa mulher ou marido, com insistente perfídia, perguntando-nos silenciosamente, com o secreto desejo que ele ou ela percebesse: "Mas o que é que me obriga a ficar com ele/ela?". Isso é normal ou não? Talvez fosse melhor perguntar: "É útil ou não?".

É útil, se eu tiver coragem de realmente querer uma resposta para a pergunta: "O que é que me obriga?". Menos útil se eu estiver apenas tentando culpar minha mulher ou meu marido. Mas o ponto crucial não é o que eu faço, é minha consciência do que faço. Ou seja, um comportamento é útil quando percebo o que estou fazendo e posso escolher orientar minha ação num sentido ou outro, aceitando as vantagens e o custo dessa escolha. Assim, quando estamos diante de duas possibilidades, e sabemos que uma escolha também implica uma renúncia, quando nos damos conta dessa coisa tão simples, encontramos uma terceira possibilidade, em que podemos nos acomodar pelo resto da vida: falar a respeito. Falar para não escolher.

Uma relação de casal pode representar, para os dois membros que a compõem, a forma de psicoterapia mais eficaz, ou, melhor, para evitar a idéia de sadio e doente, uma oportunidade incrível de evolução individual. Naturalmente, é preciso que a relação dure tempo bastante para que essa oportunidade seja utilizada da melhor maneira. Como uma daquelas terapias clássicas, ortodoxas, psicanalíticas, quatro vezes por semana durante dez anos no mínimo...

Podemos dizer então que um dos objetivos fundamentais de uma relação de casal consiste em *favorecer o processo evolutivo de seus participantes*. Essa hipótese inicial está baseada em algumas premissas:

1) *A relação que o indivíduo tem consigo mesmo é função das relações que aquele indivíduo tem com os outros.*

2) *O parceiro, numa relação de casal, representa uma escolha privilegiada de intercâmbio relacional.*

3) *Todo indivíduo tem a possibilidade de escolher utilizar sua relação com o parceiro para favorecer a evolução da relação que tem consigo mesmo, ou para mantê-la inalterada.*

4) *O nível de liberdade nas escolhas é diretamente proporcional ao nível de consciência alcançado.*

Podemos dizer então que um casal estará tanto melhor quanto mais conseguir se adaptar às exigências do processo evolutivo dos dois indivíduos que o compõem; mais do que adaptar-se, favorecer esse desenvolvimento. Isso ocorre quando cada um dos dois tiver condições de utilizar o intercâmbio com o outro a favor da evolução de suas próprias potencialidades.

Evidentemente, por "estará tanto melhor" não me refiro ao bem-estar como ausência de sofrimento, mas à *capacidade de tirar proveito desse sofrimento como impulso evolutivo.*

A pergunta que então podemos fazer é a seguinte: quais são os elementos, presentes em toda relação de casal, que podem ser utilizados a favor do crescimento dos dois indivíduos que a compõem?

Vamos começar pelo começo, por um elemento muitas vezes presente: a *paixão.* Deixando claro que não é preciso apaixonar-se para formar um casal que seja útil para os indivíduos que dele fazem parte, eu definiria a paixão como o momento em que um vê no outro aquelas suas polaridades que não consegue ver em si mesmo. O pólo sexual oposto, por exemplo. Somos constituídos por polaridades opostas, intermediadas por uma gama infinita de aproximações a um ou outro pólo. Todo o universo é constituído por polaridades. Energia e matéria: uma não pode existir sem a outra; próton e elétron, atração e rejeição, ativo e passivo. A paixão é a possibilidade de amar aquilo que não nos é permitido amar em nós mesmos, por ser incompatível com nossa imagem já estruturada.

O que significa isso? Significa *limitação de nossa consciência.* O problema é que quase sempre nos convencemos de que, entre duas valências opostas, só uma nos pertence; mas, na verdade, ambas estão potencialmente presentes, mas só uma delas tem o privilégio de se manifestar. Cada um de nós está sempre procurando evitar a ansiedade provocada pelo atrito entre as infinitas possibilidades de que somos feitos, e, por isso, se esforça para simplificar a realidade, eliminando uma das duas valências. Então, no casal, cria-se um jogo muito estranho, em que atribuímos ao outro aquelas nossas idéias, imagens e funções que nunca poderiam integrar-se àquilo que temos a pretensão de conhecer em nós mesmos. Na paixão, os aspectos que nos pertencem, aqueles que a ignorância enterrou sob camadas que a consciência nunca atravessou, irrompem em nossa vida e nos são evidenciados quando, inconscientemente, os projetamos no outro. Essa projeção pode se dar com mecanismos de ódio e de amor. A armadilha terapêutica em que nos metemos na relação de casal, assim como acontece em outras terapias, começa pela parte positiva desse binômio: a curiosidade, a atração, a paixão.

Como se sabe, a paixão faz perder a cabeça. Dizem "louco de amor": a cabeça em contraposição ao coração. É a hora do coração, que só pode se abrir se a cabeça não controlar. Cabeça, neste caso, significa a capacidade de analisar e estruturar logicamente, que nos proporciona uma visão limitada de nossa identidade, para impedir que objetos ainda não integráveis entrem em contato uns com os outros. Mas essa cegueira necessária também é uma limitação da consciência, e toda limitação sempre gera *sofrimento*. É justamente com esse sofrimento que entramos em contato quando nos apaixonamos. Já que conseguimos fazer à outra pessoa certas exigências de complementação que, de outro modo, não conseguiríamos preencher, a ausência de paixão logo nos faz sentir falta de alguma coisa vital. A sensação de vazio já existia antes, mas conseguíamos fazer de conta que não era nada; agora, com a desculpa de que aquela "alguma coisa" pertence ao outro, conseguimos estabelecer contato com ela. Dessa maneira, dois mundos potencialmente existentes dentro de nós podem se encontrar.

Desse ponto de vista, poderíamos considerar *a paixão, a sensualidade, a própria sexualidade, como funções aptas a evitar os atritos que iriam se desencadear nesse encontro.* Mas se o encontro tem a tarefa de expandir a consciência individual, as diferenças representam o verdadeiro motivo da escolha recíproca; não é a paixão, essa vem depois, que permite o encontro. A paixão, a emotividade, a sensualidade, a sexualidade permitem reduzir a influência da parte estruturada da personalidade sobre a disponibilidade para a mudança. Personalidade que impediria o novo. Como o inseto louva-a-deus: a fêmea come a cabeça do macho para permitir a cópula, a conjunção de duas entidades distintas, a criatividade biológica. Na espécie humana, quando nos apaixonamos comemos a cabeça um do outro, e a criatividade que pode derivar daí não é apenas biológica.

Assim, objetos que, em nosso interior, pertencem a sistemas separados e incomunicáveis, graças a certos estados de ânimo podem *se unir e se comunicar.* Isto vale também ao contrário: o que estava unido poderá ser separado.

Nessa fase da vida de casal, cada qual procura valorizar sua melhor parte, aquela que sente como mais verdadeira. O que quer dizer mais verdadeira? Absolutamente nada! Mas cada um de nós sempre tem guardada uma parte mais verdadeira para quando estiver apaixonado. E aí temos outro imprevisto: de repente, o outro aprecia mais em nós uma "outra coisa", e nos revela. Como nosso estado emocional, o nosso desejo de agradar ao outro, nos levam a adotar seu ponto de vista, somos obrigados a refazer a imagem que temos de nós mesmos. Claro que essa nova imagem não é mais verdadeira do que a anterior, mas tem a vantagem de ser diferente, e isso permite *descobrir-nos diferentes, sem medo.* Isso abala aquela idéia nunca

61

formulada de identidade estável, atrás da qual nos escondíamos. Nos dá a possibilidade de acreditar um pouco menos na idéia de "certo" e "errado", estado mental muitas vezes inutilmente almejado pelos terapeutas familiares.

Com o passar do tempo e com a rotina, volta o funcionamento psíquico habitual, permitindo que a antiga estrutura venha à tona e comece a se chocar, justamente, com os aspectos que no começo atraíam inconscientemente. Criaram-se as condições para tornar mais aguda a *necessidade de ampliação*, agora *consciente*, da nossa realidade psíquica. A própria experiência da relação, com suas contínuas verificações, obriga a alargar a perspectiva para poder compreender o significado de experiências que, de outro modo, seriam somente frustrantes. Esse é o *momento do amor*.

Qual é a diferença entre o primeiro estágio, que exemplificamos com a paixão, e o segundo, o amor? No primeiro estágio, nunca levantaríamos vôo se não acreditássemos na harmonia absoluta, se não sentíssemos a enorme força de atração. No segundo, temos que descer e fazer as contas com uma complexidade que tínhamos liquidado apressadamente. Não dá para voar com muito peso, e tínhamos jogado ao mar toda nossa bagagem. No segundo estágio, temos que ir buscá-la de volta. Não se pode ficar sempre no ar. É preciso descer. É sempre assim. Mas por quê? Porque do alto se conhece o que está embaixo, e não o contrário. Quando subimos, enxergamos. Quando descemos, não podemos ver mais, mas já vimos. Há uma arte de se orientar, a baixa altitude, por meio da lembrança do que vimos do alto.

Na primeira fase, o centro do coração pôde começar a abrir-se, eliminando o da cabeça; na segunda, há oportunidade de conseguir mantê-lo aberto, embora a cabeça tenha voltado a funcionar. *Amor é quando o coração fica aberto embora a cabeça funcione*. Não utilizar essa fase significa não permitir uma evolução: "Nada de cabeça, é tão bom sem". Traduzindo: "Sem mais limites". Ou então: "Nada de coração, gosto de saber onde estou pisando", isto é: "Não quero arriscar".

Geralmente, a lembrança da passagem da primeira à segunda fase é de algo que foi acontecendo aos poucos, com a graduação do hábito. Esquecemos que a serenidade é fruto de fases dramáticas, cujo resultado não conhecemos até chegar ao fim: a *crise*. Crise vem do grego e significa separação, escolha. Daí que *separar-se implica inevitavelmente fazer escolhas, e escolher significa, necessariamente, separar-se de alguma coisa*. Em função de um relacionamento que é importante para nós, precisamos aceitar soluções de compromisso, separando-nos de partes nossas às quais somos tremendamente apegados. Mas, mesmo quando a relação é rompida e sentimos que não conseguimos, a lembrança daquela fase apaga as experiências pelas quais passamos. Não lembramos que fracassamos, só lembramos que o outro não nos amava o bastante.

Mas voltemos à segunda fase.

Agora, aquela pessoa, que antes parecia uma resposta às nossas limitações, está virando um *tirano*. Um tirano muitas vezes mesquinho, e poderosíssimo. É incrível como até pessoas inteligentes teimam em ter a esperança de evitar essa fase, e, quando a atravessam, insistem em pensar que é um azar desgraçado. Não é, não; aliás, se o nosso objetivo é o *conhecimento*, esse tirano é, na realidade, do que estávamos precisando. Escolhemos nosso adversário devido às atrações inconscientes, geradas por nossas exigências de mudança, das quais falamos antes, e temos que travar uma batalha justamente contra a pessoa mais competente para nos derrotar.

Mas não basta estarmos no meio de uma batalha para sermos *guerreiros*. Nós nos tornamos guerreiros. Evidentemente, a guerra já está dentro de nós, senão não a levaríamos para fora. A batalha entre duas facções não é todo o problema, mas é parte importante dele, porque *essa guerra causa atrito, o atrito gera calor, o calor acima de certa temperatura gera sofrimento, o sofrimento nos impele a resolver as condições que o geraram, e estas estão ligadas à ignorância.*

Então, os membros do casal são dois aprendizes de guerreiro que tiveram a sorte de se encontrar para se transformarem um no tirano do outro.

Há vários tipos de tiranos: o nosso tirano será aquele que, da maneira mais precisa, mais mesquinha, mais dolorosa, saberá tocar nossos pontos mais sensíveis.

Mas então vejamos: por que esses pontos são tão sensíveis? Todo o problema vem da importância que damos a nós mesmos: *a nossa personalidade*. Esse é o nosso maior apoio, mas é também o pior inimigo. Quem ameaça nossa personalidade, depois das promessas implícitas iniciais de apoiá-la, pode ser visto, não mais como inimigo, mas como útil colaborador em nosso projeto evolutivo.

O que nos enfraquece é ficar ofendidos com o que nossos semelhantes fazem ou deixam de fazer. O apego à nossa personalidade faz com que passemos a maior parte da vida ofendidos por alguém, muitas vezes ansiosos para retribuir na mesma moeda. Imagine-se quando a ofensa vem, justamente, da pessoa que achávamos que ia nos defender contra tudo isso! A personalidade é, por um lado, o núcleo de tudo que tem algum valor em nós; por outro, é o núcleo de toda nossa infelicidade, e esta decorre, não tanto de como está construída nossa personalidade, mas do apego que temos a ela. Personalidade deriva de *persona*, e *persona*, em língua etrusca, significava *máscara*. No caminho de nossa evolução, somos obrigados a construir muitas máscaras e perder outras tantas. Construímos tantas, bonitas e feias, camada sobre camada, como cascas de árvore, e agora estamos tão identificados com elas que as confundimos com nossa identidade. Identidade quer dizer "isso mesmo", o ponto central, a pérola na concha da ostra. Em torno dela construímos a personalidade, à qual depois nos apegamos; sempre somos muito apegados a ela, quer a amemos ou odiemos.

Então, se não quisermos nos opor, mas colaborar com nosso crescimento, não há outro caminho senão favorecer a perda de nosso apego a uma personalidade que nunca poderá nos representar inteiramente, e isso pode ser feito com uma boa ajuda do outro. Assim, cada pedaço que cair fora para abrir espaço ao novo, trará dor, e a dor será proporcional ao nosso apego. Adquirir, reconhecer, abandonar. O processo de crescimento é ritmado por esses três momentos. Não se pode abandonar o que nunca se teve, ou nunca se teve a coragem de desejar.

Aliás, a personalidade é a única coisa de que dispomos, no começo, para trabalhar pela ampliação de nossa consciência. Trata-se então de usá-la para o objetivo preestabelecido. Assim como não tem sentido procurar fora de nós a aprovação de nossa personalidade, também não tem sentido tentar destruí-la. Em vez disso, temos que *aprender a canalizá-la*. A relação de casal pode nos ajudar muitíssimo nesse sentido.

Essa escolha, tão simples de formular, é possível mais freqüentemente do que queremos admitir, mas muitas vezes nos esforçamos à procura de coisas difíceis de *entender*, para evitar ter que perceber que as coisas úteis são difíceis de *fazer*. Nos desfazer da importância que damos a uma personalidade limitada requer uma obra-prima de estratégia. Uma estratégia que pode ser de casal.

É melhor não olhar tudo isso em termos morais, mas em termos operacionais, tendo em vista utilizar uma situação extraordinariamente rica em oportunidades. Uma relação de casal é útil para os dois que a compõem, quando aprendem a usar adequadamente sua energia. Essa conversa não pode ser entendida por um apaixonado ou por alguém que queria estar apaixonado, só por quem já atravessou e esgotou a primeira fase. Não tem o menor sentido dizer a um apaixonado para não gastar inutilmente suas energias, porque isso significaria para ele limitar seu amor. Evitar modelos de comportamento não-essenciais para nosso bem-estar e dos outros parece um raciocínio contábil para quem está vivendo uma fase de absoluta liberdade, mesmo que ilusória. Agora, quem consegue chegar a essa segunda fase da vida de casal tem que saber que, se conseguir se acertar com o tirano que escolheu, certamente estará em condição de enfrentar, sem perigo, o desconhecido que tem dentro de si, e vai poder sobreviver ao que for descobrindo. Não há nada que fortaleça tanto o espírito como tratar com pessoas insuportáveis em posições de poder, e todos sabemos que é isso que os membros de um casal são um para o outro muitas vezes. Já a mulher ou o marido que sucumbem ao tirano escolhido não serão feridos pelo outro, mas pela sensação pessoal de fracasso.

As soluções para esse estado são as seguintes:

1) Abandonar definitivamente o caminho do marido ou da esposa.
2) Escolher outro e começar de novo.
3) Voltar ao combate com o mesmo tirano, porém com mais discernimento.

Mais uma vez, nos deparamos com a dificuldade de escolher.

É bom lembrar que os tiranos nunca estão sozinhos, sempre se valem das respectivas famílias de origem.

Como terapeutas, estamos acostumados a ver, na relação de casal, muitas imaturidades individuais. Imaginamos, por exemplo, que uma etapa normal do processo evolutivo individual não tenha sido atravessada e superada no devido tempo. Tomemos como exemplo a relação com o progenitor do sexo oposto durante a adolescência; será inevitável, mas também muito útil, que essa fase seja vivida dentro da relação de casal. Precisamos aprender a ver, nesse agir aparentemente em tempo e lugar errado, uma grande oportunidade de resolver um problema ainda não-resolvido.

Isso significa aprender a ver a utilidade daquilo que habitualmente é definido como patológico; aprender a favorecer a utilização do que acontece espontaneamente com o casal, em vez de combatê-lo em nome de um ideal de normalidade. Mas como podemos fazer isso, se nós mesmos não aprendemos a fazê-lo em nossa relação de casal?

Esse trabalho comporta o "risco" de tirar vantagem da situação que estamos vivendo. *O risco de ficar acordados*. Não queremos correr esse risco? Não tem problema, eis a receita, em quatro mandamentos:

1) Use sua mulher ou seu marido como lata de lixo para todas as funções em que você não gosta de se reconhecer, e continue pensando que só dizem respeito a ela/ele.

2) Use a pessoa que você escolheu para confirmar sua própria personalidade.

3) Nunca procure conhecer o outro, senão vai se aproximar de sua própria identidade.

4) Continue confundindo personalidade com identidade. Assim, sua imagem estereotipada do outro será mais adequada para manter suas próprias convicções.

Falamos de patologia da normalidade e de normalidade da patologia porque já entendemos que doença não é só psicose ou neurose, e normalidade não é manter-se longe delas. Doença é ignorância, ignorância gera ilusão, ilusão é identificar-se com personalidade, que se apóia na dualidade. Mas só passando por essa doença pode haver conhecimento. Aprender a olhar para o outro, no casal, significa aprender a ver a si mesmo; mas quem olha para si mesmo torna-se sujeito e objeto, e é esta dualidade pela qual toda forma pode ser conhecida.

Bibliografia

ALBERONI, F., *Innamoramento e amore*, Garzanti, Milão.
CASTAÑEDA, C., *Il fuoco dal profondo*, Rizzoli, Bolonha.

PARTE II
Crise de casal: qual terapia?

O que é uma terapia de casal? Quais são os elementos considerados quando se decide intervir, isto é, qual é o modelo de referência da terapia? Quais os elementos determinantes para que seja bemsucedida? Há alguma coisa que a diferencie de outras formas de terapia relacional? Estas são apenas algumas das perguntas que se colocam quando se enfrenta o problema da intervenção terapêutica junto a um casal. São perguntas que pressupõem a existência de um "mapa" de referência sobre o que é normal e o que é patológico. Como vimos na introdução à primeira parte, um dos problemas a enfrentar é justamente o de construir um "*mapa da normalidade*" que possa ser contraposto ao da patologia. Só há pouco tempo está disponível uma série de estudos, ainda fragmentários e desarticulados, focalizando alguns aspectos das relações. De qualquer forma, esses estudos já serviram para rever certos conteúdos considerados "fundamentais" em terapia relacional, tais como, por exemplo, o conceito do duplo vínculo, que passou, sucessivamente, de elemento patogênico específico da esquizofrenia a elemento patogênico universal, e, enfim, a componente não-eliminável da comunicação normal, ao menos parcialmente.

Uma vez colocado o problema do mapa de referência, surge uma segunda dificuldade, sobre os conteúdos de uma relação, ou seja, aquilo que ela expressa. Percebemos que, sob a aparente roupagem unificadora de "terapeutas relacionais" — que reveste genericamente os psicoterapeutas que não tratam especificamente das pessoas, mas das *relações entre elas* —, escondem-se práticas e concepções dificilmente conciliáveis. Num extremo, coloca-se o indivíduo, em uma posição central para determinação dos significados veiculados pela relação; no extremo oposto, procura-se depurar a relação de quaisquer fatores ligados à psicologia da pessoa individual, buscando leis gerais que expliquem as regras de funcionamento da relação, independentemente dos indivíduos envolvidos.

Isso não é um fenômeno característico da terapia familiar ou da terapia de casal: é o que vemos todos os dias, também no campo das psicoterapias individuais e no âmbito de todas as escolas psicoterapêuticas (basta pensar nas diversas correntes psicanalíticas). Parece-me necessário, porém, chamar a atenção para este aspecto, para nos interrogar sobre a *prática* terapêutica. Ao ler os próximos artigos, que representam a parte mais consistente deste livro, nos damos conta da variedade dos meios empregados e dos diferentes usos de um mesmo meio por diferentes terapeutas. Até agora, aparentemente, nada de estranho: já foi dito que a terapia é uma arte e, equiparando os terapeutas a artistas (ou, pelo menos, a bons artesãos), é claro que cada qual usa a seu modo os instrumentos do ofício.

Mas o uso diferente também expressa uma diferença na importância que é dada a cada um dos elementos em jogo, implicando uma diferente concepção epistemológica das relações. Devemos nos perguntar, então, quais são os elementos realmente essenciais a uma teoria e a uma prática terapêutica relacionais. Há elementos de posicionamento imprescindíveis, ou os elementos assim definidos não resistem à verificação prática? O posicionamento está ligado à pessoa do terapeuta? Há papéis sociais ou familiares, dos quais as pessoas são portadoras, que *devem ser* modificados, ao ser mudado o mecanismo através do qual se reforçam reciprocamente e se mantêm; ou é mais importante levar em conta as histórias familiares e as vivências individuais, que sobrecarregam de significados as relações, condicionando sua evolução, embora estas, por sua vez, determinem as ações dos indivíduos? Até que ponto é suficiente levar em conta um só nível geracional, ou é essencial envolver outras gerações? E destas, quais membros devem ser convocados?

Pode-se cair no erro de julgar que aquilo que se diz de uma determinada prática terapêutica corresponda a uma seqüência de ações, ao ritmo dos modos e tempos descritos, que deva ser absolutamente respeitada para que se possa obter resultados terapêuticos. Ou seja, poder-se-ia pensar que todos os comportamentos prescritos ao terapeuta, durante a sessão, sejam fundamentados em premissas epistemológicas corretas e *ocupem o mesmo lugar numa escala de importância*.

Pelo contrário, hoje já é um dado comprovado que os índices de sucesso terapêutico são equivalentes, independentemente das premissas teóricas iniciais; dado este que, no mínimo, coloca em discussão a existência de uma estreita correlação entre os procedimentos terapêuticos específicos e sua relevância para a mudança. O que significa que ainda estamos bem longe de uma teoria da mudança que seja satisfatória.

Por outro lado, como explicar os resultados obtidos? Pois devemos constatar que muitas situações problemáticas são resolvidas satisfatoriamente, embora por caminhos de intervenção diferentes. Um dos aspectos relativamente pouco estudados em terapia relacional tem sido, até agora, o da relação terapêutica entendida como o vínculo que se estabelece, ao longo das sessões, entre o terapeuta e cada um dos componentes do sistema. É uma ligação construída sobre uma relação de confiança, que pressupõe que o terapeuta tenha sido capaz de colher, de cada um deles, aspectos emocionalmente prenhes e significativos, mediante formas de comunicação que são, certamente e em boa parte, não-verbais e portanto difíceis de descrever. Mesmo assim, é de estranhar que tenham sido feitos tantos vídeos para documentar as comunicações não-verbais da família ou do casal, e tão poucos para documentar as comunicações *entre o terapeuta e a família.*

Tudo isso leva a sugerir a hipótese de que, para avaliar a eficácia terapêutica de uma intervenção, pode ser útil levar mais em conta o modo como se constrói e evolui a relação entre o terapeuta e a família, inserindo nesse contexto o problema do método adotado por cada terapeuta e da coerência com as regras desse método.

Enfim, há um método específico para o tratamento de casal?

Mais do que um método específico, o que transparece nos textos a seguir é uma diferença na posição do terapeuta, muito mais envolvido e mais ativo numa série de triangulações, em que aparecem de modo mais evidente e imediato os vínculos entre cada um dos componentes do casal e a família de origem, e a necessidade de enfrentá-los para elaborar a dependência recíproca.

PSICANÁLISE E TERAPIA SISTÊMICA: DOIS PARADIGMAS EM AÇÃO
Helm Stierlin

Estamos presenciando tentativas de aproximação entre psicanálise e terapia sistêmica. Por exemplo, psicanalistas e terapeutas sistêmicos estão se encontrando com maior freqüência, como em alguns congressos recentes. Além disso, muitos psicanalistas começaram a se interessar pela terapia familiar e de casal, enquanto os terapeutas de família parecem ter redescoberto a terapia individual, embora modificando-a e apresentando-a como terapia individual sistêmica.

Parece haver também uma tentativa de integrar as conceituações que se desenvolveram no interior desses dois domínios terapêuticos.

A meu ver, essa integração é muito difícil, por duas razões principais.

Em primeiro lugar, devido aos posicionamentos terapêuticos diferentes — de um lado, o posicionamento diádico e de longo prazo da psicanálise; do outro, o posicionamento relativamente breve e multipessoal da terapia sistêmica — referem-se a observações diferentes e a diferentes modelos, que acarretam, por sua vez, condutas terapêuticas específicas.

Em segundo lugar, esses modelos refletem um *Zeitgeist* científico muito diferente para cada caso.

No tempo de Freud, os modelos científicos que prevaleciam eram os da química e física pré-Einstein. Esses modelos forneceram a Freud conceitos como os de repressão, catarse, deslocamento, formação reativa, sublimação etc. Esses conceitos, ou melhor, essas metáforas deram forma ao seu modelo de mecanismo psíquico, e, ao mesmo tempo, deram origem às idéias de como intervir terapeuticamente nesse mecanismo.

A partir da Segunda Guerra Mundial, difundiram-se as ciências sistêmicas, tais como a teoria geral dos sistemas, a cibernética, a teoria da comunicação, a teoria dos jogos e a informática, levando-nos a perceber, entre outras coisas, a importância dos processos de *feedback* e de causalidade circular.

Atualmente, parece que da teoria do caos poderá advir outro modelo para compreender tanto a vida intrapsíquica como os processos interpessoais e os sistemas, e isso talvez venha a ter importantes desdobramentos na prática psicoterapêutica.

Esses dois fatos — diferenças de posicionamento e de objeto de observação, gerando dados e modelos diferentes para as diferenças na percepção, seleção e uso desses dados — dizem respeito a uma situação na qual, apesar de uma certa semelhança e junto com ela, encontramos *diferenças que geram diferença*. E essas diferenças que geram diferença dizem respeito à conduta terapêutica efetiva da terapia psicanalítica e da terapia sistêmica.

Limito-me aqui a algumas observações sobre um único aspecto: a duração da terapia e o número necessário de sessões para que se possa verificar alguma mudança no paciente.

Repassando a história da psicanálise, podemos observar mudanças relevantes no tocante à duração de uma terapia pessoal, ou didática que seja. Lembro-me de um episódio de uns vinte e cinco anos atrás, quando Michael Balint, um dos pioneiros da psicanálise, falava de sua própria análise, nos primeiros anos deste século. Seu analista era Sandor Ferenczi, e a análise tinha durado uns três ou quatro meses, duas vezes por semana. A primeira análise que Balint veio a conduzir, como analista, não durou muito mais do que isso. (A paciente era uma moça húngara, que mais tarde fundou uma sociedade psicanalítica em algum lugar do mundo.)

Evidentemente, isso é bem diferente das análises de hoje, que duram muitos anos e constam de centenas ou mesmo milhares de sessões. Essa mudança deve-se, obviamente, a fatores complexos; limito-me a tratar de apenas um deles.

Refiro-me à idéia ou hipótese básica do pensamento psicanalítico, que ajuda a justificar a longa duração do tratamento — dos tratamentos individuais, com certeza, mas penso que também da terapia familiar e de casal, analiticamente orientada: a idéia de que a psicanálise é uma psicologia da profundidade (*Tiefenpsychologie*).

As palavras "profundo" e "profundidade" parecem ser as mais usadas pelos psicanalistas para distinguir a psicanálise de outras formas de psicoterapia. Por exemplo, num artigo recente sobre terapia analítica de casal, pode-se ler que "a investigação de níveis cada vez mais profundos de significado e de motivações inconscientes" distingue o enfoque psicanalítico de outras abordagens na terapia de casal (1).

A metáfora "profundo" evoca alguma coisa oculta e de difícil acesso. Isso vale particularmente para o que está escondido ou enterrado no passado. Essa "alguma coisa" pode ser valorizada positiva ou negativamente. Em alemão há um ditado: "*Stille Wasser sind tief*" ("as águas paradas são profundas"), sublinhando que a profundidade — aqui, a profundidade do silêncio e, conseqüentemente, do pensamento — é uma coisa boa e preciosa. Segue-se que é bom e meritório tratar os níveis profundos dos conflitos e das motivações. Paralelamente, a metáfora "profundo", quando aplicada ao desenvolvimento emocional e psíquico, tende a evocar associações "profundas", tais como danos, conflitos e prejuízos de base. Nesse contexto, a palavra "profundo" refere-se ao passado de um indivíduo, aos seus primeiros anos de vida, e implica que, para fazer aflorar e consertar esses danos, prejuízos e conflitos, é preciso um longo e laborioso trabalho psicanalítico.

Geralmente, esses danos-prejuízos-conflitos são conceituados como prejuízos da atenção materna primária (como afirma, por exemplo, Alice Miller); como prejuízos nos objetos-em-si que, em situações de normalidade, favorecem o desenvolvimento de funções adequadas de idealização e espelhamento (ver Kphut); ou como prejuízos de vínculo ou conflitos que podem ser reportados, de alguma maneira, a vicissitudes da relação mãe-criança (Klein, Fairbairn e Winnicott); como prejuízos nos modelos parentais importantes para a auto-estima e para uma boa identidade sexual, e assim por diante...

Essa ênfase na profundidade e, implicitamente, nas raízes profundas dos conflitos e prejuízos sugere que os problemas e deficiências sociais e psicológicos são semelhantes às deficiências e problemas físicos, uma vez que estes podem ser decorrentes de causas remotas e profundas, tais como danos cerebrais, desnutrição ou outros traumas sofridos em momentos cruciais do desenvolvimento infantil.

Há porém uma diferença: embora pressupondo tais origens profundas, e portanto duradouras, tanto no caso de traumas psíquicos como de traumas orgânicos, muitos psicanalistas não pensam que esses traumas sejam, em boa parte, irreversíveis, e que a terapia possa ou deva ser somente uma terapia de apoio, ou seja, voltada para ajudar o paciente a conviver com suas deficiências. Pelo contrário, pensam que esses traumas podem ser resolvidos em grande parte, bastando que terapeuta e paciente se comprometam num esforço terapêutico de longa duração, sustentado pela presença empática e acolhedora do analista e voltado para a reatualização e interpretação dos velhos traumas e conflitos, mediante um processo de transferência e contratransferência. Mas isso significaria que o trabalho terapêutico deveria igualar, em profundidade, duração e intensidade, a profundidade do problema apresentado. Pessoalmente, conduzi grande parte do meu trabalho terapêutico partindo dessa idéia. Por mais de cinco anos, trabalhei como psicanalista em Chestnut Lodge, onde, inspirando-me em terapeutas de renome como Frieda Fromm Reichmann, Otto Will e Harold Searles, conduzi terapias que duravam em média três ou quatro anos, muitas vezes com pacientes diagnosticados como esquizofrênicos, num ritmo de pelo menos quatro sessões por semana.

Contudo, como terapeuta de orientação analítica e, mais recentemente, como terapeuta sistêmico, percebo que a diferença central entre os analistas e os sistêmicos está no modo como sustentam e são dirigidos pelas noções de profundidade e de prejuízo.

Simplificando ao máximo essa questão, eu formularia assim essa diferença: os psicanalistas tratam dos *determinantes* profundos (motivações, fantasias, situações relacionais do passado, que estão na base dos conflitos presentes); já os terapeutas sistêmicos tratam das *implicações* profundas dos modelos, idéias e explicações aos quais uma pessoa recorre para pensar seus conflitos e prejuízos.

Conseqüentemente, no primeiro caso, o objetivo terapêutico consiste em interpretar, entender, reviver, e, conseqüentemente, corrigir esses conflitos profundos; no segundo caso, consiste em tratar esses conflitos e faltas como manifestações e conseqüências de idéias que têm múltiplas implicações na auto-estima, no comportamento e nas respostas que o paciente desperta nos outros.

Pode-se objetar que são sempre as idéias, as idéias dos pacientes que provocam sofrimento, conflitos intrapsíquicos e interpessoais, impasses relacionais e catástrofes, e que em ambos os casos devemse mudar essas idéias.

É verdade. Mas o problema é que psicanalistas e terapeutas sistêmicos geralmente têm idéias diferentes sobre as origens, a natureza e a possibilidade de mudança dessas idéias que produzem sofrimento. Isso nos leva, novamente, a uma diferença que, considerando o fator tempo, pode ser enorme, pelo menos na prática terapêutica.

Bibliografia

FINKELSTEIN, L., "Toward an Object-Relations Approach in Psichoanalitic Marital Therapy", *Journ. of Marital and Fam. Ther.*, 13, 287-298, 1987.

O MODELO PSICANALÍTICO DE FUNCIONAMENTO DO CASAL

Anna Nicolò

Desde o começo, o trabalho com casais teve de enfrentar críticas provenientes de campos opostos. Os puristas dos sistemas[1] consideram que o casal, como estrutura diádica, é apenas um subsistema no interior da família; que tem um significado relacional análogo, mas não superior, ao de outras díades, tais como pai/filho ou irmão/irmã; por isso, julgam que não é possível um tratamento prescindindo do sistema mais amplo, que o abrange.

Por outro lado, porém, algumas escolas psicanalíticas afirmam que a terapia de casal não permite uma experiência de reestruturação profunda do mundo interior do indivíduo, e, portanto, consideram a terapia de casal, quando muito, uma terapia de apoio, capaz, no máximo, de reestruturações focais; ou, até mesmo, consideram-na útil apenas como apoio externo à terapia individual de uma criança ou adolescente. Examinando a grande parte da literatura psicanalítica a respeito, pode-se notar que "enquanto a relação pai(mãe)/criança é aceita pela psicanálise, o casal parental é considerado somente como ambiente, e mantido fora" (9).

Eu não compartilho nenhuma dessas duas posições. A primeira parece-me característica da abordagem pragmática, que teve, em seu momento, um impacto revolucionário. Mas hoje, com a supervalorização dos padrões comportamentais, ela impede que seja dada a necessária importância aos aspectos semânticos da relação, isto é, as emoções, as crenças, as fantasias, os estados mentais, que são eventos não-observáveis direta e fisicamente, mas que nem por isso deixam de existir.

Mas, por outro lado, afirmar que a terapia de casal deve ser equiparada a uma intervenção de apoio, também significa negar que, em

---

1. A começar por Halev, que recentemente levantou essa questão na conferência anual da A.A.M.F.T. (American Association for Marital and Family Therapy).

certas situações — como nos casos de grupos, multidão, família —, afloram componentes regressivos e primitivos, dificilmente observáveis fora desses contextos, e que ainda não foram oportunamente estudados e compreendidos.

Este trabalho pretende descrever algumas hipóteses sobre o funcionamento normal do casal e sobre a função da idealização em favorecer a emergência de estágios regressivos e de aspectos fusionais, caracterizados, conforme o caso, por diferentes qualidades.

Características e funções do casal

Diversamente do que afirmam os puristas dos sistemas, a meu ver, o casal é uma estrutura só aparentemente diádica. Embora ela seja constituída por dois corpos, pesam em sua relação muitos outros elementos fantasiados ou reais, tais como um dos pais de um ou outro parceiro, ou a própria relação de casal, ou ainda a dinâmica do casal parental de origem, trazida para a nova relação (1a).

Deixando de lado as observações sociológicas e antropológicas, mas apenas do ponto de vista psíquico, o casal é uma estrutura complexa com funções específicas. Algumas são intrínsecas ao próprio casal e outras são a base em que se fundamenta o funcionamento da família, particularmente a maneira de criar os filhos.

Embora a distinção entre elas, na verdade, seja forçada, podemos citar, entre as primeiras, o reforço narcísico que cada um dos parceiros proporciona ao outro, a natureza transformadora e "terapêutica" da relação entre parceiros, a utilização recíproca da relação objetal, inclusive como modalidade defensiva contra as pulsões pré-genitais insuficientemente controladas, a distribuição dos papéis e funções.

Entre as segundas, podemos lembrar aquelas que Melzer (12) define como introjetivas, e identifica no "gerar amor, promover esperança, conter a dor e pensar".

Estas últimas parecem-me importantes para favorecer o crescimento harmonioso dos filhos, do nascimento à idade adulta, passando pela adolescência.

De modo geral, podemos dizer que a família é a organização mais adequada para conter e modular o sofrimento ligado ao nascimento, e que é justamente nessa organização grupal que podem ser encontradas as primeiras raízes do desenvolvimento do pensamento. Há famílias em que algumas dessas funções são desempenhadas por outras duplas (por exemplo, mãe-filho ou pai-tia etc.), mas, geralmente, é ao casal parental que são delegadas essas tarefas.

Com efeito, essa é a dupla mais adequada para desempenhar essas funções introjetivas, até mesmo por suas características: 1) existência de uma membrana ou fronteira que diferencia o exterior do interior; 2) colusão entre os parceiros, em que cada qual contém os aspectos cindidos e projetados do outro.

No que diz respeito à membrana, todo casal, bem como toda família, tem essa delimitação. Evidentemente, esse termo é uma metáfora do conceito de fronteira que vem a se criar, e que delimita o espaço interno do casal em relação aos outros. Os ritos matrimoniais, religiosos ou civis, certos objetos concretos, como as alianças, servem para visualizar a criação ou a existência dessa fronteira. Mas, para o trabalho terapêutico e o diagnóstico, esse conceito é também útil porque permite distinguir o que os membros do casal, em sua colusão, contrataram inconscientemente que vá ficar dentro ou ser deixado de fora.

Às vezes, a membrana que continha o casal como uma pele é definida por aspectos externos ao casal, tais como as famílias de origem ou por idéias comuns ou projetos pré-codificados. Quando estes vêm a faltar, o casal entra em crise. Pode acontecer que a maternidade, a morte de um dos pais, a mudança de ideologia rompam a membrana e coloquem o casal em crise. A qualidade, a elasticidade, a permeabilidade da membrana são elementos importantes para a evolução do casal (9).

Para compreender esse conceito, podemos nos referir ao que primeiro Federn (6) e depois Anzieu (1) dizem sobre a fronteira do ego, considerada como uma interface em contínua mudança, capaz de mudar de acordo com os indivíduos, e com o mesmo indivíduo ao longo do tempo.

A membrana (3) ou fronteira (13) também muda ao longo da vida do casal, permitindo diferentes reestruturações. Um exemplo disso pode ser dado pela situação que caracteriza os primeiros meses de vida de um filho, quando a mãe fica ocupada num relacionamento de intenso intercâmbio com o recém-nascido. Ela pode, por algum tempo, transferir uma parte de seu comprometimento com o marido, e depois, sucessiva e progressivamente, voltar a reinvestir no parceiro, em si mesma e no casal, reduzindo a intensidade de sua relação com a criança. Esses processos implicam uma modificação da memória. Assim como ocorre com o ego (1), tomamos consciência da existência dessa fronteira sempre que há alguma modificação em nosso investimento afetivo no casal.

Colusão do casal

Para que um casal se constitua como tal, deve haver certo grau de integração entre seus membros, da qual deriva a integração da família. Numerosos autores procuraram explicar esse fenômeno específico. Wynne (24), por exemplo, fala da necessária reciprocidade entre os membros do casal. Pincus e Dare (19) identificam um contrato secreto de casamento, cujas motivações são em grande parte inconscientes, e no qual "os esquemas dos desejos e medos inconscientes... derivam de relações anteriores, especialmente do período infantil". Segundo esses autores, as temáticas edipianas são cruciais no estabelecimento da relação de casal.

Para Eiguer (4), na organização inconsciente do casal, "ambos os parceiros intercambiam objetos inconscientes", definindo assim um mundo objetivo compartilhado, que tem uma dimensão organizacional na família.

Muitos outros autores (3, 9, 11, 14, 15, 16, 17, 25) sustentam que o mecanismo de base do funcionamento do casal é a colusão. Por esse termo, utilizado primeiro por Laing e depois retomado por Dicks (3), entende-se uma espécie de conivência inconsciente (9), cuja essência é caracterizada pela "recíproca atribuição de sentimentos compartilhados a nível inconsciente". É também um acordo recíproco, que determina um relacionamento complementar, em que cada qual aceita desenvolver somente partes de si, conforme as necessidades do outro, renunciando a desenvolver outras partes, que projeta no companheiro.

Assim, quando falo em colusão, entendo uma relação normal e que evolui segundo as várias fases do ciclo vital e dos acontecimentos da vida. Dicks (3) afirma que os mecanismos em que se fundamenta a colusão são, justamente, aqueles assinalados por Klein: a idealização, a cisão e a identificação projetiva. Nesse sentido, são mecanismos de funcionamento relacional úteis à vida e à manutenção da colusão. Lampl de Groot lembra que os mesmos mecanismos que podem funcionar de modo patológico têm também um papel importante no funcionamento normal e na evolução. A identificação projetiva, recíproca e complementar, determina assim um intercâmbio de sentimentos, emoções e partes pessoais de cada um dos membros com o outro. Esse processo pode chegar até à externalização de partes de si (20), que é útil não apenas para reconhecer os objetos, mas também para procurar novos objetos com os quais estabelecer vínculos essenciais.

Dessa maneira, "na dinâmica de casal, cada parceiro considera o outro como uma parte externalizada de si, e também como um objeto novo para se relacionar" (14). É múltipla a utilidade desse mecanismo na dinâmica de casal: em primeiro lugar permite comunicar, mas também controlar e atacar, no outro, partes removidas ou cindidas de si; mas proporciona também, num sentido positivo, seu desenvolvimento e sua atuação na realidade, como, por exemplo, com a masculinidade e feminilidade. Com efeito, na opção heterossexual, a mulher projeta sua masculinidade no companheiro, e o homem projeta sua feminilidade na mulher, de modo que ambos satisfazem suas tendências bissexuais. Cada um dos parceiros procura e confirma a masculinidade ou feminilidade do outro. Sob essa luz, o masculino e feminino têm conotações relacionais e passam a ter uma dimensão relativa, que deve ser valorizada pelo casal.

Em uma situação fisiológica, o outro parceiro nunca é um receptor passivo das nossas projeções. A característica mais importante é, justamente, a capacidade de digerir, metabolizar, ampliar aquelas projeções que, contidas e aceitas pelo outro, assumem uma dimensão menos angustiante, mais tolerável, e assim se tornam evolutivas. Nessa perspectiva, o casal também aciona um processo de transformação e conhecimento, constituído por:

1. conhecer o outro;
2. conhecer a si próprio no outro, ou seja, as próprias partes projetadas no outro;
3. conhecer a si mesmo, por meio da imagem refletida pelo outro.

É também nesse sentido que podemos entender a frase de Freud, que considerava "o casamento — uma tentativa original de cura", ou "a forma mais freqüente de resolver a neurose".

Por isso, como objeto de projeção, o outro é sempre o marido ou a mulher, o amigo, o amante, o irmão; mas também um pouco um terapeuta particular. Segundo Dicks (3) e a maioria dos autores que utiliza o conceito de colusão, cria-se uma personalidade conjunta e integrada, que permite que cada unidade redescubra aspectos perdidos das relações objetais primárias, cindidas ou removidas, que são experimentados na relação com o cônjuge mediante a identificação projetiva. O aspecto revolucionário desse conceito é, justamente, o de personalidade conjunta e integrada; em conseqüência, as fronteiras da personalidade individual, ou seja, os limites do ego, se confundem nessa dimensão. Já não se pode falar de patologia singular; é preciso falar de patologia da relação.

Fusão, regressão e espaço de casal

A colusão é um jogo recíproco entre os membros do casal, em que "cada um se dispõe a jogar o jogo do outro, talvez sem se dar conta inteiramente". O termo "jogo" é usado aqui em acepção particular, aludindo aos fenômenos que Winnicott define como transicionais. O espaço interno do casal pode ser assimilado a essa zona transicional, porque nasce do encontro entre os mundos externos e internos, intra e inter-sistêmicos, familiares e individuais dos dois parceiros. Igual ao que Winnicot diz a respeito do jogo, esse espaço não pertence ao mundo externo de cada um dos parceiros, porque é intensamente investido e transformado pelas projeções de cada um. Mas tampouco faz parte do mundo interior, porque está constantemente submetido à verificação do outro. Essa situação compartilhada pelo casal é, então, algo novo e criativo. Nela pode-se tolerar a ansiedade perante algo desconhecido e imprevisível, e é nessa dimensão que se insere a capacidade de aceitar uma nova criança, assim como cada um dos membros aceitou as partes novas e imprevistas do outro (15). Estamos então diante de um fenômeno muito complexo. Lembrando uma citação de Tagore, "nas praias de mundos sem fim as crianças brincam", Winnicott comenta, em seu artigo "A sede da experiência cultural", que o mar e a praia representam infinitos relacionamentos entre homem e mulher, e que a criança emerge dessa união.

Nesse trabalho, Winnicott (26) coloca na área transicional o lugar onde reside a cultura. Esse espaço potencial não pertence só à relação mãe-criança. O espaço de casal também é um espaço misterioso em que, num processo de oscilação contínua, o outro é agora uma "extensão de mim", mas, ao mesmo tempo, é um "não-eu". (Lembre-se a expressão jocosa, costumeiramente usada para indicar o parceiro, chamado de "minha cara-metade".) Esse clima peculiar, que vem a se criar, permite aceitar e experimentar a fusão somatopsíquica essencial para o casal, como na relação sexual, e o desenvolvimento de modalidades regressivas que só podem ser realizadas de modo fisiológico por estruturas relacionais específicas como o casal. Fora desses momentos e dessas estruturas, e excetuando-se a relação mãe-criança e a relação terapêutica, esses níveis regressivos assumem conotações patológicas.

Dois autores italianos, Giannotti e Giannakoulas,[2] dizem o seguinte: "Um dos componentes essenciais na formação do casal é a regressão, na qual, mais do que em qualquer outra situação, volta a se colocar a reprodução de modalidades de funcionamento psíquico que haviam sido abandonadas ou modificadas. Em sua intimidade corpórea e emotiva, esse relacionamento facilita, promove e mobiliza o desenvolvimento de tendências regressivas". Realiza-se assim uma situação de regressão a serviço do eu, que também pode ter

---

2. Na Itália, graças ao trabalho de Giannotti e Giannakoulas, difundiu-se um modelo analítico de terapia de casal inspirado em H. Dicks.

80

um significado transformador. Pode-se instaurar, assim, o que Freud (7) chamava de estado de "um amor feliz real, que corresponde à condição primária, na qual não se podem distinguir a libido objetiva e a libido do ego".

Na realidade, como observaram recentemente Tagliacozzo (23), Pallier (18), Soavi (22) e outros, uma qualidade fusional faz parte da vida normal e adulta, e é "representada por uma ampla gama de expressões e necessidades mentais". O próprio Freud, em *Mal-estar da civilização*, afirmava que "no auge da paixão, os limites entre o ego e o objeto ficam ameaçados, de dissolução. Contra qualquer evidência, o apaixonado afirma que o eu e o tu são uma coisa só, e está pronto a se comportar como se, de fato, assim fosse". Capacidade transitória de fusão faz parte da vida psíquica normal, que deve, portanto, permitir a presença concomitante de uma capacidade de viver a fusão e da capacidade oposta, de poder se diferenciar do outro.

A alternância desses movimentos, no tempo e no espaço, conforme for preciso, e sobretudo seu caráter não-necessário e não-obrigatório expressam um funcionamento harmonioso do casal. É assim mantida uma estrutura transformadora, mediante um processo contínuo que, ao longo da vida, modifica vários níveis coletivos de funcionamento, desde os mais regressivos e primitivos, como os que se expressam nas necessidades fusionais realizadas mediante a dissolução dos limites do eu, até outros mais superficiais, mais ligados aos níveis da realidade social e cotidiana, como às vezes se expressam nos acordos contratuais de casal. A presença concomitante (no espaço) desses vários níveis e sua alternância (no tempo) é útil à vida do casal e da família para preencher novas necessidades que caracterizam o próprio crescimento dos parceiros e/ou de seus filhos.

O casal "normal" caracteriza-se por uma maior ou menor oscilação entre momentos transitórios de fusão com o outro e momentos de diferenciação. Mas há casais em que um dos parceiros, com a cumplicidade do outro, realiza "um completo englobamento fusional", que não apenas tem como objetivo evitar a consciência dos aspectos do outro que não se inserem no sistema fusional, mas também é acionado justamente para evitar o aparecimento desses aspectos na história e na vida do casal. Searles (21) refere-se a algo assim quando fala dessas relações como "um processo de absorção, em que uma personalidade está a ponto de devorar ou de ser devorada pela personalidade do outro". Fairbairn (5) descreve esse processo como "se fosse um engolindo o outro e fundindo-se", em que "a pessoa nunca está totalmente segura de como está se sentindo: como quem engole ou como quem é engolido".

Esse tipo de funcionamento cria uma área de harmonia suspensa, com uma imobilidade interna que cada um dos dois parceiros controla. Surge assim uma organização com um grau elevado de previsibilidade e rigidez, que muitas vezes exclui o mundo externo. A finalidade desse isolamento é evitar o perigo de entrar em contato com o objeto, e, portanto, com a possibilidade de diferenciação. Esse "sentimento de comunhão sem necessidade de palavras" (21) é, na realidade, a antítese do conhecimento do outro.

Trata-se, com efeito, de uma condição paradoxal, caracterizada por ser um todo sem conhecer o outro, situação esta que caracteriza os casais em que o parceiro é imaginado como inteiramente conhecido, nos menores detalhes, mas, na realidade, é tratado como uma parte de si mesmo enquanto é negado em todos os aspectos não previstos no sistema fusional. Uma vez que o limite entre o eu e o outro é mantido indistinto obrigatoriamente, a perda do objeto, por exemplo, do parceiro, é vivenciada como perda de aspectos de si mesmo.

A consciência repentina de aspectos novos e imprevistos do outro também tem um efeito desagregador, provocando emoções de decepção e sensações de traição e menosprezo ou expulsão do relacionamento, como exemplifica o seguinte caso:

André e Emília casam-se após um período de noivado que foi, para ambos, o primeiro relacionamento sentimental. André, que tem dificuldades sexuais com outras mulheres, encontra um entendimento perfeito com Emília. Logo se tornam o casal-modelo para amigos e parentes. Comentários como "os dois se entendiam no ar, bastava um pequeno gesto" etc. eram as referências nostálgicas do primeiro período, que durou nada menos que sete anos (quatro anos antes do casamento). Nos sonhos que ela contava nas sessões, esse período muitas vezes aparecia como "escavações arqueológicas de Roma antiga, de uma beleza incrível, numa atmosfera ensolarada, com espaços verdes caracterizados por uma imensa paz", mas de onde ela era obrigada a sair. Com efeito, ao nascer a primeira filha, Emília se viu sozinha diante das responsabilidades, devido à dificuldade de André em assumir a responsabilidade e o papel de pai, apesar da insistência da mulher. Mas a crise que se preparava não se desencadeou nesse momento, mas alguns anos mais tarde, quando foram descobertas inúmeras traições de Emília, algumas delas com comportamentos sexuais confusos e promíscuos. André ficou estarrecido com o que descobriu e com as confissões de Emília. Perante as reiteradas e desesperadas tentativas de lhe mostrar seu verdadeiro rosto ("eu queria que ele percebesse que eu não sou a santinha que ele pensava", disse Emília em uma sessão), André não entendeu. A traição acabou sendo global, porque colocava em crise o universo de André, que até aquele momento acreditava conhecer a mulher a ponto de prever as reações dela.

A descoberta colocou em crise a própria identidade de André, abrindo caminho para depressão, raiva, rancor, reivindicação, mas também para possibilidade de ele vir a experimentar outras relações e começar a superar suas problemáticas sexuais.

Nesses casais, a gravidez e o nascimento do primeiro filho, ou um fato traumático repentino, como, por exemplo, a morte de um dos pais, podem desencadear a súbita ruptura do sistema, acarretando um processo de crescimento ou "diversificação" de um dos dois, vivenciado pelo outro com terrível angústia. Uma angústia grave, que despedaça um dos parceiros e faz o outro sentir-se perdido, está presente no caso de Estevão e Maria, quando se manifesta a possibilidade de separação. A ameaça de ruptura era, para eles, a ruptura da membrana do casal, que até então vinha funcionando como recipiente capaz de dar coesão às suas várias partes, e também a ruptura de um nível fusional de colusão que até então fora compacta e totalizante.

Um breve relato clínico[3] pode ilustrar esses aspectos:

Estevão e Maria têm respectivamente 40 e 34 anos, estão casados há cerca de doze anos, com uma filha de nove. Vêm se consultar encaminhados pelo terapeuta de Maria. Cinco anos atrás, depois da morte do pai e depois de um aborto ao qual foi induzida, segundo ela, pelo marido, Maria começou a apresentar uma sintomatologia depressiva. Ficava chorando por muito tempo, parava de trabalhar, quando comia vomitava, até chegar a um bloqueio psicomotor. Recusava qualquer contato com os homens, particularmente o marido. Inicialmente tratada com medicamentos, reuniu forças para procurar um analista, com o qual passou a fazer psicoterapia.

Desde o início, a situação parecia grave. Graças ao trabalho que está desenvolvendo individualmente consigo mesma, e depois dos dois eventos traumáticos mencionados, Maria começou a se questionar no casamento. Sente que durante anos deixou-se usar pelo marido, como apoio dele nos relacionamentos com os outros, consentindo em compartilhar cada desejo e cada modo de sentir dele, suportando as relações sexuais do jeito que ele apresentava, sem pedir nada. Maria queixa-se de que Estêvão se esforçou, de modo consistente e contínuo, para fazer dela objeto, modelado de acordo com as necessidades dele. Tinha que ver cada experiência com os olhos dele. Por

---

3. Este caso clínico já foi relatado num meu trabalho anterior (14); julgo conveniente retomá-lo por ser particularmente ilustrativo da temática aqui apresentada.

exemplo, um passeio no campo era uma oportunidade para se afastarem do relacionamento com os outros, às vezes até da filha, e ficarem juntos, olhando a paisagem, que ele explicava para ela. E assim por diante. Mas agora Maria sente que alguma coisa mudou, agora quer entender quem é ela. Estêvão, homem muito inteligente e brilhante, ostentou, até então, grande segurança. Vem de uma família de camponeses; mandado para um internato aos dois anos de idade, nunca mais voltou para casa; continuou os estudos morando sucessivamente com grupos diferentes até fazer carreira e alcançar cargos de destaque. Com o casamento, praticamente se deixou adotar pela família da mulher, com quem o casal passa todos os feriados e todo o tempo livre. Mantém muita ambivalência em relação a isso. Desde o começo, ele se coloca perante Maria como o salvador, procurando moldá-la como um pigmaleão, moldar seu jeito de se vestir e se apresentar, para potencializar suas qualidades femininas.

A seguinte sessão ocorreu após alguns meses de terapia. Estêvão está apavorado: andou doente durante a semana e não dormiu direito. Teve pesadelos, ele, que antes nunca se lembrava de seus sonhos. Apresenta gastralgias e taquicardia. Conta um sonho:

Estava num lugar indefinido. *De repente, um dos pés se soltava do corpo e ele, angustiado, grudava-o de novo. Mas, aí, o outro pé também caía. Continuava assim por vários órgãos e partes do corpo: as mãos, os olhos, o coração, os genitais.*

O sonho termina aí. Estêvão lembra que na sessão anterior Maria tinha começado a pensar na possibilidade de um período de separação. Maria está muito assustada com o que está acontecendo e mostra-se abertamente interessada no marido, sem o isolamento em que geralmente fica entrincheirada. E ela também teve um sonho:

Estavam na casa da família dela, num quarto, como fazendo amor. De repente, entra o pai dela. Então eles saem da casa dela, a situação muda, e ela vê o marido como um gigante vestido de branco. Os dois se afastam juntos. Depois há uma espécie de feira ou de festa, com um monte de gente, e aí *ela se perde, como se o marido tivesse se confundido na multidão e ela não soubesse para onde ir.*

Nesse exemplo de crise de casal expressava-se também uma crise complementar em cada parceiro. O casamento tinha sido para os dois uma espécie de cura original, por exemplo, proporcionando a ele as raízes que nunca pudera experimentar, como ele mesmo admitiu em uma sessão bem posterior.

A natureza peculiar dessa colusão mostra o nível de envolvimento primitivo que eles compartilhavam. A perspectiva de uma separação provocava nele ansiedades de fragmentação do eu corporal e, nela, de perda de sentido de identidade primária. Essa situação tinha se mantido inalterada na colusão até a idade madura, isto é, até que as pressões determinadas pela pré-adolescência da filha, crise da meia-idade e morte do pai dela introduziram uma hipótese de mudança que assumia conotações catastróficas. Tudo isso levara Maria a uma terapia individual e, daí, a um processo de diferenciação que determinou o rompimento definitivo do vínculo fusional.

Idealização e relação de casal

Este caso é interessante para o tema que estamos tratando, porque mostra que o crescimento individual e o do casal não coincidem necessariamente. Quando esses dois crescimentos se afastam ou se diferenciam, verifica-se uma ameaça à continuidade do casal e uma perspectiva de ruptura do relacionamento. O exemplo também mostra a influência e importância da idealização e suas vicissitudes, tanto na constituição como na continuidade da vida do casal. Inúmeros autores (a começar por Freud) ilustram como a idealização é um mecanismo essencial nas situações de apaixonamento. A situação de idealização se traduz, tanto para o casal como para cada um dos parceiros, numa oportunidade de crescimento e num enriquecimento. Vários autores (2, 10), aliás, sublinham que o amor, mesmo quando não correspondido, aumenta o narcisismo normal e a capacidade de amor objetal. Como afirmam os autores mencionados, quando se está apaixonado, o investimento libidinoso do eu aumenta, porque "realiza-se um estado do eu ideal e porque a exaltada relação do eu com o objeto reproduz uma relação entre o eu e o ideal de ego" (10). A idealização (que se expressa, por exemplo, em frases como "É a mulher da minha vida", "Encontrei o príncipe encantado"), que permite e fundamenta a constituição do casal, em situações normais, cede lugar a uma oportuna desilusão. A desilusão não se revela destrutiva porque continua a manter, de forma modulada, o investimento recíproco, embora deixando um espaço oportuno para o exame da realidade. Essa modulação do investimento recíproco realiza-se graças a uma redução da idealização e a uma retirada parcial das projeções que cada um dos parceiros fazia no outro. Isto é, cada qual assume como sua uma parte dos aspectos ideais que antes projetava e esperava encontrar no companheiro.

Essa operação é apenas parcial e progressivamente acompanhada pela descoberta e pela revelação de aspectos e características reais do outro, que compensam a perda parcial da idealização. Poderíamos chamar essa situação peculiar que o casal enfrenta, usando a expressão de Rycroft, de "ilusão sustentada". Findo o período do apaixonamento, o impacto da realidade determina um momento de grande crise, que em alguns casais, como mencionei, pode dar lugar à situação de ilusão sustentada, mas em outros casais abre caminho para a desilusão, a perda e o luto de um aspecto grandioso e idealizado do eu e do casal. Nesses casos, temos situações de casal em cuja colusão predominam os aspectos narcísicos, em detrimento dos objetais.

Quando isso ocorre (e já é evidente nas motivações que caracterizaram a escolha do parceiro), a situação que se apresenta ao terapeuta pode dar a impressão de cristalização e imutabilidade. Os espaços e funções no casal tendem a ser repetitivos e rígidos. A relação é rigidamente assimétrica, cuja qualidade, muitas vezes, é a do relacionamento entre controlador-controlado, perseguidor-vítima.

Observam-se situações análogas nos relacionamentos entre os eternos don juans e suas mulheres (quando conseguem se casar), mulheres maternais que toleram, de maneiras diversas, as transgressões deles. Ambos têm uma colusão de evitar viver a fundo uma relação: o don-juan continua o vínculo infantil com a mãe, por intermédio de sua esposa-mãe, e sua companheira maternal expressa sua própria competitividade e rebelião ao pai usando as atitudes rebeldes do marido transgressor à lei e à ordem (deixo de lado, por razões de espaço, a colusão que esse tipo de casal também realiza em outros planos).

A qualidade narcísica da relação é também representada pela tentativa de realizar com o outro aquela fusão totalizante, sem espaço nem tempo, que mencionei anteriormente.

No filme "A rosa púrpura do Cairo", Woody Allen descreve uma situação desse tipo. É a história de uma mulher que tem uma vida miserável e sem graça, trabalhando como auxiliar de cozinha num bar, casada com um homem brutal que se embriaga, espanca-a e rouba o pouco dinheiro dela. Essa mulher passa boa parte do seu tempo livre no cinema. Totalmente mergulhada no escuro, ela desaparece, e desaparecem os limites entre o eu e a realidade. Da tela do cinema, o protagonista do filme, um explorador bonitão estilo Rodolfo Valentino, sai da fita e vai se encontrar com ela na platéia. Nasce assim a história de um amor irreal entre um herói de filme e uma mulher de verdade, que se quebra tristemente ao impacto da dura realidade: os dólares com os quais o personagem paga são falsos, suas roupas são ridículas, ele não tem casa etc.

Relações desse tipo são intermináveis e não podem evoluir, porque qualquer ruptura da fusão devida a uma separação momentânea, a um não, a uma desavença, é uma catástrofe, é voltar à esquálida realidade de um eu que, no fundo, sente-se desprezível. "Eu me fundo a você para não ser eu mesma", dizia uma paciente ao amante, numa relação sexual. Nessas situações, a idealização recíproca não enriquece o eu, porque é uma chantagem e uma exigência tirânica. A posse substitui a liberdade de ser e o intercâmbio espontâneo. Por isso, não há conhecimento, e a experiência não é transformadora, porque não se pode aprender com ela. Nos casos mais graves, essas situações de casal utilizam um ou mais dos filhos como depositários de seus próprios aspectos loucos, incompensíveis e angustiantes. Esses filhos passam a viver num contexto em que apreendem e se identificam com os padrões relacionais que esse tipo de casal representa e exerce em família: o controle, a posse, a idealização compacta e a fusão maligna em tom excitado, eufórico e grandioso.

Para esses casais, um luto real ou fantasmático constitui um momento de grave crise, sobretudo a meia-idade, com a perspectiva da morte futura, o redimensionamento da criatividade, a menopausa, o envelhecimento acarretando a perda da beleza ou do vigor físico. Esses eventos, vivenciados diretamente por cada um dos membros, e indiretamente através do outro, marcam quase que uma tragédia, com a introdução do tempo, linear, assinalando a crise inevitável de uma situação que se tornou insustentável.

Contrariamente às qualidades narcísicas apontadas, relações de casal maduras caracterizam-se por uma idealização menos compacta, permitindo maior continuidade na vida, de um período adolescente até um mais adulto. Essas situações, aparentemente menos estáveis, são, pelo contrário, aquelas em que a contínua oscilação comprova a contínua elaboração do casal. Não há uma fusão totalizante ou vivenciada como indispensável, mas, como diz Kernberg (10), uma capacidade de superar os limites do eu, justamente porque esses limites são firmes e bem definidos. Essa é uma experiência fusional benigna, porque temporária e não imposta. Nessa experiência, de se dar ao outro com amor e recebê-lo com amor, cada um dos parceiros reafirma sua própria capacidade, supera a agressividade e sente-se seguro de si. Essa experiência torna-se, assim, reciprocamente reparadora, até de antigos danos.

Além disso, há uma continuidade do modelo relacional dos pais. As identificações de cada qual com o pai ou a mãe são estabilizadas no decorrer dos sucessivos eventos da vida, e, em parte, também a nova relação de casal se coloca em confronto com a do casal anterior e representa sua evolução. Não há a reprodução dos velhos padrões, própria das relações disfuncionais, em que se alternam a obrigação de repetir, obrigatória porque não se apreendeu outra coisa, e a obrigação de fazer o contrário, na aparente tentativa de mudar.

Um exemplo desses temas é o caso de Alessandra e Manuel, um casal no segundo ano de tratamento, que se prepara com dificuldade para superar uma crise difícil, mas importante para sua evolução, como casal e como indivíduos. Alessandra e Manuel procuraram terapia porque ele apresentava uma sintomatologia ansioso-depressiva, iniciada na primavera. Manuel, representante comercial, tinha 43 anos e Alessandra, psicóloga, 38; estavam casados há 19 anos e tinham dois filhos homens, adolescentes. Alguns meses antes de procurarem terapia, uma ameaça de separação tinha criado desconforto, causando os distúrbios físicos dele. No começo, Manuel apresentava-se trêmulo, angustiado, quase incapaz de falar, com uma atitude "subalterna" em relação à mulher, a qual, por sua vez, tem uma atitude entre condescendente e protetora, e às vezes irritada com os tremores e dificuldades de expressão do marido. Muitas vezes, ela "traduz" ao marido o que dizemos, ou antecipa as respostas dele. Olha-o, às vezes como se olha para uma criança levemente retardada, temerosa de que ele não seja capaz, contente quando ele o é, às vezes incomodada com seus tropeços ao falar, até se envergonha um pouco por ele.

A mulher fala, com notável satisfação, de seu novo emprego, que é muito gratificante, a "fez avançar", entrou num ambiente onde se conversa, se discute. Começou a se mostrar desgostosa com os deveres de esposa e mãe. Ao marido, tudo isso dá medo (com efeito, é ao novo emprego da mulher que se atribui a crise atual), queria que ela ficasse em casa, sem trabalhar fora; fica o tempo todo lhe pedindo carinho, e ela vivencia essa novidade, de um lado, com prazer, mas sobretudo como uma obrigação. O marido, por sua vez, com dificuldade, fala dos seus medos, de seus fantasmas de ser abandonado, de seu desconcerto com a própria fragilidade. É evidente uma sensação de dolorosa estranheza ao "novo mundo da mulher". Pela história que eles contam, aparece que ela, quarta filha, nascida 14 anos depois do irmão mais novo, sempre foi muito mimada. Aos vinte anos casou-se com ele, que lhe parecia um homem de verdade, sincero, forte. Mas, depois de casada, teve que começar a trabalhar como assistente sócio-sanitária, para atender às necessidades da família. Isso deixou-a decepcionada, como se o marido não fosse capaz de sustentar a família sozinho. Ele tem uma história difícil: aos 14 anos, sem família, deixou uma aldeia do Sul e mudou-se para Milão, onde foi obrigado a se sustentar e mandar dinheiro para os seus. Levou uma vida no limite do perigo. Casou-se com ela, feliz por reencontrar raízes e vínculos afetivos. Mas a situação atual é um golpe terrível para ele.

A terapia, conduzida em sessões semanais, trouxe rápidos benefícios, inclusive graças ao intenso empenho e à capacidade de Alessandra e Manuel. Dois anos depois do início, Manuel contou um sonho, a meu ver exemplificativo da situação que está evoluindo. Vou relatar apenas um trecho da sessão, durante a qual Alessandra também parece mais satisfeita com as atividades que desenvolveu junto com o marido, embora ambos estejam preocupados com certos acontecimentos recentes, que os deixam em dúvida acerca das perspectivas da situação:

"Estava andando com a mulher, numa cidade onde ele ia trabalhar. Quando a mulher vai se afastando aos poucos e começa a subir, ele a chama e percebe que ela não ouviu, ela lhe parece elegante e vai ficando cada vez mais alta. Ele percebe que ela subiu numa colina mais elevada. Por mais que ele se esforce para andar, não consegue mexer bem os pés, nem andar muito depressa, porque todas as coisas que ele tem que vender estão no meio da rua. Ele está preocupado. Passam por ele duas pessoas, uma empregada doméstica que ele conhece e o marido dela, que é pedreiro, que insistem que ele suba e que cuidarão das coisas dele.

Ele segue em frente e alcança a mulher no alto da colina. É um lugar bonito, de onde se descortina uma linda paisagem, e lá a mulher não parece mais tão alta, está normal. Os dois conversam que vão construir a casa deles lá, porque o terreno é bem grande e vão poder cultivá-lo junto com os filhos."

Aliviado, com o auxílio da terapia, dos impedimentos que o bloqueavam, o marido consegue reduzir o afastamento e idealização da mulher. Ainda resta muito a fazer, mesmo devido a muitos problemas que agitam a vida de Alessandra e Manuel, mas pode surgir daí a possibilidade de construírem juntos um novo jeito de ser um casal, um jeito que dê continuidade ao anterior, sobretudo para o casal, bem como para o indivíduo. A normalidade não é tanto a ausência de problemas, e sim a capacidade de transformá-los e pensá-los.

Bibliografia

1a) ANDOLFI, M., ANGELO, C., *Tempo e mito in terapia famigliare*, Boringhieri, Turim, 1987.
1b) ANDOLFI et al., *La Famiglia trigenerazionale*, Bulzoni, Roma, 1987.
2) ANZIEU, D., *L'Io pelle*, Borla, Roma, 1987.

3) CHASSEGUET-SMIRGEL, J., "Reflexions on the connection between perversion and sadism", *International Journal of Psycho-Analisis* 59:27-35, 1978.
4) DICKS, H., *Marital Tensions. Clinical Studies towards a Psychological Theory of Interaction*, Routledge-Kogan, Londres, 1967.
5) EIGUER, A., RUFFIOT, A. et al., *La terapia psicoanalitica di coppia*, Borla, Roma, 1986.
6) FAIRBAIRN, W., *Studi psicoanalitici della personalità*, Boringhieri, Turim, 1977.
7) FEDERN, P., *Psicosi e psicologia dell'Io*, Boringhieri, Turim, 1976.
8) FREUD, S., "Introduzione al narcisismo (1914)", *Opere* vol. 7, Boringhieri, Turim, 1975.
9) FREUD, S., "Disagio nella civiltà (1929)", *Opere* vol. 10, Boringhieri, Turim, 1975.
10) GIANNAKOULAS, A., GIANNOTTI, A., "Il setting con la coppia genitoriale", in *Il setting, l'approccio relazionale*, Neuropsichiatria infantile, Borla, Roma, 1985.
11) KERNBERG, O., *Mondo interno e realtà esterna*, Boringhieri, Turim, 1985.
12) LEMAIRE, J. M., *Le couple, sa vie, sa mort*, Payot, Paris, 1979.
13) MELTZER, D., HARRIS, M., "Il ruolo educativo della famiglia: un modello psicoanalitico dei processi di apprendimento", Centro Scientifico Torinese, Turim, 1986.
14) MINUCHIN, S., *Famiglie e terapie della famiglia*, Astrolabio, Roma, 1976.
15) NICOLO', A. M., "Curare nell'altro: appunti sulle dinamiche tra individuo e famiglia", apresentado no congresso "Oltre il mito della cornice", 1987 — a ser publicado.
16) NICOLO', A. M., GIANNOTTI, A., "Psicopatologia della coppia e gravidanza", Monduzzi, Bolonha.
17) NICOLO', A. M., CARAU, B., "Collusione di coppia e scelta adottiva", *Psichiatria dell'Infanzia e dell'Adolescenza.*
18) NORSA, D., ZAVATTINI, G. C., "La valutazione con la coppia nell'ottica psicoanalitica", *Prospettive psicoanalitiche nel lavoro istituzionale*, 2:305-319, 1987.
19) PALLIER, L., "Fusionalità agora e claustrofobia e processi schizoparanodei", *Rivista di Psicoanalisi*, jul-set, 3:289-306, 1985.
20) PINCUS, L., DARE, C., "Il contratto segreto del matrimonio", in V. Cigoli (ed.) *Terapia familiare, L'orientamento psicoanalitico*, Angeli, Milão, 1983.
21) RONSELFELD, H., *Sull'identificazione proiettiva*, Boringhieri, Turim, 1974.
22) SEARLES, H., *Scritti sulla schizofrenia*, Boringhieri, Turim, 1974.
23) SOAVI, G. C., "Fusionalità controfusionalità ed altri argomenti", *Rivista di Psicoanalisi*, jul-set, 3:307-315, 1985.
24) TAGLIACOZZO, R., "Angosce fusionali: mondo concreto e mondo pensabile", *Rivista di Psicoanalisi*, jul-set, 3:290-298, 1985.
25) WYNNE, L. et al., "Pseudomutuality in the Family Relations of Schizofrenics", *Psychiatry*, vol. 21, 205-20, 1958.
26) WILLI, J., *Couples in Collusion*, Aronson, Nova York, 1982.
27) WINNICOTT, D. W., *Gioco e realtà*, Armando, Roma, 1974.

TERAPIA DE CASAL, SISTEMA TERAPÊUTICO E RESSONÂNCIA[1]
Mony Elkaim

Este artigo visa fornecer aos terapeutas de casal uma série de instrumentos de análise e intervenção. O modelo proposto evidencia os duplos vínculos recíprocos que se desenvolvem entre os membros de um casal e como o terapeuta pode utilizá-los na análise e na intervenção clínica. Permite a redefinição, em termos protetorais, do comportamento de cada parceiro em relação ao outro, e a formulação de tarefas paradoxais que podem incluir também as famílias de origem. Esse modelo tem analogia com os modelos que tratam do aspecto de reciprocidade de certos comportamentos específicos dos membros de um casal (1, 2, 3, 6, 9, 10).

Um exemplo

Ana é holandesa. Benedito é italiano. Ela se queixa do comportamento desconfiado dele, dizendo que ele vive seguindo-a e espionando-a. Não há afeto entre eles, diz Ana, muitas vezes até brigam fisicamente. Benedito descreve-se como isolado, sentindo falta de carinho na relação com Ana. Ele tem certeza de que a companheira conspira contra ele com os amigos. Ana fala holandês, língua que ele não conhece, com o filho deles e em longas conversas telefônicas com os amigos.

Na terceira sessão, Ana expõe outra queixa: "Ele mudou muito e do jeito que eu queria, mas agora eu me sinto incapaz de lidar com todo esse afeto. Isso me faz sentir triste e culpada". Essa reação ilumina a natureza do círculo vicioso do qual o casal não consegue sair.

---

1. Este artigo compõe-se de duas partes. A primeira retoma um artigo original intitulado "Um enfoque sistêmico da terapia de casal", in Elkaim (ed.) *Formation et Pratiques en thérapie familiale*, ESF, Paris 1985, publicado em inglês em *Family Process*, março de 1986, vol. 25, n. 1, e em alemão em *Zeitschrift fur Systemische Therapie* 2, (8):270-280, janeiro de 1985; a segunda parte desenvolve mais detalhadamente o aspecto auto-referencial do sistema terapêutico e introduz o conceito de "ressonância".

Um modelo

O exemplo que relatamos constitui a base de um modelo de intervenções estruturadas para a terapia de casal. Usamos a expressão "programa oficial" (P.O.) para descrever a solicitação explícita do que cada parceiro quer que o outro mude. Chamamos de "mapa de mundo" (M.M.) o projeto que cada um deles esboçou ao longo de sua história e que procura usar na relação atual. Com esse conceito, queremos sublinhar a diferença entre mapa e território, à qual Alfred Korzybski atribui grande importância. Neste caso, pensamos que o mapa de mundo de Ana está em contradição com seu programa oficial. Partimos da hipótese de que essa mulher está presa a um duplo vínculo: quer que o marido pare de se comportar de um jeito que não lhe deixa outra escolha, a não ser rejeitá-lo, mas tampouco pode aceitar que ele fique próximo dela. Para verificar essa hipótese, colhemos informações sobre a história de Ana e verificamos que ela tivera um relacionamento muito estreito com o pai, do qual era a filha predileta. Mais adiante na sessão, Ana chora muito ao lembrar uma noite, pouco antes do Natal, quando tinha quatro anos, e tinha ficado esperando em vão que o pai voltasse. Ele tinha sido preso, e a mãe lhe escondera o fato. Ana diz: "Eu me senti completamente abandonada. Tenho certeza de que vai ser sempre assim: a amizade, o amor, não duram". A essa altura, Benedito comenta que recentemente a mulher lhe dissera: "Um dia você não vai mais voltar para casa".

Na terapia de casal, é bem freqüente esse tipo de situação. Cada um dos membros do casal está dividido entre dois níveis de expectativas opostas. Se mora sozinho, acha-se prisioneiro e carcereiro de si mesmo. Se encontra alguém que, por suas razões, está disposto a desenvolver um tipo de comportamento que corresponde ao seu próprio mapa do mundo, então um se torna prisioneiro e o outro, carcereiro. O conflito de casal dá oportunidade para afastar de si uma contradição interna, experimentando um nível de duplo vínculo como se fosse imposto de fora.

A essa altura da nossa análise de caso, vamos explorar o mapa de mundo de Benedito. Descobrimos que ele morou com os avós desde que tinha três semanas até os doze anos de idade, quando foi morar com os pais. Conta que foi terrível ter sido arrancado do avô e dos amigos, e que, no primeiro ano na casa dos pais, chorava toda noite. O pai dizia que ele "não prestava para nada" e muitas vezes era muito bruto. Mais tarde, um psiquiatra lhe disse que ele sofria de "complexo de perseguição". Falando de sua separação do avô, diz ainda: "Tenho medo de ser abandonado, tenho medo de me ligar às pessoas".

92

Temos aqui, de novo, uma pessoa cujo programa oficial se opõe ao seu mapa. Benedito precisa muito de carinho, mas também fica com medo. Critica a mulher por excluí-lo do mundo dela, mas como poderia ser diferente, dada a sua experiência anterior? Além disso, se, apesar de todos os obstáculos, conseguisse obter reconhecimento, aí só poderia esperar ser rejeitado.
Ana diz a Benedito: "Quero que você fique perto de mim". Mas se Benedito se aproxima, responde ao programa oficial e não ao mapa de mundo de Ana. Então ela só pode rejeitar a aproximação. Se Benedito se afasta, segue o mapa, mas não o programa oficial da mulher. Então Ana sofre e requer um relacionamento mais estreito. Em troca, Benedito pede a Ana: "Quero ser reconhecido". Mas se Ana deixa de excluí-lo, responde ao programa oficial e não ao mapa de mundo do marido. E este só pode rejeitar o relacionamento.
Se Ana conspira contra o marido, segue o mapa de Benedito, mas não o seu programa oficial. Então Benedito sofre e pede a ela para ser reconhecido. Esse duplo vínculo recíproco, em que os membros do casal estão presos, explica aquele movimento perpétuo, feito um ioiô, que tantas vezes encontramos na terapia. Todos esses elementos podem ser ilustrados no diagrama (Fig. 1), em que são evi-

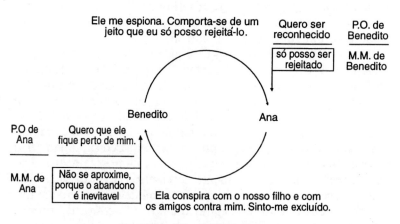

Fig. 1 Duplo Vínculo Recíproco

denciados dois aspectos importantes. Em primeiro lugar, o duplo vínculo no qual cada um dos membros do casal está preso: qualquer que seja a resposta, ela não responderá ao outro nível da solicitação. Além disso, mostra que o comportamento de cada um dos membros do casal está ligado, não só ao seu próprio passado, mas também ao mapa de mundo do parceiro. Cada qual se comporta de modo a proteger as motivações profundas do outro.

Quando esse casal me procurou, os cônjuges não eram apenas duas pessoas incapazes de romper o duplo vínculo, presos ao círculo vicioso da queixa recíproca, cada um deles convicto de que o outro era a causa do problema; de fato, o comportamento deles era governado por um conjunto de regras muito rígido, que eles tinham estruturado com base em como percebiam a situação. Não é difícil que o terapeuta também acabe se envolvendo e que as regras que regem o casal se estendam ao sistema triádico. Há muitos circuitos interativos como o que descrevemos, não um só, e ao longo da terapia o terapeuta vai encontrar até novos circuitos que se produzem com a mudança. Além disso, um casal não vive fora do seu contexto. E, geralmente, o contexto mais significativo é o da família de origem. O relacionamento entre o casal e as famílias origina outros circuitos de interação, que têm influência sobre as interações acima descritas.

Modalidades de intervenção

Redefinição positiva acompanhada de comentário paradoxal

Na terapia de casal, uma maneira de provocar uma situação de não-equilíbrio do sistema (4, 5) é redefinir positivamente os comportamentos que cada parceiro censura no outro, e acompanhar a redefinição com um comentário paradoxal.

O terapeuta pode introduzir uma redefinição dizendo que o comportamento de cada parceiro "protege" as convicções profundas do outro. Isto cria um duplo vínculo terapêutico que é um obstáculo à manutenção do vínculo em objeto. Se o comportamento que um dos parceiros censura no outro é definido como "protetor" e é explicitamente referido ao mapa de mundo que se pretende manter a distância, então ele ou ela não pode fazer outra coisa, a não ser interromper o circuito que leva àquele tipo de comportamento, a menos que aceite que ele é realmente necessário. Além disso, se cada um dos parceiros consegue aceitar a possibilidade de que o comportamento do outro o ajude a evitar o confronto com suas próprias convicções profundas, então torna-se extremamente difícil, para ambos, considerar agressiva uma forma de comportamento que é definida como protetora.

Às vezes, durante uma sessão, eu fico tão emocionada com a beleza do edifício construído pelo casal, que não posso deixar de admirar a maneira tão dolorosa, mas também tão altruísta e original, como cada qual prova o seu amor pelo outro. Então proponho aos cônjuges ajudá-los a vivenciar esse dom tão raro, esse sacrifício mútuo, esse amor não-egoístico, sem sofrer muito, mas sem mudá-lo.

A essa altura, os membros do casal vão ter uma série de dúvidas sobre o terapeuta. Será que ele está falando sério ou, apesar de todos os obstáculos, não estará procurando realmente mudar a situação? Então não estou mais no nível do programa oficial ou do mapa de mundo de cada um dos membros do casal, e sim em ambos os níveis ao mesmo tempo. Por isso minha posição é mais fácil, já que essa intervenção não é realmente um "artifício" e nem eu sei se, fascinado pela beleza do pacto do casal, não será preferível respeitar o equilíbrio deles e ajudá-los a permanecer como estão, sem sofrer muito.

Esse tipo de trabalho também permite evitar aquele "vai e vem" a que estamos condenados quando tentamos responder a somente um dos níveis do duplo vínculo. Aqui também o senso de humor e o calor favorecem o surgimento de uma relação inteiramente nova no nível do sistema terapêutico. O casal é obrigado a criar outros circuitos de *feedback*, que não são melhores nem piores que os de antes, mas são diferentes. Se o terapeuta optar por esse tipo de intervenção, deverá ajudar o casal a aceitar gradualmente um estado de flexibilidade, a fim de poder existir independentemente do terapeuta.

Parece-me importante especificar que, do meu ponto de vista, o que acontece na terapia tem a ver principalmente com o modo de os membros do sistema terapêutico construírem a realidade. Uma intervenção bem-sucedida não significa necessariamente que a hipótese subjacente seja verdadeira. Significa apenas que o modo como o terapeuta constrói a realidade se encontrou com o modo próprio do casal. Para que essa intervenção seja possível, o terapeuta deve explorar de maneira profunda o mapa de mundo do casal, para entender as regras do duplo vínculo que rege o sistema.

Também é necessário que o comentário paradoxal seja suficientemente parecido com a construção de realidade deles para que não seja rejeitado, e ao mesmo tempo suficientemente diferente que permita, através dos aspectos surpreendentes do paradoxo, o surgimento de novas perspectivas.

Das regras do sistema de casal às regras do sistema terapêutico

No começo da terapia, as regras do sistema de casal tendem a se expandir para o sistema terapêutico. No caso acima descrito, por exemplo, os membros do casal constantemente recriavam com o terapeuta a relação existente entre eles. Por exemplo, aconteceu que Ana e Benedito resolveram se encontrar em certo lugar para virem juntos à sessão. Ana esperou Benedito inutilmente, depois veio sozinha e pediu para ter a sessão do mesmo jeito, insistindo que não queria perdê-la por causa do marido.

95

Se o terapeuta aceitasse um pedido desses, permitiria que as regras do casal se estendessem ao sistema terapêutico: estaria fazendo uma conspiração junto com Ana, teria afastado Benedito da mulher, confirmando a idéia dele de que sempre era rejeitado. O que vimos foi um processo em que Benedito, indo ao encontro em lugar errado (como depois vim a saber) e Ana, com o pedido de ter a sessão sozinha, estavam agindo, sem perceber, de modo a desqualificar o contexto terapêutico, aplicando-lhe as regras deles.

Através de um processo de ensaio-e-erro, o sistema-casal evolui de modo que certos circuitos de comportamento se liguem a elementos do mapa de mundo do terapeuta. A reação deste, mesmo que diferente da dos componentes do casal, pode manter o circuito preexistente, ou criar outro parecido. Chega-se então a um sistema terapêutico aparentemente diferente do sistema-casal, mas na realidade "quanto mais muda" num nível, "mais fica do mesmo jeito" em outro.

Se, ao contrário, o terapeuta evitar ser guiado pelas regras do casal e se, portanto, os circuitos que ele criar permanecerem flexíveis, então é possível, dentro do sistema terapêutico, experimentar novas relações e fazer emergir eventuais alternativas.

Tarefas paradoxais

Para ilustrar outra situação de duplo vínculo recíproco, vou descrever o caso de um casal cujos componentes eram muito ligados às respectivas famílias de origem.

Nathalie censura Marcos porque este impõe restrições à liberdade dela, até em pequenas coisas. Ela tinha dado um presente de aniversário ao marido, mas este a obrigou a devolvê-lo porque o achou caro demais. Marcos critica Nathalie porque se comporta de modo irresponsável: as crianças nunca estão prontas na hora, de manhã, e como é ele quem os leva para a escola, os freqüentes atrasos criam problemas para ele no emprego. Nathalie também gasta mal o dinheiro e Marcos tem que controlar sempre as despesas, e assim por diante. Quando brigam, o que se sente atacado volta para a casa dos pais. Depois de explorar o *background* dos dois, o terapeuta construiu o diagrama da Figura 2:

O dilema de cada um dos membros do casal tem a ver com a contradição entre o programa oficial e o mapa de mundo. O comportamento que cada um deles critica no outro é exatamente o que permite não enfrentar essa contradição. Então se propõe uma tarefa a ser cumprida em certos momentos da semana, para que o casal não continue na situação de duplo vínculo. Para que isso seja possível,

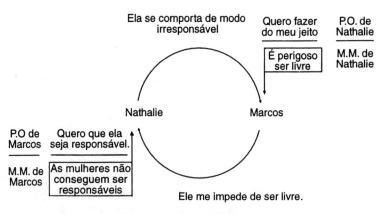

Fig. 2 Duplo Vínculo Recíproco

é preciso que a tarefa seja dirigida a ambos os níveis do duplo vínculo. Pode ser, por exemplo, o seguinte:

— os cônjuges têm que resolver juntos o que Nathalie deve fazer para que Marcos a considere responsável. Por exemplo, ela assumirá a tarefa de fazer com que todos estejam prontos na hora, de manhã; e Marcos vai fazer o que puder para impedi-la de conseguir.

— os cônjuges têm que resolver juntos como Marcos deve se comportar para que Nathalie se sinta livre. Por exemplo, Marcos deverá ir junto com a mulher comprar alguma coisa absolutamente desnecessária; então Nathalie deverá procurar convencer Marcos de que a impeça de completar a compra.

Essas tarefas tornam possível requerer ao outro que responda aos dois níveis do duplo vínculo, pois se exige de cada um que responda ao programa oficial e que respeite o mapa de mundo do outro. Além disso, essa solicitação é feita pelo terapeuta e não pelo parceiro, liberando cada um dos dois do seu duplo vínculo.

Assim Nathalie vai poder se comportar de maneira responsável, que é o que Marcos pede explicitamente, e ao mesmo tempo pode respeitar o mapa de mundo dele, porque o que se pede é que ela falhe. Isso a liberta do freio que se impôs em responder ao mapa de mundo de Marcos. Agora é o marido que está lhe pedindo, explicitamente, para se comportar de modo irresponsável. Marcos, por sua vez, pode facilmente pedir a Nathalie que não levante objeções ao mapa de mundo dele, porque quem pediu foi o terapeuta.

Agora Marcos está livre para viver os dois níveis do seu duplo vínculo sem se sentir em contradição consigo mesmo. Paralelamente, Marcos terá condições de se comportar de modo a deixar Nathalie livre para comprar o que quiser, de acordo com o seu pedido explícito, e também pode respeitar o mapa de mundo da mulher, pois lhe foi pedido que tente impedi-la. Isto liberta Marcos da limitação que ele se impôs ao responder ao mapa de mundo da mulher. Agora é ela quem pede que a impeça de fazer a compra. Nathalie pode facilmente pedir a Marcos que não levante objeções ao seu mapa de mundo, porque quem pediu foi o terapeuta. Pode viver os dois níveis do seu duplo vínculo sem se sentir em contradição consigo mesma.

O fato de eu me referir a Marcos e Nathalie não significa que eu acredite que o comportamento deles está enraizado em seus atributos intrapessoais. A situação é ligada aos dois membros do casal, mas não pode ser reduzida a eles dois: as tarefas paradoxais não visam a Marcos nem a Nathalie, e sim à situação em que eles estão. Quando se reproduz o circuito repetitivo, as regras do casal serão experimentadas de modo diferente. Poderão então nascer circuitos alternativos.

Como lembrei anteriormente, todo casal, longe de viver num vácuo, é inseparável dos vários contextos em que está. À parte raras exceções, o contexto mais importante é aquele representado pelas famílias de origem. Entretanto, nós preferimos só intervir na família ampla quando esta está diretamente ligada ao conflito que está acontecendo com o casal. Na situação específica de Nathalie e Marcos, uma das funções do conflito parece ser a de ajudar os dois parceiros a não se separarem da própria família de origem.

Aí também podem ser propostas tarefas como estas:

— Nathalie pode decidir se comportar de modo irresponsável, para ajudar Marcos a voltar para a casa dos pais dele.

— Quando Marcos perceber que a mulher está precisando voltar para o calor da casa paterna, deverá se comportar de modo a provocar uma briga, para ajudá-la a voltar para a casa dos pais.

Também são possíveis variações, como: se Nathalie se comportar de modo irresponsável, Marcos a levará para a casa dos pais dela. Ou então: quando Marcos deixar Nathalie fazer tudo o que ela quer, ela é quem vai acompanhá-lo à casa dos pais dele. Uma das vantagens dessa tarefa é eliminar a razão da própria existência do conflito, que é a de manter cada qual ligado à própria família de origem.

O terapeuta e seu mapa

Já se insistiu muitas vezes na importância de se dispor de um mapa que corresponda corretamente ao território (7). O movimento da terapia familiar procurou mapas que nos ajudassem a entender melhor o território onde estávamos operando como terapeutas. Por esse caminho, começamos a nos interessar pelas analogias entre sistemas abertos, em equilíbrio ou longe do equilíbrio, e sistemas humanos.

Por essa razão, tivemos que nos livrar do paradoxo que é uma pessoa desenhando o mapa de um território onde essa mesma pessoa está desenhando um mapa. A teoria dos tipos lógicos de Russel nos ajuda a manter esse problema a distância, evidenciando a diferença entre os níveis lógicos. Parece também que hoje estamos começando a aceitar a idéia de que o nosso trabalho como terapeutas pode ser dificultado pela separação entre o sistema observado e o sistema observador e entre "fora" e "dentro". Estamos percebendo que não podemos deixar de ficar presos no paradoxo representado pelo fato de descrevermos uma realidade que estamos construindo ao mesmo tempo. Torna-se importante, então, ao trabalhar com sistemas humanos, colocar-se no centro do paradoxo, em vez de evitá-lo. Desse ponto de vista, o importante não é tanto a relação entre os mapas dos membros do mesmo sistema. O que torna possível a psicoterapia é, antes de mais nada, a compatibilidade entre os mapas dos membros do sistema terapêutico.

O modelo proposto, bem como os exemplos de intervenção descritos, estão estritamente ligados à minha maneira de construir a realidade. Não tenho a pretensão de descrever a realidade, mas, se o modo de construir a realidade do leitor coincidir com o meu, esse modelo pode ser muito útil, lembrando que é a aliança com o casal que procura terapia que torna possível esse tipo de intervenção.

Sistema terapêutico e auto-referência

O exemplo a seguir foi extraído de uma supervisão que fiz na época do Congresso de Roma sobre terapias de casal.

A terapeuta descreve uma mulher que se queixa de que seu marido prefere outras mulheres, que outras "passam na frente dela". Quando a terapeuta indaga sobre a sua família de origem, a mulher descobre que os pais sempre preferiram suas duas irmãs a ela. O programa oficial dessa senhora pode ser assim formulado: "Quero ser a única importante" e o seu mapa de mundo é representado pela frase: "As outras mulheres passam na minha frente".

99

Sem se dar conta, o marido confirma esse mapa e assim evita que a mulher se confronte com uma situação que não pode pensar que seja possível.

Por sua vez, o marido lamenta que sua mulher nunca fica contente por ele, seja o que for que ele faça. A mãe dele se suicidou, jogando-se pela janela, quando ele tinha cinco anos de idade. Ele vivenciou dramaticamente o fato de não ter sido, aos olhos da mãe, suficientemente importante para que ela ficasse viva por ele. Seu programa oficial pode ser resumido na frase: "Quero que minha mulher fique contente comigo"; seu mapa: "Não consigo pensar que eu possa deixar contente alguém importante para mim".

Sem dúvida, com o seu comportamento, a mulher está ajudando a confirmar essa convicção profunda e a não enfrentar uma situação que ele não consegue pensar que seja possível (ver Fig. 3).

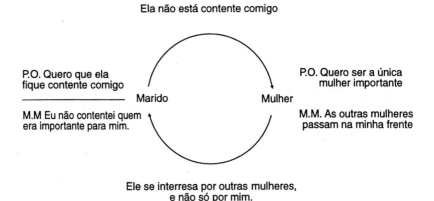

Fig. 3

Analisemos agora a relação entre a terapeuta e o que ela conta. Descobrimos que o pai dela, que a adorava e de quem era a predileta, morreu quando ela tinha seis anos e sua irmã, cinco. Desde então, o seu mapa de mundo lhe diz que: "é perigoso ser a preferida". Sem se dar conta, e por motivos diferentes que a mulher, a terapeuta, pensando que é perigoso ser a preferida, corre o risco de confirmar o mapa de mundo daquela senhora e de manter a homeostase do sistema terapêutico. Além disso, ela também viveu a experiência de não se sentir suficiente para manter o pai vivo. Ela também não consegue acreditar que possa deixar outra pessoa feliz. Essa correlação adicional entre o seu mapa e o do marido pode aumentar a homeostase do sistema terapêutico (ver Fig. 4).

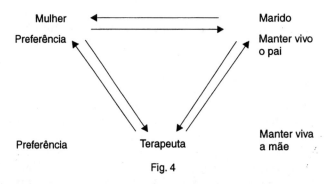

Fig. 4

No começo dessa supervisão, a terapeuta descrevera várias seqüências de troca de queixas entre o marido e a mulher. Fui eu que escolhi, junto com a terapeuta, os elementos que me pareciam mais úteis para a supervisão. É evidente, portanto, que esses temas têm a ver também com os meus mapas de mundo pessoais, dentro do sistema de supervisão.

É igualmente claro para mim que termos como "preferência" e "deixar contente" não apenas remetem a uma intersecção entre elementos ligados ao passado da terapeuta, dos membros do casal e do supervisor, mas também a elementos de ordem social, cultural e outros.

A essa altura o leitor estará se perguntando, com razão, como se pode sair dessas situações de auto-referência. A meu ver, a solução não consiste em evitar a auto-referência, e sim em trabalhar justamente a partir dela. Proponho então aos terapeutas os seguintes passos:

1) Aceite que o que nasce dentro deles não apenas está ligado à sua própria história, mas também tem uma função em relação ao sistema terapêutico no qual nasce esse sentimento.

2) Não entre de cabeça. Se você simplesmente se deixar levar por esse sentimento, o resultado mais provável é o aumento da homeostase do sistema terapêutico.

3) Verifique a função do que você está sentindo em relação ao casal e a si mesmo. Se a verificação for positiva, você descobrirá um ponto de contato único e singular entre os membros do casal e você. Isto fará da terapia algo único, que levará a sua marca.

4) O seu trabalho como psicoterapeuta passa a ser, então, tornar flexível essa regra que apareceu na intersecção dos vários universos dos componentes do sistema terapêutico.

A maneira como pode realizar-se essa flexibilidade, as condições necessárias para que o terapeuta possa desenvolver todas as suas potencialidades nesse mesmo processo, junto com os membros do casal ou da família, dependem das teorias de referência que orientam a escola a que pertence. Para mim, o importante não é tanto a teoria, quanto a coerência entre o terapeuta e sua teoria.

Ressonâncias

Vou falar de um casal em que o marido exerce uma profissão liberal e a mulher está começando a trabalhar como profissional liberal. Esse casal, com problemas conjugais, veio se consultar no hospital onde eu faço supervisão para os membros do Departamento de Terapia Familiar. São entrevistados por um psiquiatra, membro da equipe. Nas consultas, os casais falam com um terapeuta; eu e os outros membros da equipe acompanhamos a sessão por um espelho unidirecional.

Na primeira sessão, os membros do casal dizem que preferiam se consultar comigo em particular. Mas, mesmo sem entrar em contato comigo, tinham chegado à conclusão de que os meus honorários estariam fora do seu alcance. Então vieram se consultar no hospital, sabendo que, de qualquer maneira, a terapia se daria sob minha supervisão.

Ambos falam da pouca estima que têm por suas famílias e pelo outro. Os dois querem ser reconhecidos, querem ter valor, mas não acreditam que isso possa ocorrer. Por outro lado, ficam o tempo todo falando de dinheiro e de conflitos familiares.

Um dia, bem quando esse casal estava para entrar para a sessão com o terapeuta, eu tive de me ausentar por um problema urgente. Como o corredor de saída ficava perto da sala de espera, esse casal me viu saindo.

Logo no começo da sessão, o marido disse à terapeuta que pensava que não iam mais ser atendidos. A mulher acrescentou: "Eu não sou importante, o doutor Elkaim saiu". Durante a sessão, os dois continuaram falando de separação, mas insistindo que na verdade não estavam dispostos a se separar.

Ao longo da conversa, foi ficando cada vez mais claro, tanto para a terapeuta como para os membros da equipe atrás do espelho que continuar falando em separação podia ter um aspecto extremamente positivo. A terapeuta redefiniu positivamente esse comportamento, acrescentando um comentário paradoxal. Era assim que eles se protegiam reciprocamente, confirmando o seu mapa de mundo e mostrando para o outro que ele não tinha importância. Daí cada qual podia atacar o outro, porque era por causa dele mesmo que ele não tinha importância.

Ao discutir essa sessão com os membros da equipe, ficou evidente que a terapeuta e os membros atrás do espelho, por razões diferentes, já tinham experimentado esse mesmo sentimento em algum momento de sua história.

Os membros do casal, sem nem acreditar, estavam nos pedindo para mostrar a eles que eram importantes. Diante desse duplo vínculo, nós respondemos, sem querer, em dois níveis ao mesmo tempo. Ao atendê-los, a terapeuta lhes mostrara que eles tinham importância. E eu, ao ir embora, tinha confirmado o seu temor de não valerem muito.

O que se torna importante é então esse elemento, que não se limita à terapeuta e aos membros do casal, mas diz respeito também aos vários componentes da equipe terapêutica. Além disso, no hospital universitário onde essas pessoas são atendidas, o serviço de psiquiatria é relativamente barato. No mesmo departamento de psiquiatria, as consultas de terapia familiar, um serviço ainda inicial, também custavam relativamente barato na época.

Chamo de "ressonância" os casos particulares de ligações constituídas pela intersecção de vários sistemas em torno de um mesmo elemento.

Aparentemente, sistemas humanos diferentes entram em ressonância sob o efeito de um elemento comum, como os corpos que começam a vibrar sob o efeito de uma determinada freqüência.

Isso que surge então na relação entre um terapeuta e os membros de um casal tem um aspecto duplo. O que ambos vivem não corresponde apenas a uma "projeção", mas também a um sentimento que tem função no sistema terapêutico. Por outo lado, esse elemento de intersecção não pode ser reduzido aos membros desse sistema; tem a ver também com outros sistemas, institucionais, culturais, sociais etc. Também é possível encontrar a mesma regra ou o mesmo aspecto importante na família de origem do terapeuta, na família em terapia, na instituição em que se dá a psicoterapia, no grupo de supervisão etc.

Esse conceito de ressonância nos leva a fazer uma leitura diferente dos mecanismos de bloqueio à mudança em um sistema. Tanto o *status quo* como a evolução já não dependem só das regras de um sistema limitado em sua homeostase, mas também das intersecções e das ressonâncias entre universos aparentemente disparatados.

Bibliografia

(1) BOWEN, M., *Family Therapy in Clinical Practice*, Jason Aronson, Nova York, 1978.

(2) CAILLÉ, P., "Couples in Difficulties or the Cruel Face of Janus", *J. Strat. Syst. Ther.*, 3:1-11, 1984.

(3) CAILLÉ, P., HAARTVEIT, H., "Scenes from a Couple Group", *Fam. Ther. Networker* 8 (1):30-65, 1984.

(4) ELKAIM, M., "Non-equilibrium, Chance and Change in Family Therapy", in *J. Mar. Fam. Ther.*, julho 1981.

(5) ELKAIM, M., "From General Laws to Singularities" in *Fam. Proc.* 24:151-164, 1985.

(6) FRAMO, J., *Explorations in Marital and Family Therapy*, Springer, Nova York, 1982.

(7) KORZYBSKY, A., *Science and Sanity*, The International, Non-Aristotelian Library Publishing Company, Lakeville, Conn, 1933.

(8) MATURANA, H., "What Is to See?" in *Arch. Biol. Med. Exp.* 16:255-269, 1983.

(9) PAPP, P., "Staging Reciprocal Methaphors in a Couple Group" in *Fam. Proc.* 21:453-468, 1982.

(10) SAGER, C., *Marriage Contracts and Couple Therapy*, Brunner/Mazel, Nova York, 1976.

(11) SELVINI-PALAZZOLI, M. et al., *Paradosso e Controparadosso*, Feltrinelli, Milão, 1975.

(12) SLUZKI, C., "Marital Therapy from a Systems Theory Perspective" in T. J. Paolino e B. S. McCrady (eds.), Brunner/Mazel, Nova York, 1978.

(13) VARELA, F. J., *Principles of Biological Autonomy*, Elsevier North Holland, Nova York, 1979.

(14) VON FOERSTER, H., *Observing Systems*, Intersystems Publications, Seaside, Calif, 1981.

(15) WATZLAWICK, P. et al., *Pragmatics of Human Communications*, Norton, Nova York, 1967.

CRISE DE CASAL E FAMÍLIA TRIGERACIONAL
Maurizio Andolfi

Ada: *Na verdade, a mudança só acontece quando alguma coisa muda por dentro. A realidade externa não se transforma, mas sim a realidade interna. É difícil contar o que aconteceu nesses três anos; tem uma hora que a gente se sente mesmo diferente. É uma coisa muito gradual. Nós resolvemos nos casar aos quinze anos, ainda colegas de escola; namoramos um tempão antes de casar, e éramos jovens demais. Assim, foi muito trabalhoso cada um de nós reencontrar a sua identidade nessa relação de casal tão sufocante; na hora que recorremos à terapia, para mim era mesmo o último porto, a última tentativa antes da separação. Eu me sentia como um bicho preso numa rede, tinha que achar um jeito de me soltar, e o Ricardo me oprimia com seu falatório, sua necessidade de atenção.*

Ricardo: *Nós chegamos à terapia da pior maneira, depois de algumas reuniões com um amigo psicólogo para abafar o impacto da nossa crise. Desde o começo, eu estava convencido de que nossa relação estava errada; eu, Ricardo, o eterno criança, e Ada, a mamãe. Eu queria acabar com essa criança, mas não conseguia, estava obcecado pela idéia de que eu era uma criança e Ada bancava a mãezona. Mas eu vinha para a terapia como uma criança, cada vez mais desesperado, até que entendi que meu desespero pertencia ao Ricardo, não à brincadeira criança e mamãe.*

É assim que Ada e Ricardo descrevem o começo de sua terapia de casal, três anos depois, numa sessão de acompanhamento.[1] As motivações que levaram Ada e Ricardo a recorrer à terapia são paradigmas para muitos casais em crise, que depois de anos de casa-

---

1. A evolução da terapia de Ada e Ricardo está descrita num vídeo didático intitulado "Crise de casal: construção de uma história terapêutica", produzido pelo dr. Mario Caltabiano.

mento não sabem mais para onde ir, nem como avaliar o que construíram juntos.

O que prevalece é uma sensação geral de estar perdido e sofrendo, que leva à exasperação dos padrões de comunicação que durante muito tempo regeram a relação do casal. Ada sente-se presa numa armadilha e quer fugir, Ricardo censura-se por bancar a criança, mas enfrenta a proposta de Ada — de se separarem — reforçando seu papel de criança assustada.

O que pretendo descrever neste artigo é uma modalidade de abordagem trigeracional em situações que, para simplificar, chamamos de crise de casal. Há mais de quinze anos, parte significativa da minha atividade clínica é voltada para casais em dificuldades; nos últimos cinco anos, o número de casais que procuram terapia cresceu vertiginosamente.

Idéias fundamentais

Desde meu primeiro encontro com Murray Bowen na Georgetown University de Washington, em fins de 1972, fiquei impressionado com a sua profunda convicção de que, para resolver um problema *aqui e agora*, era preciso chegar *lá e antes*. No começo, pensei na abordagem psicanalítica e na linguagem por imagens. Pensava no passado, nos fantasmas familiares e em sua influência para compreender os conflitos individuais e de casal. Depois fui percebendo que o trabalho dele parecia muito mais com o de um treinador de time de futebol (*coach* é um termo freqüente em seus trabalhos), do que com o de um analista, seguindo passo a passo os movimentos quase imperceptíveis de seus pacientes, ritmados pelo longo andamento da relação terapêutica. Se é verdade que um treinador competente é capaz de maximizar os recursos e potencialidades de cada jogador, dentro de uma visão de conjunto do time, o mesmo pode-se dizer de Bowen. Ele propôs uma "teoria sistêmica" (5) própria, que difere tanto da "teoria geral dos sistemas" descrita por Von Bertalanffy (2) como das colocações do Mental Research Institute (9) e, mais recentemente, da Escola de Milão.

Mas não quero entrar num debate epistemológico; limito-me a extrapolar algumas das idéias fundamentais de Bowen, que tanto influenciaram o movimento de terapia familiar nos Estados Unidos, nos anos 60 e 70, e que foram a base da minha evolução como terapeuta familiar e de casal.

Bowen não considera importante observar os padrões de comunicação do casal. Ele acha que, em qualquer situação de grande desgaste, os cônjuges não sabem mais interagir, mas acabam reagindo de modo automático às reações do outro, numa espécie de círculo vicioso, gastando inutilmente muitas energias emocionais. A partir dessas premissas, Bowen se coloca como elemento de descontinuidade entre os dois. Só ele faz perguntas para um ou outro, evitando cuidadosamente qualquer intercâmbio direto entre eles. Substitui sistematicamente a palavra sentir (*feeling*) por pensar (*thinking*), tanto ao formular suas perguntas, como nas respostas dos pacientes. Ele tem a convicção de que a melhor maneira de fazer com que uma pessoa entre em contato com seu próprio mundo emocional é impedir que ela se refira a qualquer evento usando termos como sentir, vivenciar, perceber etc. Ao proibir qualquer intercâmbio emocional durante a sessão, Bowen favorece uma busca mental individual, deslocando alternadamente, cada um dos dois cônjuges, de uma posição ativa de reflexão e expressão oral, para uma posição de ouvinte. Sua função de divisor de águas emocional aumenta ainda mais quando ele pede a ambos os cônjuges que pesquisem sua posição dentro das respectivas famílias de origem. Após um estudo cuidadoso do genograma familiar, cada um dos cônjuges é mandado de volta para casa com a tarefa de ligar-se novamente ao seu grupo de origem, para aprender a se separar dele. Trata-se de ir de mala e cuia, como uma verdadeira viagem em busca deles mesmos.[2] Em síntese, para Bowen, os problemas do casal devem ficar "congelados" até que os dois cônjuges voltem, mais conscientes, de suas viagens às respectivas famílias de origem, para então retomarem o discurso de casal com melhor diferenciação do próprio eu individual.

Também para Framo é essencial trabalhar com a família de origem, tanto em tratamentos individuais como em terapias de casal ou de família (6). Nas terapias de casal, dá preferência à constituição de um grupo de vários casais e trabalha, na maioria das vezes, em co-terapia. Cada casal expõe seus problemas e depois ouve os comentários dos outros. Sobretudo em situações de impasse de casal e em tratamentos avançados, pedem-se uma ou mais reuniões com a família de origem de um dos cônjuges e/ou do outro. Para Framo, entretanto, é a família de origem que participa da sessão, e não, como para Bowen, o paciente que volta para casa. Framo também vê o encontro com a família extensa como uma experiência pessoal e de caráter confidencial; portanto, exclui o parceiro, cuja presença, segundo ele, poderia condicionar a qualidade e o conteúdo do encontro. Entretanto, ele acredita que cada um dos cônjuges aprecia

---

2. É interessante observar que Bowen foi o primeiro a introduzir a idéia de voltar fisicamente à própria família de origem como experiência de formação máxima e prioritária para os estudantes de terapia familiar. Mas o tema da formação, a meu ver crucial, extrapola o tema deste artigo, e a contragosto paro por aqui.

107

favoravelmente a ocorrência de sessões ampliadas às famílias de origem, pois acredita que elas possam resultar em vantagem recíproca e, eventualmente, na superação da crise do casal.

Pessoalmente, trabalhei por mais de cinco anos — de 76 a 81 — com grupos de vários casais, seguindo o esquema de trabalho de Framo.[3] Sem dúvida, a presença de um grupo de casais com problemas semelhantes facilita os processos de identificação e de solidariedade recíproca; sobretudo, dá um senso de relatividade e otimismo a cada casal, que acabam sentindo-se úteis ao ajudarem a resolver a crise dos outros, e então passam a confiar mais em seus próprios recursos interiores. A presença de co-terapeutas conjugais favorece uma espécie de *modeling* e a possibilidade de se experimentar com maior flexibilidade na complementaridade homem-mulher. Mas também não há dúvida de que, ao trabalhar os problemas apresentados por cada um dos casais no grupo, as reuniões com as famílias de origem passam a ser eventos ocasionais, embora muito proveitosos, dentro de um projeto terapêutico que, a meu ver, não insere plenamente a crise de casal num quadro de referência trigeracional.

Só o fato de conhecer Whitaker (8) e o seu coerente pensamento clínico é que daria uma guinada significativa em minha maneira de fazer e pensar terapia nesses últimos dez anos. E mais razão ainda com casais particularmente hábeis em restringir o campo de intervenção terapêutica.

Para Whitaker, a ampliação da unidade de observação à família trigeracional não tem limites, nem no plano horizontal, muito menos no plano vertical. Muitas vezes eu me perguntei de onde viria sua segurança ao convocar, para uma sessão, famílias muito numerosas, com crianças fazendo bagunça, adultos se olhando com hostilidade e velhos tomando posição a favor do filho e, indiretamente, de sua linhagem. Assim que uma família, seguindo suas indicações, acrescenta mais um componente à sessão, esta já está "pequena demais" para Whitaker. Quem sabe falta trazer algum tio afastado, quase desconhecido, mas considerado essencial para entender toda a dinâmica do grupo. Penso que sua naturalidade ao ampliar o sistema terapêutico, ultrapassando todos os limites, esteja ligada à sua capacidade de se manter íntegro, isto é, de se colocar constantemente num nível de distanciamento emocional em relação aos complexos conflitos que aparecem na sessão. Essa posição de distanciamento lhe permite, por exemplo, cair no sono diante de um casal que persiste em emitir mensagens hostis durante a sessão, ou então se esti-

---

3. Cada grupo foi acompanhado em dupla terapêutica durante dois a três anos, com sessões quinzenais. Nesse caso, tratava-se de co-terapia conjugal, juntamente com a dra. Marcella de Nichilo.

car no chão e ficar brincando com uma criança de dois anos, isolando-se completamente da "guerra" entre os adultos que estão se acusando mutuamente como causa da crise do casal.

Essa aparente atitude de "isso não é comigo" está estritamente vinculada à intensidade com que ele transmite sua férrea convicção de que, mesmo uma família aparentemente desagregada mantém intatos os recursos terapêuticos de que necessita para evoluir. Basta que queira usá-los e não se perca em inúteis jogos de poder e de controle recíproco. Daí sua provocação terapêutica, visando a ampliar as fronteiras traçadas pela família, transmitindo a idéia de que *aquilo que a família apresenta como máximo disponível sempre é pouco demais.* Seu conceito de normalidade passa por etapas de anormalidade, estágios de loucura, fantasias violentas e destrutivas etc. Se um casal chega à terapia apresentando sua vida conjugal como anormal, enfatizando as causas que levaram à crise, pode ser que aquele casal volte para casa confuso com os próprios parâmetros pelos quais define a relação de anormal; as causas da crise, tão bem catalogadas, se perdem no ar e cada um dos cônjuges de repente estará se perguntando, com inesperada curiosidade, questões que parecem não ter nada a ver com o problema atual. Às vezes, os dois, que começaram a sessão acusando-se, depois de um tempo, quase sem perceber, pegam-se fantasiando e perguntando-se sobre quando se conheceram, sobre o namoro, sobre a cerimônia de casamento e como ela rebolava para atraí-lo no tempo da lua-de-mel. De repente, mais adiante na sessão, os cônjuges acham-se num tempo "deslocado" e podem ir ainda mais para trás, talvez associando seu casamento ao dos pais. Voltam a ser crianças ao descobrirem o significado de seu nascimento na relação dos respectivos pais.

Da dimensão horizontal à dimensão vertical

A fase de diagnóstico

Voltando à imagem de Bowen, de arrumar a mala e voltar para casa, achei mais útil em minha experiência clínica "trazer a mala para a terapia", isto é, convocar para as sessões as famílias de origem, em vez de mandar os pacientes de volta para casa. Isto por uma série de razões: em primeiro lugar, acho proveitoso que ambos os cônjuges possam compartilhar uma experiência importante, muitas vezes bastante sofrida. A presença física do outro cônjuge na sessão é uma confirmação de que, mesmo que indiretamente, os problemas do casal estão sendo trabalhados. Além disso, permite avaliar a capacidade de cada um dos parceiros de se expor diante do outro, mostrando abertamente necessidades afetivas e fraquezas antigas, muitas vezes ocultadas depois de muitos anos de vida em comum. E, sobretudo, é um meio eficaz de o terapeuta comunicar aos cônjuges que as famílias de origem estão sendo consideradas um recurso positivo, e não a causa de seus problemas, como muitas vezes afirma o casal. Na realidade, se a geração mais velha entendesse nosso pedido como uma maneira de atribuir responsabilidades e culpas, isso certamente causaria um efeito prejudicial aos pais, os quais, sentindo-se acusados, assumiriam um comportamento extremamente defensivo. Muitas vezes isso acontece, independentemente da nossa vontade, como se os pais tivessem desenvolvido uma atitude de se sentirem sempre responsáveis pelos problemas dos filhos, mesmo que estes sejam adultos há muito tempo. Para superar esse impasse, pedimos a presença dos pais e irmãos de cada um dos cônjuges, a título de nossos consultores. Cabe-lhes a tarefa de fornecer ao terapeuta informações úteis para entender melhor seu meio familiar. Ou seja, a presença deles não é solicitada para falar dos problemas do casal, mas unicamente para conhecer melhor o filho e irmão deles. Sua metaposição, sustentada pelo terapeuta, favorece a busca de novos percursos relacionais, em vez de recorrer, de forma cômoda mas inútil, a trocas de acusações recíprocas.

Como veremos adiante, na descrição da terapia do casal Vianini, a família de origem é convocada na chamada fase de diagnóstico da terapia, ou seja, no estágio inicial do tratamento.

Temos sido às vezes criticados por "forçar o tempo do casal", em vez de esperar um momento mais maduro para convocar as famílias de origem; depois de um tempo maior de tratamento, o casal estaria mais confiante no terapeuta e demonstraria menos resistência a uma ampliação do sistema terapêutico. Isso é verdade, mas fazê-lo confirmaria a idéia de que a terapia tem como protagonistas o casal e suas dificuldades. A unidade de observação seria, inevitavelmente, a díade conjugal, ao passo que a presença precoce das famílias de origem e dos filhos desloca o foco de observação para uma unidade mais complexa e composta — a família —, em cujo interior o funcionamento e os problemas do casal assumem forma e significado. Além disso, como descreveremos adiante, consideramos útil aumentar as resistências verticais, favorecendo assim uma redistribuição da tensão, deslocando-a do espaço de casal para o espaço trigeracional.

Não é raro apresentar, em linguagem concreta e, de certa forma, provocativa, ao casal a proposta de ampliar a unidade de obser-

110

vação, mas essa é sem dúvida uma maneira compreensível e clara de propor um projeto de terapia: "Quando você vai ao médico por causa de algum problema físico, o médico primeiro faz um diagnóstico e depois passa à terapia. Para formular um diagnóstico preciso, são úteis certos exames de laboratório — de sangue, de urina, radiografias etc. Eu também preciso de um levantamento preliminar para o diagnóstico. Em vez de sangue, quero seus pais; em vez de radiografias, preciso conhecer seus filhos, e, depois, vou precisar falar com vocês também separadamente, não só como casal. No fim dessa fase exploratória, vamos fazer as contas juntos e então avaliar se é oportuna uma terapia de casal".

Geralmente o pedido de trazer os filhos às sessões levanta menos preocupações e resistências do que quando se pede a vinda dos pais. Mas é possível que um ou outro dos parceiros enrijeça diante dessa solicitação, o que permite entender melhor o embaraço de fazer os filhos participarem explicitamente nos problemas do casal. Esse embaraço tende a aumentar sobretudo quando o filho está incluído há muito tempo na intimidade do casal, como se fosse arriscado mostrar abertamente como estão as coisas.

De qualquer maneira, a presença dos filhos na sessão é uma golfada de oxigênio, tanto para os cônjuges como para o terapeuta. As crianças e adolescentes viram verdadeiros "co-terapeutas", na medida em que se dê crédito à sua competência sistêmica, amadurecida na família ao longo dos anos. Contrariamente à geração mais velha, que funciona como catalisador de aspectos negativos, mesmo nos casais mais difíceis, as crianças representam algo positivo que os dois parceiros conseguiram construir juntos, o que não é pouco em situações de casal em que parecem prevalecer a destrutividade e a desconfiança. Mesmo quando um filho acaba virando um intermediário ou um verdadeiro porta-voz da violência interpessoal do casal, é mais fácil "jogar" com a sua função de porta-voz, para depois envolver os dois protagonistas.

São as reuniões individuais que despertam menor reação. No entanto, os cônjuges muitas vezes ficam bastante em dificuldades quando, na sessão individual, esclarecemos que aquele espaço está reservado a cada um dos parceiros, para falar de si *antes e fora do casamento*. Nas situações de severa patologia do casal, não é raro que nenhum dos dois saiba do que falar, excluindo as dificuldades conjugais. Como se a individualidade de cada um tivesse sido anulada na busca impossível de um recipiente de casal capaz de garantir refúgio e proteção total.

Da negativa de casal às negativas intergeracionais

O casal Vianini[4] procurou terapia após quatorze anos de casamento. O nível de tensão interpessoal entre os dois cônjuges mostrou-se bastante elevado, desde os primeiros contatos na sessão. Laura, a mulher, estava cansada e ressentida com tudo; Mário, o marido, tanto no nível verbal como no analógico, negava qualquer confronto. Laura é uma senhora de 35 anos, de aparência cuidada, vivaz, certamente atraente se não fosse o riso alto e esganiçado de que se utiliza para realçar os momentos de hilaridade, chocando o interlocutor de modo desagradável. Mais parece estar "latindo" do que rindo. Percebe-se nela uma grande carga agressiva, em contraste com a calma e controle exterior do marido, quinze anos mais velho, que perdeu um braço num acidente de carro. As interações seguem um clichê repetitivo; a mulher critica o marido e este ganha tempo, negando o que ela disse. Embora ambos tenham se declarado dispostos a falar de suas dificuldades matrimoniais, sua relação dá uma impressionante sensação de distanciada e fria. O filho Marcos, de onze anos, parece ter sido nomeado, desde o começo, para o papel de mediador fixo entre os dois, confundindo suas necessidades infantis com uma maturidade e sabedoria absolutamente inadequadas à sua idade.

Entrar na crise do casal, a um nível tão baixo de disponibilidade entre os cônjuges, é uma operação trabalhosa e talvez improdutiva. Uma sensação comum de falência e frustração parece sustentar a tensão que o casal traz consigo à terapia. Fazer com que a tensão entre os dois diminua pode ser um objetivo razoável, mas para que serve, se não se colherem os núcleos conflitantes de base que a alimentam? É um pouco como dar oxigênio a um paciente dispnéico sem entender a natureza do seu problema, do qual a dispnéia é apenas um sintoma. Se nos livrarmos da preocupação de sedar a crise, poderemos pensar que a tensão que eles trazem à sessão constitui, no momento, o maior elemento de vitalidade interpessoal disponível. Se Laura parasse de latir e Mário não respondesse com uma calma igualmente exasperante, faltaria uma confirmação, talvez a única por enquanto, de seu vínculo de casal e da evolução deste no tempo. Parece-nos então que a tarefa do terapeuta é estabelecer a hipótese de que os comportamentos "errados" do casal expressem um acordo subjacente, uma solidariedade genuína e testada ao longo do tempo, que se manifesta de modo incongruente. E é justamente esse valor, essa solidariedade, que precisa ser redescoberta. O caminho,

---

4. A descrição do casal Vianini, apresentada neste artigo, foi publicada no volume *Tempo e Mito nella Psicologia Famigliare*, em que foi descrita sobretudo pelos aspectos relacionados à construção do mito familiar e sua evolução no curso da terapia.

porém, será "indireto" e aparentemente desligado da crise conjugal. O primeiro objetivo consiste em deslocar a tensão do território do casal — horizontal — e canalizá-la por linhas verticais, abrangendo, no nível acima, a família de origem e, no nível abaixo, os filhos. No caso do casal Vianini, já mencionamos que o filho Marcos foi precocemente incluído nos problemas do casal, a ponto de ficar difícil estabelecer se o casal já se formou antes ou se os Vianini fizeram um "casamento a três".

A essa maciça introdução dos filhos nas tensões do casal corresponde um aparente distanciamento em relação às respectivas famílias de origem, a ponto de os dois se recusarem categoricamente a trazer os pais. A recusa de ambos os cônjuges de uma ampliação da unidade de observação marca o início de uma redistribuição da tensão, do centro — o casal — para a periferia — a família extensa. Em vez de avançar nos medos de rejeições ulteriores e desacordos na relação conjugal, vamos mexer e solicitar resistências ligadas a rejeições bem mais remotas, as quais, se forem resolvidas, podem dar um significado mais compreensível à crise atual. A negativa pode se expressar de muitas maneiras diferentes, por exemplo: "É inútil, não quero que os meus pais se metam na nossa relação, nunca ligaram para os meus problemas, não preciso da ajuda de ninguém, meu pai é muito egoísta", e assim por diante. Mas só aparentemente o "não" é uma negação do que foi pedido. Se o terapeuta souber lidar com as diversas nuances da negativa, em vez de levantar obstáculos, será mais fácil entrar num relacionamento significativo com o casal, partindo justamente das áreas que parecem ter provocado mais sofrimento e conflito, tanto no nível individual como do casal.

Já temos uma primeira trilha a seguir para construir o processo terapêutico. O terapeuta é a pessoa que pode pedir, e pede, que se enfrentem riscos imprevistos, às vezes considerados intoleráveis, trazendo para a terapia justamente as pessoas com as quais é mais útil um confronto, um relacionamento direto, por ser mais temido. É também quem, de certa forma, une para separar. "Com efeito, voltar a percorrer os caminhos que levam das relações atuais às de origem, e fazer emergir vínculos de dependência e afinidade onde parece haver somente diferenças e falta de comunicação, significa trazer à luz a *trama ausente* e identificar os fios reais ou imaginários a serem separados. De certa maneira, isso equivale a lhes atribuir significados diferentes e construir as formas de uma nova história" (1 p. 108).

Em primeiro lugar, o terapeuta pede a Laura que traga a mãe, aquela mãe com a qual Laura afirma não ter a menor intimidade "porque é tão diferente dela". Sua recusa de que a mãe participe, numa das primeiras sessões, parece motivada pelo problema da diferença, mas também é verdade que, ao expressar sua discordância, Laura muda completamente de expressão: de adolescente raivosa (como se mostrou em todas as interações com o marido), parece transformada em mulher madura até demais, marcada pela vida e pelos infortúnios. Seu "não" torna-se uma afirmação carregada de significados complexos e contraditórios que, se forem acolhidos pelo terapeuta, transformam-no em uma autêntica possibilidade terapêutica. Depois do medo, vem a curiosidade de desafiar a si mesma num terreno ainda muito quente. Laura sabe que se conseguir correr o risco de falar com a mãe, como adulta, sobre fatos e relações do passado, conseguirá talvez tirar desses fatos e relações a aura dramática com a qual os vivenciou, reduzindo assim uma distância emocional cada vez mais intolerável e recuperando uma dimensão mais clara de sua identidade.

E é justamente na sessão com a mãe que aparecem todas as vicissitudes da família. Ao contarem seus sofrimentos individuais, mãe e filha saem fortalecidas, porque mais conscientes, ambas, de suas expectativas recíprocas e de como cada uma delas procurou preencher os vazios da outra. Quando Laura ainda era criança, sua família teve de enfrentar graves dificuldades econômicas, devido a um desastre financeiro do pai. Toda a família foi obrigada a abandonar a cidade onde moravam, fugindo às pressas para a Suíça, onde — graças a um amigo — o pai de Laura conseguiu reconstruir uma posição respeitável. Já a mãe, Rita, apesar das aparências, não conseguia se adaptar ao novo ambiente e queria voltar para sua terra, perto dos parentes. Tudo isso, provavelmente, teria ficado só como desejo, se não tivesse acontecido um problema bem mais grave: Laura descobriu que o pai mantinha relações sexuais com uma moça da idade dela. Sentindo-se duplamente traída — pelo pai e pela amiga —, Laura tomou a decisão de voltar à Itália; a mãe, Rita, e o irmão, Miguel, foram junto. Desde então Laura desempenhou o papel de "pessoa competente" da família, tornando-se ponto de apoio e de referência para a mãe e o irmão, embora isso não fosse muito reconhecido por nenhum dos dois. De fato, Laura aprendeu a sacrificar cada vez mais seus próprios desejos e aspirações para atender aos dos outros.

Da narrativa dessa história familiar tão sofrida, aparece uma necessidade de dependência e de carinho sempre negada pelas duas; desde que a filha se casou, a mãe vive ostentando sua auto-suficiência, assim como a filha sempre sustentou seu papel de pessoa firme, que toma iniciativas por todos. Essas imagens de distanciamento emocional e de pseudo-autonomia vão se desmanchando à medida que a mãe pode começar a falar das dificuldades que teve de enfrentar e da sensação de impotência e solidão que sempre a acompanhou; e quando consegue confessar que, mesmo negando da boca para fora, procurou de todas as maneiras encontrar na filha um apoio substitutivo, explicitando uma solicitação tão pesada para Laura quanto compactuada durante tantos anos. E é justamente o reconhecimento, pela mãe, de uma situação de profundo vazio afetivo que permite à filha reconhecer melhor seus próprios vazios e entender o seu desejo de achar alguém (o marido, por exemplo) que os preenchesse, assim como ela sentiu o dever de preencher os vazios da mãe. O reconhecimento da tarefa impossível entre mãe e filha permite ver outros objetivos impossíveis na relação conjugal, e coloca a perspectiva de poder buscar alternativas mais realistas e autênticas, tanto no nível vertical como horizontal.

"Paralelamente ao aumento de intimidade entre mãe e filha, há um aumento da intimidade entre os cônjuges: muitas vezes, o fato de um deles participar, como observador, do que acontece entre o outro e sua própria família de origem, possibilita ao primeiro, não apenas conhecer melhor o parceiro, mas também lhe proporcionar ajuda para resolver os seus problemas" (1).

A história de Mário também é repleta de rejeição e sofrimento. A mãe, inválida, ficou 25 anos de cama, até a morte. Depois da morte da mulher, o pai colocou na sua empresa de construção civil os quatro filhos homens, impondo sua filosofia de "viver lado a lado, mantendo distância". Assim os filhos aprendem a se ignorarem, trabalhando na mesma empresa. Devem conviver, negando qualquer emoção, a fim de evitar atritos, por menores que sejam. Mário inicia a terapia de casal aderindo plenamente à filosofia da empresa paterna. Entretanto, sua aparente calma e controle diante dos ataques raivosos de Laura contrastam com uma expressão facial cordial, às vezes quase infantil. Verbalmente, diz que a terapia pode servir só para dar uma acalmada no nervosismo da mulher. Mas calma e controle desaparecem quando lhe pedimos para trazer o pai e os irmãos, como já foi pedido a Laura. Sua negativa parece mais um grito de desespero de quem teve que resignar-se a uma profunda solidão na empresa paterna, sem nunca permitir-se ir embora.

Durante várias sessões, "brincamos" de "fazer de conta" que ele telefonava ao pai. Eu pegava um telefone, desligava-o da tomada e o dava para Mário, dizendo: "Ligue para ele, de brincadeira, está desligado. Quero ver depois de quantos números seu dedo começa a tremer, ou quando começa a empalidecer". E mais: "Quem vai falar primeiro? O que o senhor acha que papai vai dizer ao ouvir a sua voz?'' Ou então: ''Como é que o senhor vai conseguir de novo que seu pai diga não? Sabe, tem jeito de pedir de modo a ouvir um não com certeza. O senhor já aprendeu um monte de truques para que lhe digam não... depois de tantos anos de não-vida em comum. Já reparou como seu filho Marcos está aprendendo rápido com o senhor, a não pedir coisas como filho, de medo de ouvir um não do papai? É uma escola de família, mesmo. Além da construtora, ainda tem a escola dos não, em casa. E a sua mulher ainda teima que o senhor diga sim para ela, logo o senhor que é um profissional da negação''. Depois de algumas sessões investindo na resistência de Mário a se reapropriar de sua auto-estima, negar-se é mais embaraçoso do que correr o risco de sentir-se aceito.

Em nossa experiência, é raríssimo que um pai ou mãe, percebendo um pedido autêntico do filho, seja capaz de não aceitá-lo. Mas para fazer um pedido é preciso acertar as contas com o que Horney chama de *sistema do orgulho*, que privilegia falências grandiosas (por exemplo, sentir-se o filho mais abandonado do mundo), em vez de sucessos de humildade (''se eu me apresentar como realmente sou, frágil e inseguro, pode ser que o meu pai me reconheça e me aceite por causa dessas fraquezas'') (7).

Quando o pai de Mário chega para a sessão, depois de dois meses de terapia, seria de se esperar um relato de guerra, após ação tão heróica. Em vez disso, nos contam, com extrema simplicidade, que Mário fez um pedido e ele aceitou. A coisa não apenas foi simples, mas absolutamente indolor. No caso de Mário, como na esmagadora maioria de situações desse tipo, sempre nos perguntamos em qual versão dos fatos acreditar: na de antes, de que é uma tentativa titânica, ou na de depois, de que é tão fácil, é só pedir. Na realidade pensamos que, para Mário, foi mais difícil aceitar dentro de si o ato de pedir, do que se preocupar com uma possível negativa externa. Muitas vezes, essa segunda dificuldade é agigantada para encobrir a primeira; aceitar o ato de pedir muitas vezes contraria todo o arcabouço sobre o qual se construiu a identidade. Trazer o pai, para Mário, é muito mais do que puxar mais uma cadeira para a sessão. O mesmo vale para o terapeuta, que está seguindo um esquema mental visando a enquadrar os problemas do casal em três níveis geracionais. A presença de um ou outro membro da família na sessão não passa de um aspecto operacional de sua metodologia de intervenção.

Dessa maneira, provoca-se o casal a modificar profundamente as motivações pelas quais procuraram terapia. Agora, a coragem de Mário de abrir a porta de sua solidão-defesa para o pai é uma proposta implícita também para Laura; se Mário quiser sair de sua in-

116

validez não pode mudar numa direção só, e não pode fazer isso sem renegociar seu relacionamento com a mulher. O encontro entre pai e filho, na presença do terapeuta e de Laura, é ora patético, ora dramático. É a primeira vez que Laura assume uma posição de ouvir atentamente, como quem compartilha uma situação difícil. Ao falar com o pai, Mário parece que voltou a ser criança em busca de confirmação; reativa-se nele uma antiga tendência a gaguejar, deixando-o ainda mais enrolado. Percebe-se como é difícil para ambos deixar cair a máscara e espalhar sua própria dor, depois de tantos anos de proximidade-distância na empresa paterna. Percebe-se o desejo de um relacionamento diferente, que nenhum dos dois pode pedir explicitamente. A incapacidade de pedir, visivelmente exteriorizada na sessão, torna-se um elemento de união muito embaraçoso. E é justamente esse embaraço que começa a desmanchar posições enrijecidas durante anos, e a transformá-las numa área nova, de esperança para os dois.[5]

Uma reunião posterior com os irmãos demonstra que, para Mário, poder falar de sua necessidade de solidariedade, nesse caso específico de manifestações de afeto que não recebeu nem procurou, pode tornar mais permeável o muro que aparentemente os separa.

"Por ocasião das reuniões com as famílias de origem, e tal como já foi observado por outros — Boszormenyi-Nagy e Spark (3), Framo (6), Bowen (5), Williamson (10) —, nos demos conta de como é essencial que a sessão termine sem aumentar a agressividade ou o ressentimento entre os membros da família extensa. Muitas vezes, pensa-se erroneamente que dar a um filho a oportunidade de expressar livremente seu ressentimento oculto contra um dos pais, depois de tê-lo disfarçado durante anos, possa vir a modificar o relacionamento, pois pela primeira vez o pai ou a mãe teriam a possibilidade de ver como estão realmente as coisas. Pelo contrário, é provável que sua expectativa principal seja procurar, com a ajuda do terapeuta, acima de tudo consertar a relação; isto é, ser ajudado a restabelecer um relacionamento de aceitação com o pai ou a mãe. Isso pode ser conseguido, não descarregando rancores ou incompreensões, mas na medida em que o paciente é colocado agora, em sua dimensão atual, em condições de viver o seu relacionamento com os pais e de modificá-lo" (1). Como diz Williamson (10 p. 80): "A possibilidade de reequilibrar as dinâmicas intergeracionais é a condição *sine qua non* para a maturidade psicológica, autonomia e autoridade pessoal. A geração adulta pode oferecer um apoio aos pais ido-

---

5. O pai de Mário morreu oito meses depois, e Mário comentou como foi importante para ele se redescobrir filho durante aquela sessão, antes que fosse tarde demais.

sos, mas sem assumir a responsabilidade emocional nem se encarregar do bem-estar, da felicidade ou da sobrevivência deles". Se o rancor pode ser a forma de se manifestar o relacionamento, é preciso rever seu conteúdo de ambivalência: de um lado, raiva por não terem sido atendidas suas necessidades; do outro, um reconhecimento, mesmo que tardio, e a criação de uma relação diferente. Esta só pode ser fortalecida na medida em que se descobrir, no rancor e além do rancor, experiências, aspectos de sofrimento e dúvidas compartilhados.

"Descobrir os elementos de união passa a ser, então, preliminar a qualquer trabalho que se proponha a separar, porque não se pode separar se antes não se identificar o fio que une" (1).

O trabalho com as famílias de origem do casal Vianini vai nesse sentido: a descoberta de vivências análogas em Laura e sua mãe e em Mário e seu pai e irmãos torna-se premissa indispensável para o reconhecimento de seus conteúdos diferentes, do fato de que a solidão, a raiva, a necessidade de cada um são diferentes das do outro, e exigem soluções individuais.

Por outro lado, separar-se da realidade dos pais, "tomar distância" dela, aceitar o fato de que a história "deles" é, em parte, necessariamente diferente da "sua" história, vai permitir que Laura passe a ver também seu casamento de outra perspectiva. Por meio da terapia, Laura começa a considerar-se de modo diferente, renunciando ao papel de enfermeira que nega suas próprias exigências de mulher.

Um movimento paralelo acontece com Mário. No caso dele, é a superação de suas resistências quanto a pedir a participação dos irmãos nas sessões que contribui para mudar as relações. Pela primeira vez quebra-se um tabu familiar: o pedido pode ser verbalizado; não é mais colocado implicitamente, com a tácita expectativa de ser rejeitado. Pela primeira vez, fala-se também de conteúdos afetivos das relações na família de origem, esclarece-se uma vivência de "invalidez" de Mário antes do acidente, e que o acidente simplesmente veio validar. Isso vai contribuir para explorar diferentes aspectos de sua relação conjugal, esclarecendo como sua invalidez veio justificar materialmente o papel de enfermeira da mulher e sua posição de relativo descompromisso, mascarando inseguranças afetivas preexistentes. Tudo isso ajuda a construir uma história de casal nova, não mais onerada pela antiga invalidez de um e da outra.

Bibliografia

(1) ANDOLFI, M., ANGELO, C., *Tempo e Mito nella Psicoterapia Familiare*, Boringhieri, Turim, 1987.

(2) BERTALANFFY, L. VON, *Teoria Generale dei Sistemi*, ISEDI, Milão, 1971.
(3) BOSZORMENYI-NAGY, L., SPARK, G., *Lealtà invisibili*, Astrolabio, Roma, 1988.
(4) BOSCOLO, L., CHECCHIN, G., HOFFMAN, L., PENN, P., *Milan Systemic Family Therapy*, Basic Books, Nova York, 1987.
(5) BOWEN, M., *Family Therapy in Clinical Practice*, Aronson, Nova York, 1878.
(6) FRAMO, J., *Explorations in Marital and Family Therapy*, Springer Publ., Nova York, 1982.
(7) HORNEY, K., *Nevrosi e sviluppo della personalità*, Astrolabio, Roma, 1981.
(8) NEILL, J., KNISKERN D. (eds.), *From Psyche to System: The evolving Therapy of Carl Whitaker*, The Guilford Press, Nova York, 1982.
(9) WATZLAWICK, P., BEAVIN, J., JACKSON, D., *Pragmatica della Comunicazione Umana*, Astrolabio, Roma, 1971.
(10) WILLIAMSON, D., "La conquista dell'autorità personale nel superamento del confine gerarchico intergenerazionale", *Ter. Fam.*, vol. 11, 77-93, 1982.

O CASAL: TERAPEUTA DO INDIVÍDUO
Elida Romano, Jean-Clair Bouley

Em primeiro lugar, queremos contar como chegamos a trabalhar com casais no nosso Centro de Terapia Familiar. Podemos resumir a situação dizendo que esse trabalho foi fruto de uma evolução. No começo, as atividades do Centro voltavam-se exclusivamente para a terapia familiar. As referências teóricas que orientavam nossa prática decorriam do enfoque sistêmico; nossos pacientes, que freqüentavam instituições psiquiátricas, apresentavam patologias pesadas (psicóticos, anoréxicos, toxicômanos). Achávamos difícil isolar a terapia parental dos filhos e avós, e preferíamos trabalhar com terapia das três gerações. Quando um cliente procurava uma terapia de casal, pedíamos que os filhos (ou os avós) estivessem presentes, pelo menos nas primeiras sessões. Estávamos acostumados a trabalhar com famílias fusionais, e nos parecia impossível utilizar o contexto das sessões para traçar fronteiras precisas em torno do casal. Por isso recusamos vários pedidos de terapia de casal. Depois, aos poucos, nossa rigidez foi amolecendo. Veio então uma fase de compromisso: aceitávamos atender só o casal, mas o fazíamos com o projeto implícito de, após algumas sessões, ampliar o sistema terapêutico aos filhos e avós. Quando conseguíamos, os recém-chegados traziam uma golfada de ar fresco. O espaço terapêutico ficava maior e nós, terapeutas, podíamos nos livrar de uma posição repetitiva e desconfortável: não ficávamos mais na terceira ponta do triângulo, onde nos sentíamos ora como filhos, ora como pais do casal. No entanto, à medida que a nossa prática ficava mais flexível, aumentava nossa dificuldade para teorizá-la. Não estávamos à vontade numa prática que vivenciávamos como "subsistêmica". Parecia-nos estar com um pé em cada barco, oscilando entre o enfoque individual e o sistêmico. Os casais que mais nos interessavam eram os que apresentavam sintomas definidos: depressão, alcoolismo etc. Os menos interessantes, mas talvez mais freqüentes, eram aqueles em que se tomava como paciente a sua relação do casal. Esses casais procuravam nos convencer de que a sua relação era destrutiva, cada um dos parceiros sentia-se mutilado pelo outro, o casal funcionava para eles como uma subtração, nunca uma soma. Trabalhar presos a essa perspectiva acabava levando-nos inexoravelmente a fazer alianças estáveis com um ou outro, e a terapia ficava atolada num jogo repetitivo. Provavelmente, foram esses casais que nos obrigaram a insistir na redefinição positiva de sua relação, e nos sugeriram o título desta nossa palestra: "O casal: terapeuta do indivíduo".

O primeiro significado dessa frase, o mais genérico, é que a relação de casal costuma ser usada como meio de se adaptar à realidade. Em seu livro *A miragem do casamento*, Lederer e Jackson constroem esta metáfora:

"O casamento, é como se resolvêssemos tomar um avião para passar as férias de janeiro nas Bahamas e, ao descer do avião, percebemos que fomos aterrisar nos Alpes suíços.

Faz frio, está nevando, não tem piscina nem sol. Vamos precisar comprar roupas de inverno, aprender a esquiar, falar outra língua.

Constatamos, com surpresa, que é tudo bem diferente do que tínhamos imaginado.

É perfeitamente possível passar ótimas férias na Suíça mesmo, só é preciso ter paciência..."

Com essa metáfora, queremos insistir no aspecto dinâmico da vida de casal. Vamos tentar explicar como esse ciclo vital, sempre em movimento, proporciona o desenvolvimento individual de cada um dos elementos desse organismo vivo.

Os casais que atendemos sempre colocam uma visão estática, um balanço que exclui o tempo (passado ou futuro); o modelo da psicologia, com o conceito de personalidade e sua classificação descritiva, também desenvolveu uma observação bastante estática do indivíduo.

Se, ao invés disso, colocarmos o tempo em movimento, veremos que a própria estrutura de casal permite dar continuação ao processo de crescimento individual iniciado nas famílias de origem. O casal não é uma mera justaposição de estruturas estáveis; é antes um adubo que alimenta o desenvolvimento pessoal. Do ponto de vista descritivo, podemos distinguir três representações da relação de casal: a de justaposição, em que as áreas de contato são muito reduzidas; a de fusão, em que não existe mais uma realidade individual; e uma forma intermediária, a de imbricação, em que entre dois espaços individuais pertencentes a cada um dos parceiros é construída uma área confusa, que é ao mesmo tempo parte e espaço externo de cada um. Essas três formas — justaposição, fusão, imbricação — distribuem-se no tempo e no espaço. No tempo, o casal vive fases de justaposição, fases de fusão e fases de imbricação. Conforme os campos de aplicação, isto é, quando o casal reparte os papéis numa área definida, reforça uma ou outra estrutura. O que interessa sobretudo é ressaltar a riqueza do contínuo vaivém entre o espaço interativo e o espaço individual como a área de imbricação que permite alimentar os espaços individuais. Com a palavra "imbricação" não estamos nos referindo a uma construção a que se acrescenta ou amontoa elementos ou tijolos, cuja forma estaria determinada de fábrica (isto é, nas famílias de origem); queremos indicar uma co-elaboração, em que a forma de um só adquire sentido em função da forma do outro. Queremos insistir em que é necessária alguma diferença entre os parceiros para que seja possível construir esse espaço central e criativo de imbricação. Para ilustrar esse ponto, vamos citar um trecho de uma carta que Gustav Mahler enviou a Alma, antes do casamento. Na época, os dois pretendiam seguir a carreira musical.

"Minha querida Alma, é preciso que as coisas entre nós fiquem claras desde já, antes de nos revermos. Preciso começar falando de mim, porque me encontro na estranha situação de opor à tua música a minha, que não conheces e ainda não entendes. Terei que defendê-la de ti e mostrá-la em sua justa luz. Não vais me tomar por pretensioso, não é verdade, Alma? Acredita-me: é a primeira vez em minha vida que falo da minha música a alguém que não tem um verdadeiro contato com ela. Não poderás agora considerar minha música como tua? Ainda não quero falar em detalhe da 'tua' música. Voltarei a ela em outra ocasião. Mas no seu todo, como imaginas este casal de compositores? Podes imaginar a que ponto uma rivalidade tão incomum se tornará necessariamente ridícula e será, mais tarde, degradante para ambos? O que acontecerá quando estiveres bem e tiveres de cuidar da casa ou de alguma outra coisa de que eu precise, se, como me escreves, queres me poupar dos pequenos detalhes da vida? Não me entendas mal: não penses que, na relação entre dois esposos, eu considere a mulher uma espécie de passatempo, sobrecarregada com a condução da casa e os cuidados com o marido. Espero que não julgues que eu pense assim. Mas que, para sermos felizes, tu devas ser 'aquela de quem eu preciso', minha esposa e não minha colega, isto é certo! E isto significa, para ti, interromper a tua vida? Pensas realmente que terás de renunciar a um grande momento da tua existência, do qual não poderias prescindir, para possuíres a minha? Agora já não tens senão uma profissão — tornar-me feliz. Sei muito bem que deves ser feliz (graças a mim) para poderes tornar-me feliz. Mas os papéis desta peça, que pode se tornar tanto uma comédia como uma tragédia (e não seria justo que fosse nem uma coisa nem outra), precisam ser bem distribuídos. E o papel do compositor, o papel de quem trabalha, cabe a mim."

Nessa carta, que sob certos aspectos parece um contrato, Mahler propõe, para o futuro do casal, uma distribuição de papéis. Partindo de uma situação inicial baseada na identidade (cada qual tem sua música), e percebendo que essa identidade põe em risco a estabilidade ("Podes imaginar a que ponto uma rivalidade tão incomum se tornará necessariamente ridícula e será, mais tarde, degradante para ambos?"), Mahler sugere uma organização complementar, que seja mais do que uma simples barganha ou uma divisão de território (para mim a música, para você a administração da nossa vida cotidiana concreta); o que ele diz é: se você largar a sua música, possuirá a minha e serás minha. Não é o caso aqui de fazermos um juízo de valor sobre esse contrato (uma enganação?); queremos é assinalar como o casal, ao transformar o que é idêntico em diferença, permite que cada qual dê a si próprio uma definição individual. É na simultaneidade do contrato que cada qual chega a uma definição mais precisa de si mesmo. Por trás da frase: "Você pode contar comigo, porque eu conto com você", aparece a mensagem: "Eu preciso de você". Assim o casal permite que uma subtração (Alma, tomada como pessoa isolada, poderia vivenciar esse contrato como uma amputação de uma parte de si: ele me tira o meu futuro de compositora) se transforme em uma soma (Alma será aquela que permitirá a criatividade, uma espécie de supercriadora). De resto, após a morte de Mahler, Alma continuaria a desempenhar essa função: tornou-se amante do pintor Oscar Kokoschka, depois casou-se com o arquiteto Walter Gropius, depois com o escritor Franz Werfel, e seria a "a viúva de quatro artes". Assim teria realizado o que dissera em sua carta:

"Tenho profunda consciência da minha missão, que é afastar as pedras que bloqueiam o caminho deste gênio." "Tenho finalmente um objetivo: sacrificar a minha felicidade à de outro, e talvez assim alcançar também a felicidade."

Na história dos casais que procuram terapia, raramente se vêem contratos tão explícitos. Ao longo de sua história, o casal vai traçando desenhos cada vez mais sofisticados. Se o observador deixar de lado uma visão diádica e focalizar cada um dos indivíduos, pode quantificar isso em termos de crescimento individual. Usando uma linguagem psicologizante, dir-se-á que o casal modificou em profundidade as suas personalidades; se preferirmos uma linguagem mais comportamentalista, diremos que o casal foi o lugar de aprendizagem em vários campos concretos, como por exemplo, habitar o espaço doméstico, a organização do tempo (repartição trabalho/lazer), a modificação das relações com os amigos, a maneira de criar os filhos, como empregar o dinheiro etc.

Para procurar identificar como a própria estrutura de casal pode proporcionar a cada um dos parceiros o nicho para seu amadurecimento individual, vamos nos valer de um caso clínico.

Exemplo clínico

Sofia e Pedro, casados há cinco anos e com um filho de três, têm a sensação de que a sua relação está se desgastando. Já tentaram separar-se diversas vezes, procurando ir morar em casas diferentes. Sofia fez algumas tentativas de suicídio, sem graves conseqüências. Para captar a modalidade de comunicação específica desse casal, vamos falar só de um dos problemas que nos apresentou, embora correndo o risco de deixar de lado alguns significados importantes. Trata-se de seus problemas sexuais, que os levaram a transar cada vez menos, até parar completamente. Quando se fala desse problema durante a sessão, impressiona o fato de que nenhum dos dois procura atacar abertamente o outro. Sofia é obesa (aumentou uns trinta quilos em dois anos), Pedro sofre de ejaculação precoce. É particularmente de espantar que, nesse terreno, nenhum dos dois recorre ao jogo de culpabilização que invadiu sua existência: "Se temos algum problema, a culpa é sua, porque você é assim, você tem que mudar"; sobre esse problema, nenhum dos dois se permite censurar o outro, nem atacá-lo. Quando o terapeuta, tomado de curiosidade com esse espaço neutro, essa área de silêncio, experimenta solicitar um diálogo, isto é, tenta provocar a manifestação de alguma exigência em relação ao outro, bate de frente com uma aliança fortíssima. Sofia é capaz de falar um tempão da sua obesidade, mas nada diz sobre o sintoma de Pedro. De modo simétrico, Pedro é capaz de falar um tempão da sua ejaculação precoce, mas nada diz sobre o sintoma de Sofia. É como se o casal, em guerra aberta em muitas frentes, tivesse estabelecido um pacto de não-agressão na área de suas dificuldades sexuais.

Nossa hipótese é que, se no nível da díade o pacto proíbe o intercâmbio entre os parceiros, no nível individual cada qual esteja continuando o jogo de culpabilização; cada um, por conta própria, continua pensando de modo linear: Pedro explica a si mesmo sua ejaculação precoce devido à obesidade de Sofia, e ela explica a si mesma sua obesidade devido à ejaculação precoce de Pedro. No entanto,

124

essa culpabilização não dá origem a uma escalada simétrica, graças justamente ao pacto, que conserva, durante certo tempo, os efeitos protetores desse silêncio. Cada um deles pode deixar de enfrentar seu problema individual porque vê no outro a causa do seu sintoma. Impressiona que, do ponto de vista formal, a problemática individual é idêntica nos dois parceiros. Cada um deles poderia dizer: "Não consigo alcançar satisfação sexual". Com essa formulação comum reconhece-se o aparecimento de algo que, do ponto de vista psicanalítico, remontaria a algum conflito intrapsíquico. O pacto instituído protege a ambos da angústia ligada a esse conflito intrapsíquico, cada um deles pode se poupar no sintoma individual. Portanto, é a relação de casal que permite mascarar, com duas roupas diferentes, uma problemática individual comum. Depois de costurar juntas as duas roupas e de instituir o pacto, o jogo relacional implícito, "eu sou gorda porque você é um ejaculador precoce, e eu sou ejaculador precoce porque você é gorda", pode funcionar sem pôr o indivíduo em perigo.

Como estrutura relacional, o casal transforma uma semelhança em uma diferença complementar.

O pacto

Além desse exemplo específico, queremos identificar algumas das características daquilo que chamamos de *pacto*. Na relação de casal, cada um dos parceiros percebe um ponto fraco do outro e troca-o com um dos seus próprios pontos fracos. Esses dois pontos fracos ficam ligados, permitindo pensar implicitamente de modo linear. O pacto é a proibição de atacar ou de falar do ponto fraco do outro, ao passo que se pode falar sem risco do próprio ponto fraco, diante do outro. O pacto garante uma confiança recíproca que vai funcionar também em outros campos.

Se o pacto for rompido, a confiança desmorona. Cada qual é mandado de volta para si mesmo, perde sua coerência interna e experimenta forte angústia. Nesse ponto, o contra-ataque é o único jeito de recuperar o equilíbrio. Esse contra-ataque visa um ponto preestabelecido no cenário do pacto. Do ponto de vista sincrônico, o pacto é uma troca que protege cada um dos membros do casal contra sentimentos de perda da própria coerência interna, que tomariam conta dele, se fosse colocado diante de suas incapacidades. Mais adiante examinaremos como um pacto pode ser considerado protetor também do ponto de vista diacrônico, e questionaremos até que ponto pode servir de base relacional à evolução individual. Desde já podemos observar que o pacto foi instituído em campos que são ilhas de estabilidade, porque delas ficam excluídas as escaladas simétricas. Nesse sentido, os pactos são esqueletos sólidos, ao redor dos quais o casal pode experimentar, sem correr o risco de queimar modelos relacionais evolutivos. Essa estrutura garante aos dois parceiros um mínimo vital de confiança recíproca. Usando a linguagem da ciência financeira, podemos dizer que se trata de um capital irredutível que protege contra um *crack* da relação. O pacto, como valor-refúgio, permite trocas mais flexíveis nas outras transações. Podemos também colocar a hipótese de que os pactos se transformem ao longo do tempo, pelo menos em certos casos.

Exemplo clínico

Vejamos agora outro exemplo clínico, que nos permitirá identificar as relações entre *pacto* e *colusão*.

Bernardo e Joelle estão casados há doze anos. Têm um menino de sete anos e uma menina de um ano e meio. Por telefone, Bernardo diz que a mulher está deprimida e que há problemas entre eles. Recusa a proposta de trazer as crianças, porque o que eles têm é um problema de casal. Segundo ele, é um problema de ritmo: ele está muito ocupado no trabalho, enquanto ela fica mofando em casa. Na primeira sessão, sempre que o terapeuta procura esclarecer os problemas relacionais do casal, cada um dos parceiros fala de problemas pessoais ou de problemas no relacionamento com a família de Joelle ou no relacionamento com as crianças. Cada qual evita enfrentar o outro. Todas as tentativas do terapeuta de reconduzir o conteúdo da sessão à problemática de casal choca-se com os mesmos mecanismos: ou o problema só tem a ver com um deles (e então o terapeuta pensa em terapia individual) ou tem a ver com suas relações com os pais de Joelle (e então o terapeuta pensa em terapia familiar). À primeira vista, parece que esse casal oscila entre a simples justaposição dos dois indivíduos (quando falam dos problemas individuais) e a completa fusão (quando se fala do que é externo ao casal). A história do casal pode explicar essa contradição aparente: ou 1 + 1 = 3 (ou mais) ou 1 + 1 = 1. Bernardo é filho único; mais precisamente, teve um irmão mais velho, que morreu ao nascer. Por isso, como ele mesmo diz, teve o papel de "reizinho" até os 16 anos. Nessa época, o pai morreu de um mal súbito e um ano depois a mãe acabou morrendo também. Bernardo pertence a uma família ampla, numerosa. Quando os pais morreram, um tio propôs que fosse morar com ele, mas Bernardo recusou e preferiu a "independência" de uma casa para jovens. Desde então, parece ter rompido todas as ligações com a família de origem. Durante os dez anos seguintes, levou uma vida aparentemente independente, trabalhando nos dois primeiros anos numa firma que lhe possibilitou viajar por toda a França.

Depois conheceu o filho de uma família rica, à qual se integrou por três anos, fazendo pequenos serviços, depois conheceu uma austríaca, filha de agricultores, foi para a Áustria e trabalhou como agricultor por dois anos. Aí voltou à França, fez uns estágios de atualização profissional, logo conheceu Joelle, com quem se casou poucas semanas depois.

Em sua família de origem, Joelle é a mais velha, tem uma irmã três anos mais nova. A mãe está doente há anos e toda a família se organizou em torno dessa doença. A família inteira segue a dieta rigorosa prescrita à mãe e vive fechada em si mesma. Aos vinte anos, Joelle resolveu estudar fora, para fugir dessa atmosfera que define como sufocante. Conheceu Bernardo e casou-se com ele. "Casei porque era o único jeito de fugir de casa." Deixou a irmã, que aos 28 anos ainda mora com a família, sem nenhuma perspectiva de evoluir.

Parece que cada qual encontrou o parceiro complementar ideal: aquilo que não é. Joelle, sufocada pelo ar viciado, conhece o clima de mar aberto com esse aventureiro errante. Bernardo, cansado de ir à deriva ao sabor das ondas, chegou a um porto seguro para fincar âncora. Cada qual acha que encontrou no outro uma definição para superar uma problemática pessoal. Enquanto se mantém o aspecto diferencial de suas funções recíprocas (Joelle funcionando como porto de atracação para Bernardo, e Bernardo como aventureiro para Joelle), o casal, livre das ansiedades ligadas aos problemas de cada um, vive um período rico em experiências novas. Esse período criativo e alegre dura até voltarem à tona os aspectos ocultados por suas diferenças. Esses aspectos ocultos expressam sua semelhança, num nível mais profundo: o medo de se ligarem demais e assumirem um compromisso. Para Bernardo, assumir um compromisso com Joelle significa correr o risco de ser abandonado de repente, como aconteceu quando seus pais morreram. Pensamos que, desde o começo, o casal foi construído sobre uma diferença explícita (porto-aventura), baseada numa semelhança mais essencial (compromisso = perigo).

No nível mais superficial: "Ela (ele) tem tudo que me falta"; a um nível mais profundo: "Falta a ele (ela) a mesma coisa que a mim". Joelle diz: "Chegue mais perto, você está se afastando cada vez mais", e em outro nível: "Não se aproxime, você vai me sufocar do mesmo jeito que eu já fui". Bernardo, por sua vez: "Me deixe livre, você nunca está satisfeita, me deixe continuar sendo o aventureiro que eu era"; em outro nível: "Faça alguma coisa para eu me fixar, me ajude a parar de bancar o aventureiro para sobreviver".

Quando um ou outro procura responder à segunda pergunta, revela a semelhança, colocando em perigo, para cada um deles, a própria segurança.

Esse casal se baseia, então, na complementaridade aventureiro-porto, no como cada um deles se definiu na hora de escolher o parceiro. Essa complementaridade deu origem a uma divisão de papéis no funcionamento cotidiano do casal. Assim, cada qual pôde adquirir uma nova definição de si; portanto, a complementaridade era o motor de um crescimento pessoal. Depois, esse equilíbrio entrou em crise, tanto por acontecimentos externos ao casal (o nascimento dos filhos, o crescente envolvimento de Bernardo no trabalho), quanto por uma escalada em suas exigências recíprocas (quero que você seja cada vez mais como era antes). O casal se via numa situação nova, em que era preciso aprender a administrar uma situação simétrica. É a fase da perda das ilusões: Joelle sonhava poder viver com outro sem estabelecer uma relação fusional sufocante, e Bernardo dava-lhe a ilusão de poder corresponder a essa expectativa, com o seu estilo aventureiro. Quando se deu conta de que, por trás da fachada do aventureiro, escondia-se um Bernardo que precisa de uma relação fusional, Joelle tem que enfrentar seus próprios problemas e conquistar sua autonomia.

Bernardo sonhava viver uma relação sem correr o risco de mais uma ruptura. Joelle deu-lhe a ilusão de poder corresponder a essa expectativa, como seu estilo "porto seguro". Quando se deu conta de que, por trás dessa aparência, Joelle, como os pais dele, funciona segundo um modelo de relação fusional, e que, pela experiência dele, esse tipo de relação pode romper-se repentinamente, Bernardo tem de enfrentar novamente o problema da sua autonomia.

Nessa fase de perda de ilusões, a complementaridade, que até então vinha sendo usada para o próprio crescimento pessoal, coloca cada um deles perante suas próprias incapacidades: administrar uma situação simétrica, sem correr o risco de uma ruptura ou de ficar esmagado. O processo de desilusão obriga cada um dos membros do casal a enfrentar os problemas que teve na família de origem. A conquista de autonomia no casal (o que permitiria superar uma complementaridade rígida) é vivenciada como impossível, como o foi nas respectivas famílias de origem.

Se, durante certo tempo, a colusão que descrevemos protegeu cada um dos parceiros, sua manutenção, e o fato de ter-se tornado o fator preponderante, até exclusivo, agora prende os dois numa prisão de protetividade. A protetividade, que a essa altura invadiu todo o espaço relacional, provoca perda de confiança no outro ("se ele precisa ser protegido, é porque é fraco") e, ao mesmo tempo, perda de confiança em si. Os indivíduos desaparecem atrás desse sistema de proteção. Cada qual está tão engolido pela relação que qualquer tentativa de recuperar um espaço pessoal só pode se expressar em termos de ruptura e não de separação. O casal oscila entre fusão e simples justaposição; já não consegue atuar o modelo de imbricação. Separar-se significaria encontrar um espaço pessoal, sem ter a sensação de roubar um espaço relacional do outro. Pelo contrário, a ruptura, ilusão de separação, é fugir de repente do espaço interativo. Cada um deles ensaia pôr um pé no espaço individual, mas este está tão limitado e tão frágil que faz com que volte imediatamente à terra firme do espaço protetivo. A velocidade quase instantânea desse vai-e-vem parece um truque de mágica, cujo único efeito é reforçar o funcionamento preexistente.

A nível comunicativo, a colusão se traduz em censuras recíprocas, cujo aspecto estereotipado é surpreendente. Vejamos os mecanismos: Joelle queixa-se de que Bernardo já não a arrasta para uma vida aventurosa. Por exemplo, há anos que o casal passa as férias com a família de Joelle, ao passo que sua expectativa quanto a Bernardo era de alguém que ia fazê-la descobrir o mundo. Esperava que Bernardo ampliasse seus contatos sociais, mas o círculo de amigos se restringiu ao longo dos anos.

Então, no primeiro nível, Joelle pede a ele que reforce a complementaridade: "Quero que você seja, cada vez mais, um aventureiro para mim". Essa exigência aumenta sua dependência, e o aumento da dependência entra em ressonância com o seu modelo de experiência (ou, segundo Mony Elkaim, com seu mapa de mundo); dependência significa sufocamento. Nesse segundo nível, então, Joelle procura fugir do aumento de dependência.

Por sua vez, Bernardo, no primeiro nível, pede que Joelle construa para ele um ninho mais aconchegante e vital, onde ele quer ancorar. Mas, no segundo nível, pede o contrário, porque, no seu mapa de mundo ele já teve a experiência de um ninho, do qual caiu repentinamente. No nível comunicativo, as exigências recíprocas têm a forma de um duplo vínculo, pois são expressas num contexto já fusional e não têm fundamento individual.

Resumindo, podemos afirmar que a colusão, estabelecida sobre a complementaridade "porto seguro-aventureiro", na verdade está baseada numa semelhança mais profunda: o baixo grau de diferenciação do eu nas famílias de origem (para usar as palavras de Bowen). Quanto mais tempo passa, mais aumenta a colusão e mais se enfraquece a diferenciação do eu. O parceiro assume, emocionalmente, a mesma função que antes era da família de origem, apesar de ter sido escolhido justamente como libertador. Nessa espiral autoalimentada, a escalada das queixas, as tentativas de rompimento já não servem para nada. Agora, o outro virou um carcereiro, justamente por ter sido escolhido como superterapeuta. Um dos jeitos de sair, talvez o único, é a possibilidade de pedir a intervenção de um terceiro.

Neste artigo, quisemos sublinhar a criatividade e potencialidade terapêutica da relação de casal. Quando falamos de potencialidade terapêutica, queremos dizer que a vida, o funcionamento e a evolução da relação de casal permitem que os parceiros desenvolvam suas personalidades adaptando-se à realidade, permitem que eles se protejam mutuamente de tensões intrapsíquicas, e, às vezes, também permitem superar posições regressivas ligadas a falhas individuais, evitando assim o desenvolvimento de sintomas.

Também procuramos identificar os limites desse efeito terapêutico. Muitos casais vivem situações de sofrimento, de bloqueio relacional, às vezes com sintomatologias pesadas. Em vez de considerar a relação de casal responsável por essas situações de sofrimento, ou de considerar um dos parceiros responsável (como infelizmente acontece com freqüência nas terapias individuais), preferimos ler essas situações como limites de um ser o terapeuta para o outro.

Pacto, colusão e posição do terapeuta

Descrevemos duas modalidades relacionais que apresentam profundas analogias em sua estrutura: o pacto e a colusão. Os parceiros se escolhem e o casal se constrói sobre semelhanças implícitas, que eles transformam em diferenças complementares mais explícitas. A evolução depende da flexibilidade da passagem de um desses níveis ao outro. Pensamos que toda relação de casal está baseada em pactos que garantem a estabilidade, assim como os segredos e os mitos na história das famílias. Mesmo quando os pactos parecem sintomas aos olhos do observador externo, não se deve esquecer que, para os parceiros do casal, são pontos de referência necessários.

Se esses pontos de referência não existissem, os intercâmbios na superfície ficariam mais pobres e cada qual teria de voltar a umà ansiedade individual, sem poder metabolizá-la. Já vimos muitos casais que ficaram profundamente desequilibrados, prejudicando os dois parceiros, após um dos dois ter feito terapia individual. Parece-nos que a "vantagem" deste sobre o outro cria uma distância e põe em crise os dois parceiros. A experiência também nos ensinou que, nesses casos, o casal sempre é mais forte do que a dupla "psicoterapeuta-paciente".

130

Embora o pacto e a colusão tenham essa analogia estrutural, há também, como vimos, uma diferença fundamental: o pacto localiza-se num campo definido da relação, ao passo que a colusão invade toda a relação. Nesse sentido, o pacto é vital, é um tecido ósseo necessário que serve para a elaboração da matéria relacional, orgânica e flexível, que o envolve. Diferentemente, a colusão é uma couraça, que pode proteger o casal, mas também o aprisiona num funcionamento repetitivo. A protetividade recíproca só permite uma evolução individual quando é acompanhada da possibilidade de não proteger o outro. Entre o pacto e a colusão, provavelmente há uma continuidade estatística, como entre a neurose e a psicose. Do ponto de vista terapêutico, é importante levar em conta que as situações de colusão remetem a duas gerações, às vezes três; pois a colusão de casal é reflexo da colusão de cada um dos parceiros em sua família de origem. A julgar por nossa experiência, nos casais fundamentados num pacto, não há dificuldades especiais em envolver as famílias de origem. Já nos casais baseados em colusão, os obstáculos são · muitos.

Pensamos que essa distinção, às vezes forçada, entre pacto e colusão pode nos ajudar a decidir se é o caso de empreender uma terapia de casal ou uma terapia familiar. As primeiras sessões permitem avaliar a modalidade de funcionamento do casal. Vejamos alguns critérios para essa avaliação. Quando pedimos que nos contem o problema, os casais baseados em um pacto conseguem rapidamente definir as áreas concretas das dificuldades, tanto individuais como relacionais. Nessas situações, o terapeuta fica à vontade, porque pode seguir um fio condutor. Na formação do sistema terapêutico, pode se mover com certa flexibilidade em suas relações com cada um dos membros do casal e com o vínculo emocional de ambos. Pode se aproximar de um deles sem afastar o outro e sem pôr em perigo a relação do casal; pode compartilhar as emoções que atravessam o casal, sem correr o risco de ficar preso nelas. O deslocamento flexível de uma posição externa a uma posição interna (entrar e sair) constituirá a base da relação terapêutica. Ao longo desse trabalho, procuramos identificar qual é o pacto que estrutura o casal. Se conseguirmos isso, num primeiro momento procuramos respeitá-lo, para construir uma relação estável. Respeitar o pacto permite-nos fazer uma aliança com o casal e até apoiar os dois indivíduos. Se esse apoio for bastante sólido, o sistema terapêutico pode aos poucos ir se aproximando da zona proibida sem ameaçar a coerência interna dos parceiros. A função do terapeuta tende a substituir a função do pacto, cujo redimensionamento permite que o casal assuma seu novo papel terapêutico.

A essa altura da terapia, colocamos duas questões: como tornar inútil o papel do terapeuta? Qual é o pacto que estabelecemos com o casal? Para concluir, queremos falar sobre a posição do terapeuta perante casais cuja colusão é forte. Nessas situações, quando pedimos ao casal para nos contar o problema, logo nos sentimos incapazes de ajudá-los a delimitarem alguma zona concreta. O terapeuta acha-se imediatamente numa situação paradoxal: precisa mudar tudo sem mexer em nada. O casal logo faz o terapeuta passar de uma posição de onipotência a uma posição de impotência. Por um lado, o terapeuta é visto como onipotente, porque o casal sente ter esgotado todas as soluções relacionais e todos seus recursos individuais; a missão atribuída ao terapeuta é salvar o casal, ele tem que ajudá-lo a sair do beco em que se meteu e proteger os parceiros do risco de destruição. Por outro lado, o terapeuta sente-se impotente, porque a menor mudança é imediatamente reabsorvida pelo sistema de proteção recíproca. A colusão é tão rígida que a confusão lógica e emocional invade o sistema terapêutico. Qualquer tentativa de apoiar um dos parceiros é sentida pelo outro como distanciamento. Para sair dessa confusão, o terapeuta vale-se do seu modelo existencial: sua própria relação de casal ou o casal dos seus pais.

Nessas situações, a supervisão tem um papel fundamental, ajudando o terapeuta a superar a alternativa entre ficar de fora ou ser engolido. Além disso, pensamos que nesses casos não se pode prescindir da participação alternada das famílias de origem de cada um dos membros do casal.

Com efeito, trabalhando a colusão de cada um deles com sua própria família de origem é que se torna possível ampliar o espaço relacional do casal.

Bibliografia

ANDOLFI, M., ANGELO, C., NICOLO', A., MENGHI, P., *La famiglia rigida*, Feltrinelli, Milão, 1982.
ELKAIM, M., *Formation et Pratique en thérapie familiale*, ESF, Paris.
LEDERER, J., *The Mirages of Marriage*, Norton W.W. & Co. Inc., Nova York, 1968.
MAHLER, A., *Ma Vie*, Hachette, Paris.
_____, "Mahler, mémores et correspondance", in Jean Claude Lattes, *Musique et Musiciens*.
WILLI, J., *La relation de couple*, Delachaux et Niestle, Paris.

TERAPIA DE CASAL DO PONTO DE VISTA SISTÊMICO: UMA PESQUISA EM CURSO
Philippe Caillé

Introdução

O relacionamento entre o terapeuta e o casal tem origem num pedido de ajuda, que se expressa na apresentação de um problema: falta de comunicação, alguma dificuldade sexual, conflitos de opinião ou de interesses. Mais do que o conteúdo da solicitação, o que interessa é sua topografia, que, num sistema familiar cada vez mais amplo, identifica o casal como sistema solicitante. Dessa forma, a solicitação delimita em que contexto é inteligível. Tem-se dado muita atenção aos casos em que a própria solicitação deveria levar o terapeuta a considerar contextos mais amplos. No nosso campo, pelo contrário, a própria solicitação leva a intervir num contexto restrito. O que dizer desse contexto? Os sistemas humanos não têm fronteiras físicas. O terapeuta não trata um "casal-objeto"; lida com dois indivíduos que julgam ter uma relação de casal problemática e que confirmam essa relação atribuindo-lhe dificuldades mais ou menos definidas. Concordamos com Anderson, Goolishian e Windermand, segundo os quais, do ponto de vista do terapeuta, é a definição do problema que cria o sistema (1). Em vez de dizer que tratamos de indivíduos, casais, famílias ou sistemas mais amplos, parece-nos mais correto afirmar que nossa prática é diversificada porque os problemas que nos são apresentados pertencem a diferentes sistemas humanos: indivíduo, casal, família, escola, sistema judiciário etc.

O casal

Quando o pedido designa o casal, o terapeuta acha-se diante de uma realidade sistêmica particularmente complexa. A relação de casal é a única relação sistêmica que não tem nem uma base biológica, como o vínculo parental, nem uma base lógica, como uma relação de trabalho. Em nossa cultura, é uma relação definida por uma escolha mútua subjetiva, e pode ser rediscutida a qualquer momento, em bases igualmente subjetivas. "Nós nos amamos, não podemos viver um sem o outro", ou então "Não nos amamos mais, não suportamos mais o outro": posições que deixam pouca margem para discussão. Além disso, a díade é um sistema substancialmente reflexo. Isso significa que são, essencialmente, os parceiros que experimentam os aspectos positivos ou negativos do pertencimento diádico. O ambiente só percebe suas conseqüências, ou seja, os comportamentos resultantes da satisfação ou frustração dos cônjuges. Estes são, ao mesmo tempo, os criadores do sistema, seus beneficiários e suas vítimas. Nesse último caso, são eles que denunciam o sistema, ao apresentarem seus problemas de casal.

Para o terapeuta, muitas vezes, é justamente esse aspecto — o casal como auto-criador da relação que o constitui — o problema difícil de enfrentar. E, se não se conhece o casal sob a forma que lhe foi dada por seus componentes, o acusado estará sendo julgado à revelia. O problema colocado para a terapia não pode ser acareado com essa primeira organização do casal, do qual é testemunha indireta. O terapeuta pode observar comportamentos, mas não pode entendê-los, e portanto corre o risco de atribuir ao casal a identidade anônima de uma máquina. A nosso ver, a base de uma terapia sistêmica é o confronto imediato do terapeuta com a estrutura específica da relação de casal, que é seu aspecto de autopoiético, concomitantemente à análise da solicitação, que é seu aspecto de denúncia.

Desenvolvimento de um modelo

O modelo que descrevemos a seguir é fruto da união de dois fatores: os contatos que há treze anos vimos mantendo com aqueles que hoje costumamos chamar de "nossos sócios de Milão" e, durante o mesmo período, a direção de um Centro onde são atendidos anualmente cerca de 150 casos de problemas de casal. No começo, o grupo de Milão tinha pouca experiência com terapia de casal, e até contestava a possibilidade de fazer terapias desse tipo, baseando-se em argumentos da terapia de triangulações: o casal só existiria por exclusão do terceiro membro da tríade. A "marca" dessa escola que ficou em nosso trabalho com casais é o conceito de uma relação específica e recíproca entre o problema apresentado para terapia e a estrutura do sistema solicitante. Ambos se explicam reciprocamente. Conceber o casal que sofre como se fosse uma máquina quebrada e propor que os parceiros mudem seus comportamentos não vai resolver o problema. O enfoque sistêmico implica colocar em evidência a especificidade do casal, isto é, seu caráter de autopoiético.

Por isso procurávamos estabelecer a especificidade relacional dos casais que nos consultavam, mas era difícil achar um método adequado. É claro que, em sua apresentação verbal e analógica, o casal insiste no problema e na dificuldade que tem para resolvê-lo, delegando assim a responsabilidade ao terapeuta. Por razões evidentes, é difícil utilizar a entrevista circular no nível da díade.

Logo descobrimos que o melhor jeito de ser criativos e conseguir explorar as relações de casal consistia em propor uma alternativa que correspondesse à expectativa do casal, de um terapeuta especializado e pedagogo. O casal espera ser criticado e aconselhado. Qualquer intervenção do terapeuta será interpretada, enquanto for logicamente possível, dentro desse quadro. O contexto da terapia precisa impossibilitar a realização dessa expectativa e introduzir uma modalidade de intercâmbio que faça o casal sentir-se responsável.

Trata-se de criar um contexto de psicoterapia. Surgirão dados novos, tanto para o casal como para o terapeuta. O contexto fará com que aflorem informações diferentes do discurso repetitivo em que o casal se fechou. A esses novos elementos deve ser atribuído um significado, para colocar novos questionamentos para o casal e estimular a sua criatividade. Os elementos contextuais com que mais temos trabalhado são: programa de tratamento invariável; estrutura diacrônica de intervenção; métodos analógicos de coleta de informações; uso das entrevistas individuais com os parceiros, tanto para prescrever tarefas de mudança de comportamento como para discutir redefinições paradoxais. Além das vantagens próprias desses métodos contextuais, dos quais falaremos mais adiante, utilizar todos esses métodos juntos dá ao terapeuta um espaço de ação que permite também a ele ser criativo e encaminhar o diálogo de modo coerente.

O modelo

O espaço de que dispomos aqui permite-nos apenas dar os elementos estritamente necessários à compreensão do nosso método de intervenção. Remetemos o leitor que se disponha a estudá-lo em detalhe aos textos de Caillé e Haartveit (2) e de Caillé (3). O modelo é baseado na idéia de que todo sistema, e portanto todo casal, se constrói por meio da confirmação recorrente, que se dá entre dois níveis de conhecimento logicamente distintos: 1) a percepção de uma ordem que rege os comportamentos na relação de casal — *nível fenomenológico*; 2) a consciência dos significados próprios a essa relação de casal — *nível mítico*. A flexibilidade e a relatividade dessas

135

modalidades cognitivas permitem atingir, às custas de crises periódicas, novos equilíbrios recorrentes. Como qualquer sistema vivo, o casal tem certas propriedades de auto-sustentação, que lhe permitem atender as necessidades mutáveis de seus membros, que podem destruí-lo, no nível social ou simbólico, quando o quadro estabelecido for vivenciado como demasiadamente rígido e coercitivo.

O problema que o casal encontra em sua história é uma verificação da confiabilidade dos níveis cognitivos e pode demandar, em certos casos, a introdução de novos pressupostos perceptivos e míticos. Nesses casos a situação é favorável, mas o que está em jogo pode também parecer arriscado demais. Quando o problema é declarado insolúvel e sua solução é delegada ao terapeuta, ele tem a mesma função que o sintoma, na consulta individual: a manutenção do *status quo*. O sistema humano reage ao perigo de dissolução do vínculo percebendo-se como um carro enguiçado e chamando o "mecânico" para ajudar. O discurso concentra-se em algum aspecto de desempenho sexual, algum problema de comunicação etc. Não é feita a ligação com as bases fenomenológicas e míticas da relação.

Para conseguir "desmecanicizar" o sistema, somos obrigados a fazer aflorar essas bases relacionais que não aparecem no discurso. As esculturas fenomenológicas e míticas servem para identificá-las. As tarefas comportamentais colocam os parceiros em contato com a "realidade" do nível fenomenológico da relação. As advertências paradoxais contra a ameaça de mudança tornam presentes o nível mítico e a recorrência entre os níveis. O objetivo do enfoque diacrônico consiste, portanto, em introduzir novamente um diálogo afetivo que possa evidenciar as propriedades auto-referenciais e autocriativas do sistema que trouxe a consulta.

O método

Só podemos falar rapidamente sobre o método, e para um maior aprofundamento remetemos aos textos acima mencionados. A finalidade do método consiste em tornar patente a estrutura sistêmica da relação de casal e favorecer uma mudança de organização, e, portanto, uma redefinição da relação, tanto em seus aspectos fenomenológicos como míticos.

Propomos ao casal dez sessões de uma hora, com um intervalo de duas ou três semanas entre elas. A *primeira* é uma sessão introdutória, na qual se comunica ao casal o enquadramento da terapia, ou seja, sua duração e suas modalidades de envolvimento. A *segunda* sessão é dedicada às esculturas. Cada um dos parceiros cria uma escultura fenomenológica (estátua viva) e uma escultura mítica (qua-

136

dro de sonho) da relação; cada qual usa, a si e o parceiro, como material para a escultura, revelando assim sua percepção dos dois aspectos da relação. A síntese das duas esculturas do mesmo nível define o acordo cognitivo existente entre os dois. A comparação entre os níveis cognitivo, fenomenológico e mítico evidencia a vinculação de causalidade recíproca entre esses níveis.

O terapeuta tem agora uma idéia da organização que o casal se atribuiu. Trata-se de operacionalizar essa idéia. A *terceira*, *quarta* e *quinta* são sessões individuais, nas quais cada um dos parceiros é solicitado a modificar certos comportamentos precisos, bem definidos. Essas modificações comportamentais, das quais obviamente o parceiro não é informado, têm como ponto de referência a escultura fenomenológica feita pelo membro do casal que estamos entrevistando. Os problemas encontrados na execução dessas tarefas, tal como aparecem durante as sessões individuais, evidenciam a "realidade" desse nível de definição da relação. Na *sexta* sessão, novamente com os dois membros do casal juntos, e que chamamos de "sessão depressiva", é feito um balanço dessas dificuldades e fracassos. Assim, fica descartada a esperança de uma solução comportamental "simples" e o casal percebe que a mudança depende, em primeiro lugar, de uma livre escolha dos parceiros. Aquele estado de coisas sugere que é necessário uma abordagem mais profunda da situação. O problema revela-se mais complexo do que parecia antes.

As três sessões seguintes — *sétima*, *oitava* e *nona* — introduzem um conceito-chave: respeitar o nível mítico, tal como foi ilustrado pelo parceiro por intermédio de sua escultura. É o fator essencial da reticência à mudança comportamental. Com efeito, cada um dos parceiros tem medo de mudar porque receia pôr em perigo a idéia que o outro tem da relação (conotação positiva da rejeição à mudança). Visto que há um acordo cognitivo em todos os níveis, a mensagem comunica, implicitamente, que cada um dos parceiros está protegendo também sua própria percepção do nível mítico da relação. A crise é assim devolvida ao casal, que poderá então reagir, introduzindo uma série de inovações, desqualificando o discurso do terapeuta.

Na *décima* sessão, ainda com os dois cônjuges, constata-se que os resultados foram modestos ou até nulos. Recomenda-se a abstenções de qualquer forma de terapia nos próximos seis meses. O terapeuta baseia-se na experiência de que alguns sistemas mudam sozinhos, após uma reflexão sobre seus problemas sem serem perturbados pela interferência de especialistas (introdução indireta dos conceitos de auto-referência e auto-sustentação). Seis meses depois, é feita uma *décima primeira* sessão, de controle.[1]

---

1. Ver esquema geral no fim deste artigo.

A pesquisa

Uma pesquisa baseada em uma epistemologia sistêmica deve obedecer alguns critérios precisos. Não basta o desaparecimento do sintoma ou do problema apresentado inicialmente pelo casal. Isso deve ser acompanhado de uma transformação sistêmica, ou seja, de uma mudança de organização do sistema em consideração. Isso significa enfrentar problemas difíceis. Como afirmar e, sobretudo, como avaliar o fenômeno extremamente complexo que é uma modificação sistêmica? Uma nosologia de funcionamento dos sistemas não seria menos complexa nem menos contestável do que uma classificação dos distúrbios individuais.

Para procurar resolver essas dificuldades, pareceu-nos oportuno diversificar os níveis de observação. Em particular, pensamos que o melhor critério para avaliar o funcionamento de um sistema é o grau de satisfação dos seus membros: uma medida individual. A *dimensão individual* será portanto importante: ausência de patologia (especialmente depressão ou ansiedade), qualidade de vida, avaliação individual da importância do apoio recebido dentro e fora do sistema.

No nível do casal, além da descrição do(s) problema(s) relatado(s), nos baseamos em uma avaliação do tipo e da divisão dos papéis no interior dele. Essa avaliação, por intermédio de um questionário elaborado no Centro durante um estudo experimental, não reflete uma ótica normativa, pela qual um tipo de funcionamento seria melhor do que outro. Seu objetivo consiste em registrar alguma modificação durante o período de observação. Utilizamos também um teste americano (FACES III), elaborado por Olson, que permite avaliar o funcionamento do casal de acordo com 40 parâmetros que correlacionaram o estado real percebido com o estado ideal.

No nível do terapeuta, as esculturas fenomenológicas e míticas são elementos essenciais de informação para encaminhar a terapia. Essas esculturas constituem um material preciosíssimo para analisar a especificidade da organização sistêmica do casal. A mudança registrada nessas esculturas, antes e depois da terapia, constitui portanto um elemento de avaliação importante. Igualmente importante é o critério clássico, o juízo "clínico" do terapeuta sobre se houve ou não alguma transformação do problema inicialmente apresentado e se a relação de casal se modificou. Trata-se portanto de uma *avaliação multifatorial em três níveis de observação: indivíduo, casal e terapeuta.* Para comprovar uma mudança sistêmica, é preciso que os resultados obtidos nesses diversos níveis coincidam.

Esquema da pesquisa

Consiste em uma avaliação multifatorial no início (primeira e segunda sessões) e no fim da terapia (décima e última sessão), e seis meses depois de sua conclusão (décima primeira sessão, de controle).

1) *Pesquisa com o questionário.* O mesmo questionário é respondido por cada um dos membros do casal, no começo e no fim da terapia e na sessão de controle. Divide-se em cinco partes.

Primeira parte: estado civil, profissão, escolaridade, número de horas de trabalho por semana, renda anual; há quanto tempo vive com o parceiro atual? Quantos filhos, nascidos dentro e fora da relação, vivem com o casal? Quais os problemas, principais e secundários, que existem atualmente no casal?

Segunda parte: questionário sobre os níveis de colaboração e sobre a divisão de papéis no casal. Os papéis assumidos na relação são avaliados a partir de 14 situações diferentes, usando uma escala de 1 (sempre eu) a 9 (sempre meu parceiro), em que 5 indica igualdade na divisão dos papéis.[2]

A comparação entre as respostas dos parceiros permite avaliar se há ou não concordância na percepção desse aspecto da relação.

Terceira parte: HCL 25 (Hopkins Symptom Check List). Trata-se de um instrumento cuja elaboração foi iniciada em 1954 no John Hopkins Hospital, por Orloff, Kelman e Jerome Frank, visando a mensurar a melhora de pacientes em psicoterapia. Atualmente, há diversas versões. A mais completa inclui o estado paranóide e o estado psicótico. A versão que usamos, o SLC 25, estuda somente os fatores que indicam estados de depressão e ansiedade. Como diz o nome, o SCL 25 compõe-se de 25 itens, dez relativos à ansiedade e quinze à depressão. A partir das respostas, calcula-se um índice de ansiedade, um índice de depressão e um índice global de sintomatologia.

Quarta parte: esquema de qualidade de vida e de apoio. Abrange quatro perguntas sobre a qualidade de vida como sensação de bem-estar; 16 perguntas sobre apoio (como confiança, calor, comunicação, presença etc.), dentro e fora do casal (família e amigos). Esse esquema foi elaborado com base em estudos norte-americanos e norugueses. Foi padronizado usando-se amplas investigações entre vários tipos de populações. As respostas permitem calcular um índice de bem-estar, um índice de apoio dentro do casal, fora casal e um índice de apoio global.

---

2. Exemplo: "Quem propõe o que fazer no tempo livre — Eu 1, 2, 3, 4, 5, 6, 7, 8, 9 meu parceiro"

Quinta parte: FACES III para o casal. Esse questionário é tradução do original, elaborado nos Estados Unidos por David Olson e colegas. Olson fez muitas investigações com casais, classificando-os em dois eixos principais: coesão e adaptabilidade. O questionário compõe-se de quarenta perguntas, vinte delas relativas ao funcionamento do casal, tal como é percebido atualmente, e vinte, ao seu funcionamento ideal. O diferencial entre a descrição do estado ideal e do percebido dá um índice de insatisfação do casal. As respostas permitem calcular também um índice de coesão e um de adaptabilidade, as duas coordenadas do modelo "circunflexo" de Olson. O casal será então classificado em uma das 16 classes, definidas pela combinação entre fatores de coesão e de adaptabilidade, variando de "caótico-descompromissado", se os valores dos dois índices são baixos, a "rígido-preso", quando os valores dos dois índices são altos. Além desses, são calculados ainda um índice de correlação entre as respostas dadas por cada um dos parceiros, um índice de satisfação global do casal e um índice de desvio-padrão, que indica a posição do funcionamento do casal em relação à de um casal "médio", definida pelos mesmos critérios de coesão e adaptabilidade. Os dados resultantes do emprego do FACES III serão então os seguintes:

— para cada um dos parceiros: índice de coesão (real e ideal), índice de adaptabilidade (real e ideal), índice de satisfação;

— para o casal: índice de coesão (real e ideal), índice médio de adaptabilidade (real e ideal), índice de discordância entre os parceiros, índice de satisfação global, índice de desvio-padrão.

Os resultados dos questionários e os índices calculados são registrados e calculados por computador, facilmente acessíveis para fins de comparação ou cálculo estatístico. Usamos um banco de dados tipo Knowledgeman MDBS.

2) Outros instrumentos de avaliação. Usamos também outros instrumentos, tais como a coleta de material analógico e a avaliação clínica feita pelo terapeuta. Ao contrário dos questionários, estes não são usados do mesmo modo no começo, no fim e na sessão de controle da terapia.

2.1. Avaliação no começo da terapia. A parte da segunda sessão dedicada às esculturas fenomenológicas e míticas é inteiramente gravada em fita de vídeo. Grava-se também a parte da execução, pelo casal, da tarefa: "Em todas as relações de casal há assuntos que geram discussão. Queremos que tentem recriar juntos alguma discussão que vocês ainda lembrem bem. Procurem lembrar: quem começou a discussão, o que foi dito, como se desenrolou a cena e como terminou. Vocês têm dez minutos para esta tarefa". A tarefa foi

140

sugerida por L. Onnis, em sua pesquisa sobre estados psicossomáticos (4). Além do vídeo e dos questionários, faz parte da avaliação inicial um juízo clínico do terapeuta do casal, em termos de rigidez, possibilidade de transformação e motivação.

2.2. *Avaliação no fim da terapia*. É feita na décima sessão, que é a que conclui o esquema de intervenção. Além dos questionários, há uma nova avaliação clínica do terapeuta sobre o funcionamento global do casal e também um prognóstico da evolução futura. Não se faz gravação em vídeo.

2.3. *Avaliação de controle*. Feita na décima primeira sessão, seis meses depois de concluído o programa de intervenção. Os questionários são compilados pela terceira vez. Fazem-se novamente esculturas fenomenológicas e míticas para ver como os parceiros concebem *agora* sua relação de casal. A tarefa-padrão é executada outra vez. Como na primeira sessão, esse material é gravado em fita de vídeo. O terapeuta faz nova avaliação clínica sobre o funcionamento do casal e sobre as mudanças observadas.

Os vídeos das esculturas e da tarefa-padrão, no começo da terapia e na sessão de controle, permitirão uma avaliação independente, por pesquisadores que não dispõem de outros dados sobre a família. Pode-se fazer assim uma avaliação completamente neutra sobre a organização dos casais, estudados no nível fenomenológico e mítico, tornando possível um juízo externo sobre as transformações ocorridas, ou não, durante o processo terapêutico.

Objetivo da pesquisa: Consiste em avaliar o modelo de terapia acima descrito, segundo uma metodologia coerente com uma epistemologia sistêmica. Queremos tentar confirmar duas hipóteses:

— Hipótese 1: que nosso modelo de terapia (*modelo de Sagene*) é eficaz para resolver problemas nas relações de casal;

— Hipótese 2: que nosso modelo de terapia (*modelo de Sagene*) não é um método diretivo. Trata-se de uma intervenção sistêmica. Se houver uma melhora, será acompanhada de uma mudança na organização na relação e de sua redefinição.

Vejamos como essas hipóteses poderão ser confirmadas ou refutadas segundo os vários níveis de observação e os vários critérios considerados.

A *hipótese 1*, sobre a eficácia do método, será confirmada se o funcionamento do casal melhorar e, concomitantemente, aumentar o nível de satisfação e de bem-estar. No nível individual, esperamos poder constatar uma redução dos índices de patologia (ansiedade, depressão), uma elevação dos índices de qualidade de vida e de apoio na relação. Um aumento isolado do índice de apoio fora do casal estará em contradição com a hipótese. No nível do casal, é importante o juízo clínico do terapeuta sobre a melhoria ou não da relação. Outro critério é o aumento do índice de satisfação e uma redução do desvio-padrão (FACES III). Pode-se levar em conta também o aumento de consenso na percepção da colaboração e divisão de papéis (usando o nosso questionário). Deveremos considerar ainda uma melhora no desempenho na reconstrução de conflito pedida na tarefa-padrão.

A *hipótese 2*, sobre o caráter sistêmico do nosso modelo (*modelo de Sagene*), será avaliada considerando sobretudo a transformação do material analógico (esculturas fenomenológicas e míticas), que descreve a recorrência dinâmica entre os dois níveis cognitivos da relação. Se, na sessão de controle, for constatada mudança em ambos os níveis, será uma confirmação da hipótese. Uma modificação na divisão dos papéis e uma maior concordância em suas percepções estará na mesma direção. Levaremos em conta também alguma modificação positiva dos índices de coesão e adaptabilidade (FACES III). Se essas mudanças não ocorrerem mas houver desaparecimento do problema, ou se essas mudanças ocorrerem sem que o problema desapareça, deveremos reconhecer que nossa hipótese não se sustenta.

A *pesquisa em curso*. Esta pesquisa abrange uma amostra de 25 casais em terapia, escolhidos aleatoriamente entre os que procuram consulta no Centro. O grupo é o mais heterogêneo possível. Em setembro de 1987, sete casais já tinha passado pela sessão de controle; doze ainda estavam em terapia ou esperando a sessão de controle; seis casais iriam iniciar a terapia. O projeto de pesquisa deveria ser completado num prazo entre 18 e 24 meses. O projeto estava concebido de tal maneira que partes importantes do esquema de pesquisa — por exemplo, um controle um pouco simplificado — poderiam ser facilmente aplicadas a um grande número de casais.

Bibliografia

(1) ANDERSON, H., GOOLISHIAN, H. A., WINDERMAND, L., "Problem Determined Systems: Toward Transformation in Family Therapy", manuscrito inédito, 1987.
(2) CAILLÉ, P., HAARTVEIT, H., "Une approche systemique de la relation de couple", in Rey, Y. (Ed.), *La thérapie familiale telle quelle*, ESF, Paris, 1983.
(3) CAILLÉ, P., *Familles et therapeutes: lecture systemiqye d'une interaction*, ESF, Paris, 1985.
(4) ONNIS, L., *Il bambino con disturbi psicossomatici*, Il Pensiero Scientifico, Roma, 1985.

1 ENTREVISTA INDICATIVA	▮	QUESTION.	QUESTION.	AVALIAÇÃO
2. ESTÁTUAS VIVAS QUADROS DE SONHO	3		VÍDEO	AVALIAÇÃO DA ORGANIZ. (VÍDEO)
3. TAREFAS DE MUDANÇA	M			
4. TAREFAS DE MUDANÇA	E			
5. TAREFAS DE MUDANÇA	S			
6. SESSÃO CONJUNTA (DEPRESSIVA)	I			
7. REDEFINIÇÃO				
8. REDEFINIÇÃO				
9. REDEFINIÇÃO				
10. SESSÃO DE CONCLUSÃO PROGNÓSTICO	▮	QUESTION.	QUESTION.	AVALIAÇÃO DA MUDANÇA
INTERVALO DE SEIS MESES				
11. CONTROLE ESTÁTUAS VIVAS E QUADROS DE SONHO MUDANÇA	▮	QUESTION.	QUESTION. VÍDEO	AVALIAÇÃO DA ORGANIZAÇÃO (VÍDEO) AVALIAÇÃO

▬▬ = Sessão conjunta   ▬▬▬ = Sessão individual

PARTE III
A sexualidade no casal

O tema da sexualidade tem sido muitas vezes um tema tabu para os terapeutas familiares, que eles acabaram por se desinteressar pelas problemáticas sexuais, seja negando sua relevância, seja encaminhando-as ao sexólogo por não serem de sua competência. Só nos últimos anos vem aumentando o interesse pela sexualidade como área de compreensão dos estilos comunicativos do casal, antes mesmo de entrevê-la como terreno de intervenção terapêutica.

Esse interesse parece estar ligado a uma compreensão melhor da relação de casal no desenvolvimento histórico da família ao longo de várias gerações. De uma perspectiva evolutiva, pôde-se focalizar melhor a relação entre o ambiente do casal e as fronteiras intergeracionais, bem como o significado do papel sexual como princípio organizador fundamental dos relacionamentos de casal.

A "neutralidade" da teoria sistêmica vem sendo profundamente questionada por diversos autores, que percebem o risco de que o casal (e também o terapeuta) possa permanecer preso aos próprios papéis sexuais, quando se ignora o sistema mais amplo, de tipo sociocultural e econômico. Muitas pesquisas revelam que, no casamento, as mulheres "se limitam como esposas", enquanto os homens "se expandem como maridos".

Até a motivação para terapia parece ressentir-se dos estereótipos culturais, que vêem a mulher em busca de mudanças radicais e o homem desejoso de restabelecer os equilíbrios preexistentes. Esses papéis estereotipados, muitas vezes prescritos e transmitidos de geração em geração, devem ser colocados em discussão, e a terapia pode ajudar a reequilibrar as relações de poder na vida do casal em termos *paralelos*, não-sexistas, ou a tomar consciência de processos concomitantes de pertencimento e separação, de cuidar e ser cuidado, com respeito pelas diferenças mútuas.

Trabalhando com o mal-estar do casal, da perspectiva conjugal e parental, será possível revelar modalidades repletas de violência inter e intrageracional que são índices de relacionamentos afetivos e de poder descompensados.

Dessa perspectiva, as disfunções sexuais se enquadram como uma espécie de traição da sexualidade, a qual, em vez de construção de uma união adulta, pode se tornar um instrumento de poder para exercer domínio sobre o cônjuge, num rígido vínculo de dependência recíproca. Ou, em outros casos, a relação de casal esteriliza-se a tal ponto que, não havendo mais nada para dizer ou dar, prefere-se o "coito ao beijo", como se um bom desempenho sexual pudesse consertar uma intimidade que já desapareceu.

Não há dúvida de que um importante quesito de diagnóstico é quando escolher uma terapia de casal ou quando privilegiar uma terapia sexual.

Esta última é, indubitavelmente, uma intervenção de psicoterapia breve, como resposta a uma demanda sexológica que se insere em uma ótica psicossomática e multicausal do sintoma sexual.

Para a investigação anamnésica e para o estudo etiológico, alguns autores descrevem um modelo de investigação constituído por uma estrutura em cinco círculos, que abrangem as áreas biológica, intrapsíquica, relacional de casal, relacional de família e social. O modelo dos cinco círculos pode ser utilizado por ocasião da consulta, que deverá ser compreendida e, muitas vezes, redefinida, antes de escolher qual o nível de intervenção.

Integrar competências relacionais e sexológicas em um só terapeuta ou em uma equipe mista de co-terapeutas, são propostas sugeridas por alguns autores, para evitar o perigo de "passar adiante" o caso, de uma a outra forma de terapia; isto é, quando se passa de uma forma de terapia — a relacional —, destinada a ampliar o campo de intervenção, a uma práxis especificamente sexológica, tendo como centro o comportamento sexual disfuncional.

PRISIONEIROS DO PAPEL SEXUAL[1]
Peggy Papp

Sete anos atrás, quando organizamos o projeto mulher em terapia familiar, eu me considerava feminista. Mas feminista só fora da sala de terapia. Durante as sessões, eu era uma terapeuta sistêmica, e não via a menor possibilidade de conciliar esses dois papéis. Quando começamos a tratar mais profundamente as temáticas ligadas ao papel sexual, percebi que, longe de ser um elemento estranho, este é o princípio organizacional mais importante em que estão fundamentadas as relações de casal. Deixar de examinar, no casamento, os arranjos determinados pelo fato de pertencer a um ou outro sexo só confirma a perspectiva sexista tradicional, ainda predominante em nossa vida.

O acesso ao prestígio, ao poder, à renda, à autoridade fora de casa é maior para os homens do que para as mulheres e, enquanto uns e outras não tiverem prerrogativas iguais do ponto de vista político, legal e profissional, as mulheres estarão em posição de desvantagem no casamento, e isso repercutirá profundamente na relação de casal.

A "neutralidade" da teoria sistêmica, que ignora o sistema social e cultural mais amplo, acaba reforçando os estereótipos ligados à identidade sexual. O enfoque sistêmico descreve um círculo cibernético, dentro do qual A e B reagem um ao outro, em circuitos de *feedback*. A hipótese clínica é que esse circuito pode ser interceptado e modificado em qualquer ponto. Mas essa hipótese ignora que A não tem o mesmo poder que B para influenciar o circuito; por isso, é preciso, na definição do circuito, começar por reconhecer esse desequilíbrio.

---

1. Este artigo é parte de um capítulo de um livro a ser publicado proximamente, intitulado *Relationships: A Feminist Perspective on Family Therapy*, por Peggy Papp, Betty Carter, Olga Silverstein e Marianne Walters.

Em *The future of marriage* (1972), Jesse Bernard afirma que, ao examinar a instituição matrimonial, deveríamos considerar separadamente o casamento da mulher e o do homem, porque o estado conjugal é diferentemente experimentado pelos parceiros. Bernard menciona uma boa quantidade de pesquisas que revelam como as mulheres "se limitam como esposas", ao passo que os homens "se expandem como maridos". Esses estudos demonstram que os homens saem ganhando física, social e psicologicamente quando se casam, enquanto, para as mulheres, se dá o contrário, pois para elas o casamento representa um risco, do ponto de vista da saúde mental. As mulheres casadas sofrem mais de astenia, insônia, pesadelos, vertigens, enxaqueca, palpitações etc., em comparação com as mulheres que vivem sozinhas e aos homens casados. Já os homens casados apresentam índices mais baixos de *stress* psicológico do que os homens sozinhos e as mulheres casadas.

Embora tradicionalmente os homens falem que vão se amarrar no casamento, as estatísticas evidenciam que, para eles, em termos de sobrevivência, o casamento é duas vezes mais vantajoso do que para as mulheres.

Apesar do grande impacto de alguns dos principais movimentos sociais das últimas décadas sobre a instituição do matrimônio, como o movimento de libertação da mulher e a revolução sexual, muitas das velhas idéias ainda persistem. Um recente levantamento, dirigido por Prochaska, revelou que a escolha de parceiros potenciais, entre os estudantes universitários, ainda é largamente determinada pela aceitação da supremacia masculina.

Dois terços das moças entrevistadas achavam que só se casariam com um homem mais velho, mais inteligente, com salário maior, mais instruído do que elas. Já 70% dos rapazes afirmavam usar critérios opostos para procurar uma mulher. É o caso de nos perguntar sobre os efeitos que podem ter essas estatísticas, em termos de relacionamentos, hierarquias, controle e equilíbrio de poder.

É impossível falar de amor, sexo, casamento e intimidade sem levar em conta as diferenças de como homens e mulheres aprenderam a considerar esses aspectos. Dessas atitudes e expectativas decorrem objetivos diversos, que, por sua vez, dão origem a inúmeros conflitos quando se estabelece uma relação íntima entre um homem e uma mulher.

Vejamos algumas dessas diferenças.

As mulheres são ensinadas que o objetivo principal é cuidar dos outros e, conseqüentemente, suas vidas se concentram em atividades que melhorem e ajudem os outros mais do que a elas mesmas.

O senso de identidade está profundamente ligado à possibilidade de estabelecer relações pessoais que impliquem o desenvolvimento de habilidades e qualidades interpessoais de cuidado, empatia e emotividade. Isso prepara-as para cumprir os papéis a elas destinados na família, aquele de quem é capaz de acalmar, manter a paz, mediar conflitos, adaptar-se aos interesses da família. Como observa Jane Baker Miller (1976), grande parte da autoestima das mulheres está associada ao dar-se aos outros. Elas vivem se perguntando: "Será que dei o suficiente?", "Tenho que dar mais?", "Será que isto teria acontecido se eu tivesse feito mais?". A possibilidade de não dar nem sequer lhes passa pela cabeça. Corresponder às necessidades dos outros dá às mulheres uma sensação de gratificação e prazer, mas às custas de depender dos outros, especialmente do marido, para obter poder, prestígio e autoridade fora da família. Quando sua dependência do marido é também econômica, então as mulheres não podem desenvolver as habilidades necessárias para enfrentar a realidade extrafamiliar. Uma vez que, em nossa cultura, essas habilidades têm maior valor do que a capacidade de administrar o lar e criar filhos, a capacidade de cuidar e a de empatia são freqüentemente subvalorizadas, quando não desqualificadas.

O peso desigual atribuído pela sociedade à contribuição de homens e mulheres repercute nas relações de casal. Incapazes de assumir uma posição de força e auto-estima, as mulheres desenvolvem modelos de comunicação indiretos: explosões de raiva, choro, dissimulação ou, quando tudo isso não serve para nada, desenvolvem sintomas. Isso confunde e afasta os homens, que não entendem o que se espera deles. Sentem-se incapazes de responder adequadamente à emotividade das mulheres e, muitas vezes, acabam rotulando-as de histéricas e instáveis.

O programa de masculinização

Ao contrário das mulheres, o senso de identidade dos homens baseia-se principalmente na realização de objetivos econômicos e sociais, mais do que nas relações pessoais, e, por isso, dar aos outros não é parte importante de sua auto-imagem, como para as mulheres. Embora interessados em ser maridos e pais, a confirmação de sua masculinidade vem, sobretudo, do papel que desempenham fora da família e de sua posição de liderança.

Muitas vezes, o sucesso no mundo do trabalho exige repressão dos sentimentos, capacidade de dominar paixões e fraquezas e de desenvolver um comportamento controlado e preciso. Isso leva, freqüentemente, a eliminar amplas áreas de sensibilidade e a inibir a resposta às necessidades dos outros.

Implicações clínicas

O que foi dito acima significa, no nível clínico, que as mulheres procuram terapia porque querem algo mais do ponto de vista emocional, e expressam uma insatisfação muito maior do que os homens. Geralmente, estes mostram-se relutantes em participar da terapia, convencidos de que têm que resolver os problemas sozinhos e preocupados com que as coisas só venham a piorar com a discussão dos problemas.

Enquanto as mulheres querem mudar, os homens tentam restabelecer o equilíbrio anterior, procurando levar as queixas da mulher para o nível das discussões lógicas sobre eventos concretos. Como negam sua própria necessidade de intimidade, sentem-se ameaçados por suas mulheres precisarem dela. Tudo isso desemboca na tentativa de controlar a distância entre o eu e o outro, e contribui para o surgimento da síndrome perseguido-perseguidor, que tantas vezes vemos no consultório.

Nessa síndrome, a mulher pede maior proximidade, ao passo que o marido tende a manter certa distância, para preservar sua independência e autonomia. Esse retraimento do homem só faz provocar as exigências da mulher, as quais, por sua vez, provocam o distanciamento dele.

Esse comportamento costuma ser tratado como patológico, em vez de ser considerado um resultado da nossa cultura, que ensina as mulheres a só adquirirem senso de identidade nos relacionamentos com os outros, e os homens, no sucesso e autonomia.

A separação entre emocional e racional, entre quem alimenta e quem conquista, quem toma conta do lar e quem traz comida para casa leva a uma divisão de papéis que se torna opressiva para ambos os sexos.

Muitas vezes os terapeutas apóiam a racionalidade dos homens e desqualificam a emotividade das mulheres, rotulando-as de emotivas, fusionais, histéricas.

Uma típica intervenção nesses casos é coibir a emotividade da mulher, com base na falsa premissa de que, se ela parar de pedir e perseguir, será o homem que virá procurá-la. Nem sempre é assim. Muitas vezes, cria-se apenas um vazio entre os dois e, ainda por cima, a mulher se envergonha de sua necessidade de proximidade.

Uma intervenção não-sexista seria redefinir positivamente a necessidade da mulher e desafiar a idéia, compartilhada por ambos,

150

de que ele não é capaz de participar livremente da vida emocional da família e de que a mulher deve sentir pelos dois.

Sexo e dinheiro

Além de procurar compreender como a dependência e a autonomia estão relacionadas aos condicionamentos sexuais, é importante que o terapeuta tenha presentes as superequações sexuais e econômicas que influem nos conflitos de casal.

Nos Estados Unidos, sexo e dinheiro são, de longe, os motivos mais freqüentes de brigas entre casais. E é compreensível, visto que ambos representam poder e controle.

No levantamento "ISO American Couples" (1983), Blumstein e Schwartz descobriram que o direito de tomar decisões na relação de casal está diretamente relacionado à renda de cada cônjuge. Essa hierarquia econômica quase sempre favorece o homem, que na maioria das vezes é quem ganha mais.

Três em cada quatro tipos de casais, inclusive casais homossexuais masculinos, apresentavam uma correlação direta entre dinheiro e poder. A única exceção eram os casais de lésbicas, e isso indica que, para as mulheres, diversamente dos homens, dinheiro não se identifica com poder.

Uma vez que, em nossa sociedade, dinheiro é sinônimo de inteligência, talento, iniciativa e intuição, a auto-estima é associada à capacidade de ganhar bem e proporcionar à família um bom padrão de vida. Isso não apenas representa segurança financeira, como se tornou símbolo de *status*, prestígio e autoridade, tanto no trabalho como em casa.

Não é raro que homens em boa posição econômica usem-na para afirmar sua vontade e exercer controle sobre suas mulheres.

As mulheres geralmente estão em desvantagem na mesa de negociação, não somente porque têm recursos econômicos inferiores, mas também porque não se atribui valor monetário à sua capacidade de cuidar da família. Conseqüentemente, elas acham que não têm o mesmo direito que seus homens, de decidir como o dinheiro vai ser gasto. O marido tende a pensar que o dinheiro é "dele", já que foi ele quem o ganhou, todo ou em grande parte, e assim coloca a mulher em situação de dependência, de ter que pedir e implorar para se manter. Em terapia, costuma-se tratar o problema do dinheiro em seus aspectos simbólicos, em vez de tratá-lo como valor real; com isso, não se leva em conta a dependência econômica da mulher.

Mesmo quando a mulher trabalha e ganha tanto quanto o marido, cabe a ela a sobrecarga da vida doméstica da família, administrar a casa, criar os filhos, cuidar dos parentes, organizar atividades sociais.

Parece universal o problema de estabelecer uma paridade doméstica, até mesmo nos países onde a mulher alcançou paridade profissional.

No que diz respeito ao tratamento dos distúrbios sexuais, é importante entender como a socialização sexual de cada um dos parceiros incide sobre o problema apresentado.

É raro que o sexo possa ser redutível a mero ato de prazer recíproco; em vez disso, está carregado de significados simbólicos impostos pelas místicas feminina e masculina.

Até poucos anos atrás, o ato sexual tinha significado diferente para homens e mulheres, e a complementaridade dependia de regras estabelecidas. A experiência heterossexual tradicional supunha a erotização do macho dominante e a submissão da mulher.

Para as mulheres, o sexo era um ato de rendição; para o homem, um ato de conquista e poder: uma prova de virilidade e potência sexual.

Na mística masculina, poder e prestígio sempre foram identificados com sexualidade.

Para agradar os homens, dos quais dependem emocional e, muitas vezes, economicamente, as mulheres sempre se esforçaram para dar, mais do que para receber prazer. O sexo tornava-se um ato simbólico, realizado em nome do dever, para o bem do matrimônio e visando a maternidade, às custas dos próprios desejos sexuais. As mulheres se ressentiam por terem de responder às necessidades sexuais dos maridos, enquanto suas próprias necessidades de envolvimento e intimidade não eram respeitadas, e, muitas vezes, reagiam procurando evitar as relações sexuais. Os homens não conseguiam ler nisso um sinal de que alguma coisa não estava funcionando no relacionamento, e tendiam a atribuí-lo à sua habilidade sexual, interpretando-o portanto como rejeição à sua virilidade. Daí a represália mais comum: acusar a mulher de frigidez.

Mas isso tornava-se um verdadeiro anátema para a mulher, visto que, em nossa sociedade, ser considerada frígida é tão terrível quanto não ser considerada boa mãe.

Por outro lado, qualquer tipo de comportamento dos homens, da traição ao incesto, ficava justificado se a mulher fosse "fria na cama". Geralmente, a mulher aceitava esse rótulo, mas com uma sensação de culpa que só fazia diminuir mais ainda o desejo sexual.

Desde que os métodos anticoncepcionais e a legalização do aborto libertaram a mulher das conseqüências da gravidez, o sexo começou a assumir outro significado.

Mas o fato de uma mulher poder ser sexualmente mais assertiva pode constituir uma ameaça para muitos homens. Investigações em âmbito nacional demonstraram que os homens ainda estão apegados à velha idéia de que as mulheres não deveriam ter relações prémaritais nem extraconjugais.

As implicações da liberdade sexual da mulher vão muito além do quarto de dormir. Ela ameaça idéias sagradas sobre amor, casamento, família e provoca ambivalência e ansiedade, tanto nos homens como nas mulheres, despertando perguntas inquietantes. Se o sexo não está mais ligado ao amor, ao casamento e à procriação e estes aspectos, por sua vez, estão ligados à possibilidade de as mulheres serem economicamente sustentadas pelos homens, como vão elas viver num mundo em que, do ponto de vista econômico, estão em desvantagem? Como vão poder satisfazer sua necessidade de apego e intimidade? A pobreza, a alienação e a solidão serão o preço a pagar para terem liberdade e independência? As mulheres estão em desvantagem, não apenas no mercado de trabalho, mas também no campo sexual.

Numa sociedade em que o valor da mulher é proporcional aos seus atrativos sexuais, ela vai perdendo terreno ao envelhecer. O contrário vale para os homens, cuja atração aumenta com o aumento de riqueza, poder e prestígio, adquiridos com o passar do tempo.

As estatísticas comprovam que, entre os divorciados, é mais fácil que o homem volte a casar-se do que a mulher, e que os homens tendem a se unir, no novo casamento, a mulheres cada vez mais jovens.

O título de um artigo recentemente publicado no *Wall Street Journal* (1986) dizia: "Uma mulher jovem pode salvar a sua vida — dizem as pesquisas". Nunca se viu um anúncio análogo, afirmando que um marido jovem possa salvar a vida de uma mulher.

Essas pesquisas demográficas são um comentário bastante irônico sobre a paridade conjugal. A igualdade sexual não pode ser alcançada independentemente da igualdade econômica e social. Mas isso gera dúvidas sobre a possibilidade de a igualdade ser compatível com uma boa relação sexual. Considerando que a igualdade desconsidera os papéis sexuais típicos da relação heterossexual tradicional, baseada no binômio dominação/submissão, será que não vai destruir o idílio e a paixão? Em uma união entre iguais, o que vai acontecer com os tradicionais ritos de sedução? Com o cortejamento, a conquista, a rendição?

Um modo de resolver essa charada sexual seria desmistificar as místicas feminina e masculina, que definem a primeira em termos de passividade e submissão, e a segunda, de poder e domínio.

Para as mulheres, isso significaria lutar por seus próprios desejos, sem vergonha, e pensar que agradar a si é tão importante quan-

153

to agradar os outros; para os homens, significaria deixar de associar virilidade e masculinidade ao desempenho, para que o prazer sexual não dependa de domínio, mas de afeto e intimidade.

Se a terapia de casal funcionar, o homem e a mulher terão mudado completamente suas atitudes, e isso levará a uma forma de poder muito diferente: para o homem, a possibilidade de expressar e compartilhar sentimentos, ter satisfação com o envolvimento emocional e adquirir o tipo de consciência que decorre de saber o impacto que produz sobre os outros; para a mulher, poder reconhecer e defender suas próprias necessidades, lutar por objetivos pessoais, diferenciar suas próprias idéias das dos outros e expandir suas próprias possibilidades, sem sentimento de culpa.

Nos Estados Unidos e em outras partes do mundo, verificam-se muitas mudanças para as mulheres; mas é muito lenta a mudança inversa, que requer que os homens invistam mais nas relações familiares e na criação dos filhos. Uma possível mudança, para os homens, requer que eles renunciem a parte da energia, tempo e poder que despendem fora de casa, e isto é algo muito difícil.

Num futuro ideal, não haverá a dicotomia entre aquele que garante a comida em casa e aquele que é dependente, entre quem domina e quem é subjugado, entre passivo e agressivo. Cada parceiro poderá permitir-se um número muito mais amplo de atividades, comportamentos e estilos de expressão, sem medo de perder em feminilidade ou masculinidade.

Mas isso só pode ser alcançado com a mudança das idéias fundamentais e da estrutura social e econômica que mantém homens e mulheres prisioneiros dos papéis sexuais.

A CRISE DE CASAL
ENTRE PSEUDO-RECIPROCIDADE E
EMANCIPAÇÃO
Marcella de Nichilo

Um dos problemas mais freqüentes dos casais em terapia tem a ver com o sentido de identidade de cada um, como indivíduo, e dos dois juntos, como relacionamento de casal. O casal parece estar sofrendo uma síndrome que podemos chamar de dependência do conformismo social, que se choca com as exigências mais criativas e genuínas de elaborar modelos flexíveis para ambos os parceiros, como alternativa para os papéis estereotipados e transmitidos de geração a geração.

Esses novos modelos ainda estão para ser inventados e experimentados, porque não há modalidades alternativas comprovadas pela experiência, nem no microssistema familiar nem no macrossistema social, para alcançar uma qualidade de vida mais justa, e por isso mais gratificante.

O casal de hoje sofre porque não se sente à altura da tarefa que tem a cumprir. Gostaria de viver em sintonia com sua imagem ideal: harmonia, união, solidez no tempo, a que se somam ideais da sociedade pós-industrial: eterna juventude, sucesso e opulência. Uma imagem brilhante, mas que muitas vezes não é filtrada por uma consciência igualmente aguda do difícil processo de desenvolvimento dos sexos, em busca da integração de valores tais como *responsabilidade* com os outros e *respeito* consigo mesmos, num contexto de crescimento e intercâmbio entre iguais.

Investigações confiáveis têm demonstrado que "em toda união conjugal há dois casamentos, o dele e o dela, nem sempre coincidentes". Em particular, quando se apresenta uma crise, as mulheres ficam mais frustradas do que os maridos, e as mulheres casadas, mais deprimidas do que as solteiras. Dessa maneira, acabam vivendo o sexo como dever, e a maternidade, como solidão. Os modelos tradicionais de feminilidade e masculinidade mostram-se, no mínimo, inadequados. No entanto, para se salvar dos traumas e desilusões, muitas vezes o casal procura encontrar conforto no modelo cultural — é mais fácil suportar a desgraça comum —, fazendo da resignação passiva ou hostil um paliativo contra a solidão.

Quando a percepção do que é "justo" e do que é "bom" entram em conflito, vem a crise entre a necessidade de cumprir com os deveres e a necessidade de cuidar dos direitos. A começar pelo respeito, que vem do latim *respicere*, significando não prejudicar a si mesmo e os outros.

Amadurecer o sentido de ter respeito por si e pelos outros quer dizer *emancipar-se*, ou seja, liberar-se da tutela de superestruturas impostas pelo poder dominante, que atua em nome das pessoas legalmente consideradas incapazes de decidir por si mesmas (geralmente os menores e ineptos), para manter o *status quo*.

Salvaguardar exigências profundas e necessidades originais que vão se manifestando nas várias fases do ciclo vital é tarefa de cada um, que não pode abjurar nem delegar sua vida a outros. Tem a ver com o empenho em "ser", em vez de "mandar fazer", que equivale a instrumentalizar e explorar os outros, às vezes levantando a bandeira do amor romântico.

Anos de trabalho com mulheres e famílias têm reforçado minha convicção de que a renúncia é uma tendência sobretudo feminina, ao passo que a delegação diz respeito, em geral, à divisão de papéis: normativo (competitivo e prescritivo) para os homens, e expressivo (dependente e passivo) para as mulheres. A instituição do casamento, muitas vezes, ratifica contratualmente um preconceito típico da ambivalência do processo de socialização transgeracional masculino e feminino, que regulamenta os relacionamentos entre duas pessoas como relações de dominação e submissão.

Hoje, que esses estereótipos foram questionados, o fenômeno recorrente, que podemos observar no trabalho de terapia de casais, diz respeito à oscilação entre os velhos mitos e as novas realidades sociais, afetivas e culturais dos papéis tradicionais, mas sem sugerir modelos alternativos funcionais e válidos para todos. Assim cada pessoa, cada casal, cada família está, em grande medida, sozinho em sua busca. Por sua vez, os terapeutas, para que possam ajudar os outros a crescer, precisam enfrentar questões inquietantes, tanto no processo de formação clínica como em seus próprios relacionamentos interpessoais. A humildade e a vontade são ingredientes essenciais ao crescimento. Trabalhando com os problemas não resolvidos dos outros, os terapeutas têm que limitar os mecanismos de projeção e identificação e enfrentar áreas nevrálgicas de bloqueio, de perda, de não-cumprimento ou de falências que têm a ver com eventos do ciclo vital em que eles também se reconhecem e com os quais em-

156

patizam, mas nos quais devem intervir, reativando canais emocionais estéreis ou vitalizando novos recursos e invenções.

A meu ver, essas reestruturações cognitivas têm como objetivo primário reequilibrar o poder na vida de casal em termos paralelos, não-sexistas. Decerto não entenderemos por interação paralela o recurso a escaladas simétricas, mas a conscientização de processos concomitantes de separação e pertencimento: cuidar e ser cuidado respeitando as diferenças recíprocas. Podemos aprender, uns com os outros, como nos melhorar mutuamente, uma vez conquistados limites internos tanto mais definidos quanto mais elásticos.

A consciência crítica do valor moral da emancipação é uma área a ser cuidada e aprofundada também no trabalho de treinamento e supervisão, com os colegas do grupo. Quanto mais deixamos de lado nossas máscaras e nossos preconceitos, colocando em discussão a imagem externa ou meramente profissional que temos de nós, tanto mais saberemos tocar e ajudar os outros a crescer, por meio do apoio mútuo e da busca de um eu mais verdadeiro.

Esse trabalho não se limita à terapia: tem raízes no cotidiano, na vida familiar, com os filhos, na nossa vida associada, em cada momento do dia, como lição de reflexão e aprendizagem.

Quando o sistema de casal é disfuncional, relevar os próprios medos e vazios equivale a manifestar vulnerabilidade e aprender a correr riscos, inclusive tentar superá-los. Muitos casais tendem a evitar cronicamente as tensões, guardando o segredo de um relacionamento inconsistente ou já morto. Outros casais deixam o relacionamento exposto a contínuas ameaças de separação. Em muitos casos, os filhos se tornam depositários dos sintomas disfuncionais; em outros, são as mulheres que procuram resolver, procurando ajuda terapêutica. Mais raramente, e em condições extremas de crise, são os homens que vêm pedir apoio terapêutico.

Quanto mais vagos e distorcidos os limites pessoais, mais o relacionamento do casal é de pseudo-reciprocidade. A rigidez do sistema familiar obriga a elaborar e manter imagens fictícias para encobrir a alienação, o desespero e a distância, mediante controle ou ostentação exagerada de anticonformismo e independência.

A pseudo-reciprocidade como controle, manipulação ou comportamento sexual coercitivo, muitas vezes, está ligada a segredos pelos quais os pais, na família de origem, se sentem ocultamente responsáveis: mortes violentas ou súbitas, abortos clandestinos, adoções não-reveladas, falência e prevaricação ou abusos, que são mantidos mediante tabus intergeracionais ou mitos que cercam de mistério histórias familiares sobre as quais é proibido fazer perguntas, muitas vezes permeadas de auras supersticiosas de lenda ou catástrofe.

Para compensar essa sensação angustiante de falta ou falha, o casal resolve conformar-se a um comportamento determinado por um papel totalmente externo, codificado em transações, previsível; ou, pelo contrário, descoordenado e caótico. Então, nesses casos, há escolha de um parceiro que compartilhe essa ambigüidade de limites e perpetue tanto relacionamentos em que há uma dependência ansiosa e ressentida como dificuldades patológicas com a intimidade. Muitos homens, por exemplo, tendem a exibir uma atitude dura e vulgar ou exageradamente dependente da figura feminina porque não experimentaram relacionamentos autênticos com os pais. Foram deixados de lado pelos pais e seduzidos por mães que, para preencher o vazio das relações conjugais, investiram nos filhos necessidades de intimidade distorcidas, induzindo o apego a elas. Por outro lado, muitas vezes as mulheres adquiriram das mães a fachada de submissão, o vitimismo, a auréola de mártires, o traje da renúncia hostil ou, pelo contrário, o autoritarismo e a possessividade intransigente. Esses filhos e filhas nunca se desligaram inteiramente dos pais. Podem casar-se e repetir os mesmos erros, ou cair nos excessos opostos: acumular relações e fracassos, ou se sentirem subjugados numa relação repressiva que não pode ser rompida, porque separar-se equivale a assinar a própria sentença de morte, não somente interna (que muitas vezes já está ocorrendo) mas também externa. O prestígio social, muitas vezes ratificado pelo casamento institucional, serve para camuflar um eu falso, com escoras de argila. Na raiz, está a sensação de falta de integridade, de culpa e desqualificação, reiterada no círculo vicioso da *proibição* de expressar abertamente as próprias necessidades, na inútil tentativa de fazer a imagem interna coincidir com esquemas externos. Um empreendimento "sempre no prejuízo", que a longo prazo torna-se destrutivo e desmoralizante. Então, consolidam-se papéis fixos no casal: o perfeccionismo de um, a irresponsabilidade do outro, levados até a despersonalização, sem trégua nem perdão através do reconhecimento dos próprios erros. Ao contrário disso, o diálogo, o empenho, a aceitação dos limites individuais e recíprocos permite modificar comportamentos sem viver a rejeição ou o abandono como gueto emocional.

Paralisados no isolamento, homens e mulheres se sentem inadequados tanto quando se aproximam dos outros como quando deixam de fazê-lo. Os homens têm medo das mulheres, que se tornaram abertamente mais auto-suficientes, mais competentes, mais afirmativas. As mulheres desprezam os homens, que consideram sempre mais superficiais, vorazes ou sexualmente inibidos, pouco confiáveis e frágeis na esfera afetiva. Falta a sensação de entendimento e de participação, que dá alívio e segurança. Procura-se agradar os outros para desfrutar vantagens ou apoio, até fazendo do corpo mercadoria de troca, não para alimentar o senso de auto-estima, visando ao bem-estar. Então, intimamente, se sentem sempre excluídos, fora de prumo ou rígidos de dar nojo. A negação e a remoção tornam-se os principais mecanismos de defesa contra o sofrimento, que nunca é visto como algo interior, mas deslocado para objetos, pensamentos e sensações externas. Falta aos membros do casal, demasiadamente protetores ou dependentes dos outros, a raiz de seu próprio centro. Os limites são invadidos, cindidos ou forçados. Sentem-se humanos pela metade, e, na outra metade, como *espelhos de refração* de realidades que não lhes pertencem.

Essa sensação de usurpação do eu, que leva à rigidez no desenvolvimento e à manutenção de imagens fictícias para encobrir o vazio físico e afetivo mediante controle ou distância, torna-se concreta na terapia, quando, entre outras possíveis técnicas de intervenção, pede-se ao casal para evidenciar os mecanismos de inclusão e de exclusão da vivência familiar, num clima de confiança recíproca maior.

Por meio de *escultura mitológica* da família, pode-se visualizar a complexa rede de mitos e ritos familiares, diante do terapeuta e de um ou dois observadores[1] que auxiliam no processo terapêutico.

Trabalhando o desconforto do casal da ótica conjugal e parental, torna-se possível identificar modalidades de violência inter e intrageracional que são indicadores de relacionamentos afetivos e de poder descompensados, condensando-os num tempo e espaço bem delimitado. Uma vez criado o contexto em que o aparato mitológico familiar foi vivenciado como mais pesado e repressivo por estar ligado a preconceitos sexuais, torna-se possível perceber os vínculos afetivos e os papéis preservados por meio da postura, da distância espacial, da direção do olhar. Conflitos, duplos vínculos e triângulos tornam-se visíveis, de modo concreto e ao mesmo tempo simbólico, impedindo o recurso a intelectualizações ou à condenação.

Num segundo tempo, pede-se àquele que está esculpindo que procure representar, por intermédio da figura vicária que o substitui (o observador do sexo oposto), uma apropriação mais adequada do es-

---

1. Os observadores são, geralmente, dois estudantes em treinamento. Sua função é servir de infra-estrutura de aprendizagem entre o subsistema familiar e o subsistema terapêutico, no que se refere à percepção estereotipada dos papéis. Esses vazios são colocados em discussão quando um observador, do sexo oposto ao que está esculpindo, assume sua função e expressa *feedbacks*, que em geral dão informações vitalizantes sobre a parte negada, ao sexo oposto. Os observadores funcionam também como diafragma entre a família e o terapeuta, impedindo que este se sobreponha ou substitua sua própria imagem ideal ou seus próprios estereótipos culturais aos do casal.

paço pessoal e interativo, mediante ensaios e erros que impliquem exposição ao risco. A modificação gradual das modalidades de relacionamento, dentro e fora do contexto habitual, ajuda aquele que está esculpindo a se sentir o centro das idéias e das propostas de transformação, ao identificar os vínculos impróprios que oprimem ou paralisam num relacionamento de intercâmbio com o grupo familiar. Se a família tiver limites muito caóticos, dará à dependência validade absoluta, chegando ao abandono, à desqualificação ou à punição pela traição, que se evidenciarão na escultura. Se os limites estão muito cindidos, a injunção será de ter que se envergonhar de pedir ajuda, de procurar comunicar ou encontrar alguma brecha no desacordo. As modalidades predominantes de relacionamento caracterizam-se por mensagens contraditórias, que predispõem a carências afetivas ou à reclusão em si mesmos, até bloquear a espontaneidade. A crise de casal, se oportunamente percebida e avaliada, pode abrir uma oportunidade de emancipação, quando a raiva é substituída pela dor, e a dor, pela compaixão para com a máscara até então usada, por se acreditar, erroneamente, que proporcionava segurança. No final da terapia, quando o casal tiver conseguido redescobrir uma nova vitalidade, pode-se sugerir a substituição das "máscaras do papel" por máscaras de brinquedo, feitas de seda, papelmachê, couro etc., que poderão ser guardadas como símbolo da mudança que irá continuar.

Bibliografia

ANDOLFI, M., ANGELO, C., *Tempo e mito nella Psicoterapia familiare*, Bordighieri, Turim, 1987.
ANDOLFI, M., ANGELO, C., NICOLO'-CORIGLIANO, A. M., MENGHI, P., *La famiglia rigida*, Feltrinelli, Milão, 1982.
AULT-RICHE', M., *Women and Family Therapy*, Aspen, Rockville, Maryland, 1985.
BARDWICK, J., "Ambivalenza: la socializzazione della donna", *La donna in una società sessista*, Einaudi, Turim, 1982.
BEM,. S., "Sex Role Adaptability: One Consequence of Psychological Androgyny", *Journal of Personality and Social Psychology*, 31, 634-643.
BERMAN, E., "Therapy with Unmarried Couples", *Clinical Handbook of Marital Therapy*, Guilford, Nova York, 1986.
BERNARD, J., "Il paradosso del matrimonio felice", *La donna in una società sessista*, Einaudi, Turim, 1982.
BLOCK, LEWIS, H., *Psychic War in Men and Women*, Nova York University Press, Nova York, 1976.
BOGARD, M., "A Feminist Examination of Family Systems Models of Violence against Women in the Family", *Women and Family Therapy*, Aspen, Rockville, 1986.

BOSZORMENYI-NAGY, I., SPARK, G. M., *Invisible Loyalties: Reciprocity in Intergenerational Family Therapy*, Harper & Row, Nova York, 1985.

BRAVEMAN, C., "The Depressed Woman in Context: a Feminist Family Therapist's Analysis", *Women and Family Therapy*, Aspen, Rockville, 1985.

CARTER, E. A., McGOLDRICK, M., *The Family Life-cycle: A Framework for Family Therapy*, Gardner, Nova York, 1980.

CHODOROW, N., "Essere e fare: un esame interculturale della socializzazione maschile e femminile", *La donna in una società sessista*, Einaudi, Turim, 1982.

de NICHILO, M., "La sindrome di Atlante: evoluzione dei miti in psicoterapia familiare, *Crescita*, 23, 1982, pp. 37-41.

de NICHILO, M., "Il mito di Atlante", *Tempo e mito nella Psicoterapia familiare*, Bordighieri, Turim, 1987.

de NICHILO, M., "Training e supervisione: il gioco dei ruoli sessuali in terapia", *Terapia familiare notizie*, 1988, pp. 5-13.

de NICHILO, M., "Intervista a: Peggy Papp, Olga Silverstein, Virginia Goldner, *Terapia familiare notizie*, 1988, pp. 39-47.

de NICHILO, M., "Femminismo: pomo della discordia tra terapisti e terapiste familiari americani", *Terapia Familiare*, 1987, pp. 23-34.

de NICHILO, M., "La vita abiurata: studio sulla rinuncia femminile attraverso la scultura dei miti e dei riti familiari". (Comunicação no *I Seminario Internacional sobre o mal-estar psíquico da mulher*) Roma, Consiglio Nazionale delle Ricerche (volume editado pelo C.N.R., a ser publicado).

de NICHILO, M., "Il mito del masochismo femminile", Comunicação ao *Philadelphia Psychiatric Center* — janeiro de 1988.

FOSSUM, M. A., MASON, M. J., *Facing Shame*, Norton, Nova York, 1982.

GILLIGAN, C., *In a Different Woman Voice*, Harvard Univ. Press, 1982.

JARDINE, A., SMITH, P., *Men in Feminism*, Methuen, N.Y., 1987.

PAPP, P., SILVERSTEIN, O., CARTER, E., "Family Sculpting in Preventive Work with Well-families", *Family Process*, vol. 12,2:197-212, 1973.

WEISSMAN, M., KLERMAN, G., "Sex Differences in the Epidemiology of Depression", *Archives of General Psychiatry*, 24, jan/1977.

COMUNICAR PARA AMAR OU AMAR PARA COMUNICAR
Willy Pasini

Dirijo em Genebra um serviço de assistência familiar com dois centros separados: um de terapia de casal e um de sexologia clínica. A placa na porta serve como filtro para escolha do atendimento desejado. Os pedidos sexuais e conjugais são defensivos, por sua própria natureza, e nunca devem ser considerados ao pé da letra. No Centro para Casais chegam casais dizendo "não estamos mais conseguindo nos comunicar"; quase sempre, na realidade, o que está por trás é um problema sexual que eles não conseguem mencionar. Ao contrário, na Unidade de Sexologia aparecem casais ou indivíduos com a segurança de executivos, pensamento concreto, muitas vezes procurando uma "oficina do sexo" onde possam arranjar combustível (afrodisíacos) ou trocar alguma peça do motor, como essas novas próteses para impotência. Neste caso, o pedido sexual não é um pedido de verdade, está servindo para encobrir uma problemática individual ou de casal. Esse duplo *input* (casal e sexualidade) obriga-nos a identificar o objetivo verdadeiro, muitas vezes encoberto, ou pelo menos a definir qual é o problema que os casais aceitam discutir. Essa fase do atendimento é muito frustrante, devido à freqüente divergência entre o projeto e o contrato terapêutico. O projeto é aquilo que teoricamente gostaríamos de fazer, e o contrato é o que é viável, levando em conta o contexto e as resistências do casal.

Após definir o aspecto defensivo da consulta, temos de verificar se há alguma disfunção biológica (de que não trataremos aqui), alguma dificuldade intrapsíquica de origem individual (por exemplo, impotência expressando depressão encoberta ou um problema relacional). Uma anedota servirá para ilustrar esse dilema, melhor do que um exemplo clínico:

O marido chega em casa bastante excitado e diz à mulher: "Hoje eu quero fazer amor feito cachorro". A mulher, ofendidíssima, responde: "Nem pensar, nem vamos falar disso". O marido volta à carga, inutilmente, na noite seguinte e, uma semana depois, repete a proposta, trazendo um presentinho ainda por cima. Aí a mulher diz que concorda porque o ama muito, mas com uma condição. "Qual é?", pergunta o marido excitadíssimo. "Concordo, mas só se for no meio de uma rua onde ninguém nos conhece!"

Trata-se de um problema sexual ou de uma dificuldade de comunicação? Parece que esse casal não tem condições de resolver o problema sexual sozinho, e, ao mesmo tempo, fica um evidente mal-entendido em seus códigos de comunicação.

Então, após identificar a existência de um problema de comunicação sexual, a maioria dos terapeutas utiliza a interação no sexo: comunicação a serviço da sexualidade. Bem mais raramente, usa-se o conceito inverso: sexualidade a serviço da comunicação, embora, teoricamente, todos concordemos que a sexualidade pode ser um terreno privilegiado para otimizar a comunicação mental, emocional e corporal. A sexualidade a serviço da comunicação é um conceito influenciado por uma possível sexofobia de certos conselheiros conjugais, cuja motivação e extração profissional não é de tipo psicológico, mas religioso. A cultura sistêmica tem analisado a ambigüidade do casal, que é ao mesmo tempo estrutura psicológica, organização social, jurídica e sacramento. Mal-entendidos sobre o papel do casal podem induzir muitos conflitos conjugais, mas também podem explicar resistências induzidas pelo terapeuta que não analisou porque se interessa por terapia de casal. A formação em sexologia, segundo a orientação da Organização Mundial de Saúde, relatório técnico no 579, prevê formação específica, centrada nas contra-atitudes do futuro educador e terapeuta. Quantos terapeutas sistêmicos não fizeram uma psicanálise pessoal? Será que o estudo de seu genograma pessoal pode dar uma resposta parcial à pergunta-chave: para que serve o casal?

Sexualidade a serviço da comunicação pode expressar uma otimização do intercâmbio, inserindo a dimensão genital e corporal em uma dinâmica mais global. Infelizmente, além das comunicações ótimas, existem também *comunicações mínimas*, em que os casais brigam e se reconciliam com um bom desempenho sexual, mesmo se o resto da ligação permanece precário. Há ainda a comunicação *residual* de cama, em que os casais que já não têm o que se dizer preferem o coito ao beijo. Como se sabe, quando um casal entra em crise, o beijo desaparece antes do coito, porque implica a necessidade de olhar-se de frente, em sentido real e metafórico.

Não menos complexa é a relação inversa entre sexualidade e comunicação: *a comunicação a serviço da sexualidade*. Todas as escolas de psicologia se interessam pela comunicação, isso não é monopólio da teoria sistêmica. A psicanálise, as terapias comportamentalistas e a psicologia humanística empregam técnicas diferentes para a mesma finalidade.

Do ponto de vista *psicodinâmico*, verifica-se que a comunicação erótica às vezes fica bloqueada no imaginário, às vezes no corpo, mas, mais freqüentemente, em pulsões agressivas mal administradas. Aprender a brigar sem destruir parece ser a melhor propedêutica para melhorar a comunicação sexual.

Do ponto de vista *comportamentalista*, foram elaboradas as mais diversas pedagogias sexuais. Muitos casais só comunicam mensagens negativas, tornando implícitas, e portanto inúteis, as mensagens positivas. Todo mundo precisa de pelo menos três mensagens positivas por dia, e isso permite relativizar as mensagens negativas. Além disso, muitos casais usam o "nós" anônimo e o "você" projetivo ("é culpa sua..." etc.), em vez do "eu" ("eu acho que você...").

Do ponto de vista *humanístico*, vários enfoques (em particular a Gestalt e as técnicas orientais) enfatizam a comunicação não-verbal, e isso representa uma ponte entre a psicologia humanística e o enfoque sistêmico. É sempre útil estudar cinco variáveis: a mímica, o tom de voz, a postura, o gestual e a prossêmica do indivíduo e do casal, sobretudo quando entram em conflito com o conteúdo verbal do discurso.

Em Genebra, elaboramos uma série de jogos corporais que permitem evidenciar as relações de confiança-desconfiança, atividade-passividade e as diferentes formas de agressividade do casal. Eis um exemplo simples de utilização de mensagens duplas: se um casal chega para se consultar dizendo "Nós concordamos perfeitamente", e o marido acrescenta "Confio inteiramente na minha mulher" (e nós não estamos tão certos disso), pedimos que ele ande pela sala de olhos fechados, com a mulher guiando-o pela mão. Se ele exclama "Cuidado, não vá me deixar bater na parede!", fica fácil fazê-lo encarar sua falsa confiança na mulher.

O enfoque *sistêmico* pode ser usado como modelo ou como práxis. Só quero acrescentar que, em um sistema que não usa a abordagem sistêmica como referência única, são empregadas algumas técnicas dessa abordagem, especialmente a metáfora e o paradoxo.

Quando o casal aparece com um problema sexual grande, é fácil dizer: "Há como que um muro sendo erguido entre vocês", ou então: "Tragam uma mala bem pesada, vamos ver se vocês estão dispostos a deixá-la mais leve juntos". É sempre melhor usar a metáfora sugerida pelo próprio casal.

Quanto ao paradoxo, já era utilizado na origem da sexologia. Já nos anos 30, Wilhelm Steckel, um precursor da moderna sexologia, aconselhava o homem que sofria de impotência a procurar ser sempre impotente. Muitos dos sucessos das terapias sexuais de Masters e Johnson, nas quais inicialmente são proibidas relações completas, são baseados nessa proibição, que provoca o desejo de transgressão e libera da necessidade de cumprir uma obrigação. O uso do paradoxo é particularmente interessante nos distúrbios de desejo, quando a libido está baixa.

Quando escolher uma terapia de casal e quando dar preferência a uma terapia sexual?

Nesse campo vigora um sábio princípio, que diz que o contrário de uma idéia certa, às vezes, é outra idéia certa. Espero que, no âmbito das correntes sistêmicas, já esteja superada a fase pioneira, quando os fundadores das diversas escolas tinham que sustentar seu modelo, assim como Freud, no começo do século, defendia passionalmente a psicanálise.

O princípio da coexistência pacífica é a base do modelo dos cinco círculos que utilizamos em Genebra. O primeiro círculo abrange as soluções de tipo biológico; o segundo, o enfoque psicológico individual; o terceiro, os problemas relacionais de casal; o quarto, os problemas da família; e, enfim, o quinto, abrange as problemáticas socioculturais. Esse modelo dos cinco círculos pode ser utilizado por ocasião do pedido de atendimento, que deverá ser redefinido para decidir o nível de intervenção.

Em Genebra, na metade dos casos, o nível de intervenção não corresponde ao pedido inicial. Todos os terapeutas da equipe aplicam o mesmo modelo de diagnóstico (os cinco círculos), ao passo que a terapia será efetuada de acordo com as competências específicas (trata-se de médicos, psicólogos, terapeutas de casal, especialistas em psicomotricidade).

Quando escolher terapia de casal?

Num esquema de quatro círculos, podemos situar o casal no segundo nível, entre o indivíduo, a família e o grupo. O casal que já não tem a função de procriação como único objetivo, muitas vezes, fica mal posicionado entre as exigências do indivíduo, da família e do grupo. Por um lado, as necessidades de individualização e autonomia dos membros do casal tendem a aumentar. Por outro lado, casal e família já não "andam" mais indissoluvelmente juntos, como no modelo católico. À estabilidade da família, necessária para criar os filhos, contrapõe-se certa mobilidade e descontinuidade do casal, necessária, entre outros aspectos, para a renovação do erotismo e do mundo imaginário.

No nível terapêutico, as psicoterapias sexuais de casal têm uma posição privilegiada, em comparação às terapias familiares tradicionais, em que a presença dos filhos pode servir de pretexto para omissões sexofóbicas dos pacientes... e dos terapeutas!

A terapia de casal parece-nos justificada nas seguintes situações:

a. Quando o casal apresenta uma colusão no presente, em que o parceiro tem um papel contrafóbico, ou complementar homeostático (o caso mais típico é o dos casamentos não consumados).

b. Quando a abordagem de casal mostra-se propedêutica para um enfoque sexual a ser utilizado posteriormente. Nesse caso, é mais importante restabelecer uma comunicação do que ensinar um comportamento sexual correto. A evolução das novas terapias sexuais, depois de Masters e Johnson, enfatiza cada vez mais a comunicação. Isso permite abreviar a fase propriamente sexual (por exemplo, a técnica de compressão no caso de ejaculação precoce), limitando-a a duas ou três sessões, ao passo que no modelo clássico eram previstas dez sessões, durante duas semanas consecutivas.

c. Terapia de casal ou de dupla como pretexto. Muitos problemas individuais, que mereceriam uma psicoterapia, não são viáveis devido à falta de autonomia do eu da pessoa que vem consultar sobre os sonhos do cônjuge ou conta para mamãe como foi a sua sessão terapêutica! Nesse caso, muitas vezes, é necessário um enfoque de dupla ou casal (mãe-filho ou conjugal).

d. Muitos indivíduos, sobretudo homens, têm uma evidente patologia narcísica, que os impede de fazer uma consulta para distúrbios sexuais, conjugais ou psicossomáticos. Nessas condições, o posicionamento de casal é utilizado como estratégia para convidar o paciente doente a participar do atendimento, "porque sem ele não dá para curar a mulher". Uma vez estabelecido esse contrato, é possível enviar-lhe mensagens indiretas ou paradoxais, que possibilitem modificar sua atitude. Trata-se mais de terapia "no" casal do que "de" casal.

Quais terapias de casal merecem um enfoque sistêmico em lugar de comportamentalista, psicanalítico ou humanístico?

a. Casais estavelmente conflitantes, que de vez em quando entram em crise e vêm se consultar com a fórmula: "Socorro, não mudem nada!".

166

b. Casais para os quais o atendimento de sexologia ou andrologia serve de pretexto científico para não modificar a homeostase ou o interesse de, pelo menos, um dos membros do casal. Lembro-me de uma paciente turca que veio se consultar por um problema de esterilidade, enviada pelo marido após dois anos passando pelos hospitais mais caros da Suíça. Na realidade, ele gostava mais de ir caçar com os amigos, satisfazendo uma bissexualidade não muito latente, e tinha relações a cada seis semanas, que por azar não coincidiam com a ovulação da mulher. Seria preciso estudar desta perspectiva os novos métodos de procriação artificial, que levam a traduzir como dificuldades científicas certos problemas que na verdade são comunicacionais. É dessa perspectiva que deve ser entendida a síndrome de ter filho a qualquer custo, estimulada pelos novos métodos de procriação artificial.

c. Casais cuja organização psicológica é perversa, aos quais os conselheiros conjugais costumam ser alérgicos, e que, já antes da primeira sessão, aprontam um sólido sistema de manipulação.

d. O enfoque sistêmico é interessante no estudo dos casamentos brancos, com os quais a terapia tem menos sucesso quando se cuida individualmente da mulher com vaginismo ou do marido impotente. Entre outros aspectos, quando não há colusão patológica, essas pessoas nem vêm se consultar, porque arranjaram soluções caseiras ou artesanais para resolver uma patologia sexual assimétrica.

Parece que, agora, o tempo das Cruzadas está superado, apesar do que dizia há dez anos, em Palo Alto, Watzlawick em conversa com Abraham e eu, que provavelmente o enfoque sistêmico acabaria enterrando a psicanálise. Hoje essa profecia não se confirmou, e o enfoque sistêmico pode ser mais uma alternativa às terapias comportamentalistas, interessadas em como resolver o problema, do que às terapias psicanalíticas, que buscam o porquê, muitas vezes remoto, das dificuldades atuais.

Quando escolher terapia sexual?

Aqui também a análise crítica da consulta e a formação profissional dos terapeutas orientam para uma resposta, que não será míope nem imediata.

a. O posicionamento sexológico pode dar oportunidade a uma intervenção psicológica que, de outro modo seria inaceitável, sobretudo se explicitamente codificada como psicoterapia. Uma paciente veio se consultar por causa de libido fraca. Depois da anamnese sexual padronizada (não tenho vontade de sexo, nem de homens, nem do marido), a entrevista evidenciou a existência de fantasias homossexuais. A identidade ambígua foi posteriormente enfrentada de modo psicológico, embora mantendo o rótulo de tratamento sexológico. Essa orientação ultrapassa o campo da sexologia, é uma tendência da psicoterapia atual. Muita gente procura atendimento especializado para bulimia, insônia, menopausa, problemas de casal etc., e aceita a avaliação psicológica em torno de um sintoma que "dê cobertura".

b. Paradoxalmente, pode-se tomar ao pé da letra a consulta sexual, propondo exercícios que o paciente não vai conseguir realizar. Num segundo momento, ele mesmo virá propor tratar das coisas importantes subjacentes. Essa estratégia evita a proliferação de fantasias do tipo: o terapeuta tem a solução, o remédio etc... e não quer me dar!

c. Como intimidade. Muitas vezes, os conflitos de casal dependem da confusão entre intimidade sexual e intimidade afetiva. Certos casais vivem bem, exceto por um excessivo pudor sexual; mas muitos outros escolhem a intimidade sexual justamente para não se comunicarem em nível afetivo. Em especial, os casais cuja estrutura é perversa, às vezes exibem notável liberdade sexual, desde que seja "da cintura para baixo".

Inversamente, casais de tendência simbiótica podem buscar transparência total. Às vezes é uma busca de intimidade romântica; mais freqüentemente controle do outro por meio da transparência. A necessidade de controle pode se estender ao imaginário erótico, mesmo se os terapeutas sugerem deixar que o "jardim secreto" permaneça patrimônio do indivíduo e não do casal. Nesses casos, sob o disfarce de atendimento sexológico, trata-se de ajudar os casais a escolherem as meta-regras da intimidade.

Funções não-sexuais do sexo

A contribuição mais original do enfoque sistêmico se manifesta na definição das *funções não-sexuais do sexo*. O sexo não é apenas fim (com o objetivo de prazer ou de procriação), mas também meio para satisfazer necessidades diversas, tais como:

— Sexo a serviço da identidade;
— Sexo a serviço da comunicação;
— Sexo a serviço da socialização;
— Sexo como pretexto para conflitos de casais ou intergeracionais;
— Sexo comercializado na propaganda e na prostituição;
— Sexo antidepressivo ou calmante, sempre menos tóxico do que drogas farmacêuticas!

TERAPIA DE CASAL E/OU TERAPIA SEXUAL

Rodolfo de Bernart, Roberta Giommi

A terapia sexual não implica necessariamente envolver o casal. Historicamente, essa posição pertence à opção de Masters e Johnson (1975), que consideram indispensável, não apenas trabalhar com os dois parceiros, mas também que o tratamento seja conduzido por um casal heterossexual de terapeutas.

O pedido de terapia é apresentado de modo diferente ao terapeuta familiar e ao terapeuta sexual. Quem procura o primeiro, evidentemente, são sempre casais ou famílias, ao passo que ao segundo apresentam-se casais e indivíduos, igualmente distribuídos. Destes últimos, alguns são convidados a voltar com o(a) parceiro(a), enquanto outros, por diversos motivos, devem ser tratados individualmente.

Neste trabalho, por necessidades comparativas evidentes, vamos tratar somente dos casos que, desde o início, se apresentaram como casais e para os quais se decidiu prosseguir com tratamento de casal.

Como sustenta Kaplan (1981), os problemas de ordem sexual não são, invariavelmente, manifestações de profundas perturbações emocionais ou de doenças mentais. Em muitos casos, as disfunções sexuais têm raízes em problemas mais imediatos e simples: previsão de desempenho medíocre, pretensões — reais ou imaginárias — de bom desempenho, medo de ser rejeitado ou humilhado pelo parceiro.

A terapia sexual é uma intervenção de psicoterapia breve em resposta a uma demanda sexológica. A metodologia de trabalho tem uma óptica psicossomática e multicausal do sintoma sexual, e considera o distúrbio compreensível em diversos níveis descritivos. Para a pesquisa anamnésica e para o estudo da etiologia e da patogênese, adota-se um modelo de investigação constituído por uma estrutura em cinco círculos (Pasini 1975).

As áreas identificadas nos cinco círculos são: biológica, intrapsíquica, relacional de casal, relacional de clã e social. A essas áreas somam-se dois setores, aos quais se reserva atenção especial: a esfera corporal e a do imaginário erótico. Efetivamente, o corpo vive, fala, conta, expressa a sexualidade e é, em certa medida, o trâmite de intimidade e o revelador do compromisso físico. O imaginário erótico (fantasias, sonhos, modelos etc.) é a zona do segredo e do sonho, positivo ou angustiante, que pode potencializar ou inibir a sexualidade atuada.

Para poder avançar com tranqüilidade na psicoterapia sexual, é necessário e absolutamente prioritário excluir ou delimitar precisamente qualquer causa orgânica, geral ou específica. Por esse motivo, o primeiro círculo explorado é o biológico, com encaminhamento oportuno a médicos clínicos ou outros especialistas (ginecologistas, urologistas, andrologistas, endocrinologistas etc.).

Já a área intrapsíquica pode ser pesquisada pelo próprio terapeuta, que, naturalmente, examinará a história afetiva do paciente, seu nível de auto-aceitação e ansiedade eventual. Serão também pesquisados: a existência de conflitos, elementos estressantes, medos, agressividade explícita ou latente. Somente se aparecer uma patologia psiquiátrica significativa (mesmo que latente) que justifique a suspeita de que o sintoma sexual esteja encobrindo um distúrbio psíquico, será oportuno o encaminhamento a um psiquiatra, para aprofundamento do diagnóstico, antes de continuar com a psicoterapia sexual.

O terceiro e quarto círculos referem-se, respectivamente, à esfera de casal e de clã (isto é, de família e família extensa). Esta é a área mais conhecida e pesquisada pelos terapeutas familiares, sendo também de grande interesse para os sexólogos. Serão pesquisados, naturalmente, expectativas, insatisfações, projetos, decepções com a vida matrimonial e de casal. Também é dada atenção especial à construção da vida de casal, mediante estudo do modelo escolhido e das modalidades utilizadas para estabelecer regras, dividir tarefas, definir as complementaridades. Nessa primeira fase de diagnóstico, a família extensa dos dois parceiros só é levada em conta pelo sexólogo (ao contrário dos terapeutas familiares), quando referida pelo casal como área de choque ou de divergência sobre o passado, o presente ou os projetos futuros.

A pesquisa anamnésica é completada por informações sobre a área social, ou seja, as relações de amizade do casal, situação de trabalho de cada um, filiações ideológicas e culturais, eventuais conflitos com o mundo do trabalho ou com o poder em geral, que podem influenciar, até profundamente, a vida sexual do indivíduo e do casal.

Concluída essa primeira parte de anamnese geral do indivíduo e do casal, passa-se à coleta de uma anamnese sexual detalhada, tanto no que concerne ao "aqui e agora" da disfunção, quanto no que se refere à existência eventual de distúrbios semelhantes ou diversos no passado de um ou de ambos os parceiros. Nessa fase, verifica-se a dificuldade e relutância do casal em se empenhar num comportamento sexual que possa ser excitante e estimulante, sinal de dificuldade em abandonar-se à experiência erótica na perda de controle. Podem também aparecer defesas contra a sexualidade e o prazer, erguidas pelo casal com construções cognitivas, intelectuais ou ideológicas. Examina-se, enfim, a atitude recíproca de ambos em relação ao desempenho sexual. Às vezes, aparece uma posição de "mau espectador ou exigente". Investigam-se eventuais ambições sexuais consolidadas. Em suma, os pacientes são convidados a falar detalhadamente de sua sexualidade, colocando em evidência a história do sintoma e suas modalidades de explicação.

O Instituto Internacional de Sexologia exerce sua atividade terapêutica e de pesquisa em seu Centro Clínico, com sede em Florença. Nesse centro, a intervenção voltada para o casal pode ser feita sob duas modalidades diferentes. A mais tradicional prevê uma intervenção prolongada, com sessões semanais e quinzenais com um terapeuta, e eventualmente, com a colaboração de um co-terapeuta. Há também uma modalidade "residencial", evidentemente preferível para os casais que moram longe de Florença, em que se faz a terapia de modo intensivo, com sessões bem próximas ao longo de uma semana. O casal pode repetir, uma ou mais vezes, a semana residencial intensiva, conforme a necessidade e os resultados. Em ambos os casos, um terapeuta se encarrega do casal e coordena o trabalho de todos os outros profissionais chamados a intervir no caso. Com efeito, a equipe de tratamento compõe-se de médicos e psicólogos, todos formados em sexologia, com especialização em diferentes campos (psicoterapia de casal relacional ou analítica, intervenção comportamental sexológica, enfoque corporal, relaxamento etc.). Dessa maneira, a intervenção junto ao casal (ou o indivíduo) é coordenada por um responsável; projetada e verificada em reuniões de equipe e dirigida a todos os setores problemáticos em que possa ser decomposta a demanda sexual.

Depois dessa primeira fase anamnésica, cabe ao terapeuta-coordenador proporcionar uma reestruturação cognitiva das emoções, sentimentos, vivências, e da relação corporal. Com efeito, muitos casais já chegam à terapia colocados em trincheiras opostas. Seus diálogos, nesses casos, parecem textos teatrais tantas vezes repetidos de cor, cujas "deixas" já não têm qualquer variação e não precisam que o outro escute. Para superar esse impasse, é preciso deixar de lado, pelo menos em parte, a linguagem verbal. Propõe-se então ao casal trabalhar com imagens, movimento, espaço, modalidades de

172

contato físico, com gestos etc. Um instrumento bastante utilizado nessa fase são as colagens: pede-se a cada um dos membros do casal para fazer, com figuras recortadas de revistas, colagens que contem sua história de casal ou que expressem suas opiniões sobre o casal, sexualidade, amor, no tempo, ou seja, no passado e no presente e em suas previsões para o futuro. A única sugestão que se faz é que a escolha das imagens seja levada pelo "emocional", pelo "que vem de dentro". As reações de espanto ou surpresa ou, ao contrário, de previsibilidade, com que cada membro do casal reage às colagens do outro na sessão, constituem um material precioso para a terapia, tomando como ponto de partida esses elementos emocionais novos. As emoções e desejos expressos pelas colagens podem levar a novas demandas de terapia e a novas respostas por parte do consultor.

Naturalmente, esta é apenas uma das muitas técnicas que podem ser empregadas nessa fase do trabalho terapêutico. O mesmo objetivo também pode ser alcançado por meio de outras modalidades, tais como: proposta de fazer um desenho juntos, exercícios de divisão e ocupação recíproca do espaço (Pasini 1973), simulação prescrita de brigas, construção de escultura familiar e de casal, elaboração de um mapa familiar ou de casal etc. Todos esses instrumentos, alguns deles bem conhecidos pelos terapeutas familiares, foram modificados, adaptados à necessidade específica e padronizados por Roberta Giommi e Marcello Perrotta, para uso do Centro Clínico do IIS.

A essa fase segue-se outra, que focaliza os aspectos relacionais do sintoma. Com efeito, muitas vezes, o sintoma sexual é apresentado como problema só de um ou outro dos parceiros. No entanto, desde que tenha sido cuidadosamente excluído algum eventual componente orgânico e que o momento do seu surgimento tenha sido pesquisado (antecedente à relação atual, no começo desta ou de certa fase em diante), sempre será possível fazer uma leitura funcional desse sintoma. Será então possível e necessário explorar as vantagens (e não apenas desvantagens) do sintoma e suas relações com o poder, com os equilíbrios internos e externos ao casal (família extensa). É nessa fase que se examina a contribuição do parceiro na sustentação do sintoma ou até num co-sintoma. Com efeito, é bem freqüente, em sexologia, descobrir a existência concomitante de disfunções complementares em ambos os parceiros; e não se pense que elas se devem simplesmente a algum "efeito-arrastão" causado pelo sintoma maior. Pelo contrário, observa-se facilmente que, muitas vezes, os sintomas concomitantes estão ligados aos critérios utilizados na escolha do parceiro ou à soma de obstáculos à sexualidade que foram atuados em colusão pelos dois membros do casal. Exemplos bem conhecidos são a concomitante ejaculação precoce no homem e desinteresse sexual da mulher, quer este anteceda a disfunção masculina, quer seja uma conseqüência de experiências sexuais negativas em relacionamentos anteriores. Outros exemplos: impotência decorrente da hostilidade do parceiro ao contato físico; vaginismo associado à pouca demanda sexual pelo parceiro masculino; ejaculação precoce, antecedendo ou sucessiva à solução do próprio problema de vaginismo. Além do mais, geralmente o tempo funciona como reforço da patologia instalada.

Nessa fase, é necessário: redefinir o contrato de casal, renegociar os espaços individuais e de casal, explicitar o significado da sexualidade na vida individual e de casal e as ligações entre sexualidade e sentimentos, avaliar a capacidade de confiança e colaboração recíproca entre os dois parceiros. Só depois de examinar esses aspectos pode ser iniciado um trabalho comportamental prescritivo, com a consciência de que a terapia sexual nesta fase exige, inclusive, que se trabalhe com os vários aspectos evidenciados pelas próprias prescrições. Será preciso enfrentar, por exemplo: o medo da intimidade, do próprio corpo e do outro, fobias de diversos tipos, manias, objeções, agressividade mais ou menos expressa, sempre com o objetivo de tornar favorável cada território hostil.

A fase prescritiva segue, embora não linearmente, o modelo de Kaplan (1976).

Vejamos agora o encaminhamento terapêutico quando o casal procura um terapeuta familiar. Também neste caso, será naturalmente necessária uma fase anamnésica cuidadosa, análoga à que descrevemos na primeira parte deste artigo. Infelizmente, temos observado que, às vezes, deixa-se de lado este aspecto, e, por isso, fazemos questão de insistir na importância de explorar todas as áreas às quais pode pertencer o sintoma sexual. Bem sabemos que, especialmente para o terapeuta não-médico, é forte a tentação de só "enxergar" aquilo que sua óptica leva-o a preferir, negligenciando aquilo que não conhece bem.

De qualquer forma, concluída essa primeira fase, e depois de excluídos ou bem delimitados eventuais componentes somáticos, há o perigo de o terapeuta familiar considerar o sintoma sexual como qualquer outro sintoma, e querer tratá-lo com os instrumentos habituais de qualquer terapia familiar. Achamos importante assinalar que, pelo contrário, é oportuno avaliar, caso a caso, a importância das necessidades individuais e corporais dos dois parceiros que possam requerer outros tipos de intervenção nitidamente sexológica, de caráter prescritivo ou pedagógico.

174

Durante muito tempo, a colaboração entre o Instituto de Terapia Familiar e o de Ciências Sexológicas levou a uma divisão das esferas de competência, que ocorria mediante encaminhamento recíproco de casos para tratamento específico nas duas áreas, relacional e sexual. Acontecia de um casal iniciar tratamento com um dos terapeutas do ITF e ser encaminhado a um sexólogo para a parte sexológica prescritiva ou, inversamente, estar em tratamento com um sexólogo e ser mandado para o ITF, quando apareciam problemas relacionais importantes, por exemplo, até na resistência em cumprir prescrições.

Esse modelo de intervenção permitia dar, ao paciente, acesso, do modo mais competente, às técnicas específicas necessárias em cada fase da terapia, mas criava o problema da mudança do posicionamento terapêutico e da necessidade de estabelecer uma relação terapêutica significativa no começo de cada fase, ou seja, pelo menos duas vezes. E algumas vezes aconteceu de se perder o casal nessa passagem de um para o outro.

Uma solução para esse problema consiste, evidentemente, na integração de competências relacionais e sexológicas num único terapeuta. Nesse sentido estão se orientando, há tempo, os dois institutos e as duas sociedades a eles ligadas, que estão estudando uma norma de formação relacional em terapia de casal específica para o sexólogo, e a introdução de formação sexológica específica para o terapeuta relacional.

Outra solução possível é a colaboração, em co-terapia, de dois especialistas nas duas áreas, de modo a escolher, em cada caso e a cada fase, o instrumento mais adequado para a terapia em andamento. Nessa linha vem atuando, no último período, um dos autores deste artigo (Bernart), que agora atende todos os casais em que se constate algum sintoma sexual em co-terapia com uma colega sexóloga (Daniela Giommi).

A co-terapia proporciona vantagens evidentes ligadas à diferença de sexo dos dois terapeutas, que podem se ligar melhor às experiências e sensações relatadas pelos dois membros do casal em tratamento, e podem jogar, conforme o caso, com alianças, solidariedades, linguagens sexuais específicas etc.

Além disso, um dos dois terapeutas pode se reservar a função pedagógica, que muitas vezes é indispensável em terapias sexológicas, enquanto o outro pode fazer intervenções de outro tipo (provocadoras, interpretativas etc.).

Na fase prescritiva, um dos dois pode ser aquele que segue as regras estritamente, e o outro, aquele que propõe barganhar as tarefas etc.

A co-terapia permite principalmente que se avance alternando o trabalho específico com o sintoma sexual e o outro trabalho, igualmente específico, com os problemas relacionais do casal, que muitas vezes sustentam e reforçam o sintoma, tornando-o crônico. Já na fase anamnésica, a presença de terapeutas formados nas duas ópticas (neste caso específico, um médico e outro psicólogo) permite que só se recorra a outros especialistas quando houver dúvidas fundamentadas quanto ao diagnóstico. Permite também fazer a anamnese passando com facilidade da esfera relacional para a sexual e vice-versa, segundo as preferências naturais do casal em tratamento e ligando mais facilmente o sintoma e as relações entre os dois parceiros, bem como entre eles e suas famílias de origem.

Posteriormente, a opção de privilegiar uma das áreas será sempre flexível e reversível, porque só estará ligada às respostas que se obtenham na terapia. Por exemplo, num caso em que se privilegie inicialmente o aspecto sexológico prescritivo, qualquer resistência ou dificuldade em executar as prescrições pode ser relida não só no nível sexológico, mas também da óptica relacional, às vezes levando a uma fase relacional da terapia. Inversamente, durante uma fase relacional, informações familiares significativas podem ser associadas ao sintoma sexual, mediante redefinições.

Os modelos de referência para a intervenção sexológica são aqueles que expusemos na segunda parte deste artigo; a intervenção relacional baseia-se no modelo já exposto por outros autores de nossa escola (Andolfi 1977, Andolfi e outros 1982, Andolfi e Angelo 1987, Andolfi e outros 1988) e de outras escolas (Bowen 1979, Elkaim 1986, Framo 1978, Liotti e Guidano 1975, Sluzky 1979, Warkentin e Whitaker 1970 e Whitaker 1982), e remetemos a essas obras quanto aos aspectos mais técnicos.

Queremos ressaltar aqui a importância e, ao mesmo tempo, a dificuldade do enfoque trigeracional no tratamento de casal com distúrbios sexuais.

Ao mesmo tempo que, para nós, é evidentemente impossível renunciar ao exame dos relacionamentos com as famílias extensas durante o tratamento (Framo 1978, Andolfi e colaboradores 1987, 1988), também é claro o motivo pelo qual, muitas vezes, renunciamos a chamá-las para participar das sessões. É sempre muito difícil convencer um casal a discutir seus problemas sexuais diante dos pais. Contudo, algumas vezes, fomos obrigados a pedir que o casal voltasse "acompanhado dos pais", quando os vínculos com a família extensa impediam um relacionamento de casal sem que os dois parceiros estivessem conscientes disso. Nesses casos, porém, abstivemo-nos de tocar a esfera sexual na presença dos pais, a menos que os próprios membros do casal quisessem enfrentar o problema.

176

Achamos oportuno lembrar aqui também outro fenômeno característico da co-terapia: a influência que a comunicação entre os dois parceiros exerce sobre a comunicação dos terapeutas. Sabe-se que, freqüentemente, as dificuldades de comunicação do casal em tratamento acabam contagiando os dois terapeutas, que começam a ter as mesmas dificuldades para se comunicar entre si. Esse fenômeno é evidentemente um risco, mas também uma ferramenta interessante. É evidente que, se os dois terapeutas conseguirem metacomunicar essas dificuldades entre si (facilmente reconhecíveis, porque geralmente novas), poderão também efetuar um diagnóstico mais rápido e uma intervenção mais eficaz. Com efeito, bastará modificar a comunicação entre eles para fornecer um modelo para o casal em tratamento.

O número ainda relativamente reduzido de tratamentos concluídos não permite, por enquanto, tirar conclusões sobre a eficiência deste modelo de intervenção; mas o balanço provisório mostra maior rapidez, e portanto menor duração do tratamento; e é claro, desapareceu o fenômeno de se perder o casal por ocasião do encaminhamento de uma área especializada à outra.

Bibliografia

ABRAHAM, G., PASINI, W., *Le terapie sessuali della coppia*, in (vários autores) *Psicoterapia della coppia*, Il Pensiero Scientifico, Roma, 1975.
ABRAHAM, G., PASINI, W., *Introduzione alla Sessuologia Medica*, Feltrinelli, Milão, 1975.
AGUAE, C., "Enfoques basicos de psicoterapia comportamental: Terapía Marital y Sexual", *Terapia Familiar*, 9:9-20, dezembro 1982, Argentina.
ANDOLFI, M., *La terapia con la famiglia*, Astrolabio, Roma, 1977.
ANDOLFI, M., ANGELO, C., MENGHI, P., NICOLO'-CORIGLIANO, A., *La famiglia rigida*, Feltrinelli, Milão, 1982.
ANDOLFI, M., ANGELO, C., *Tempo e mito nella psicoterapia familiare*, Boringhieri, Turim, 1987.
ANDOLFI, M., ADDAZI, A.M., AMBROGI, M., CASTELLANI, P., FACDENDA, A., ROSSI, M., TULIPNO, C., *La Famiglia Trigenerazionale*, Bulzoni, Roma, 1988.
BOWEN, M., *Dalla famiglia all'individuo* (editado por Andolfi M. e Nichilo M.), Astrolabio, Roma, 1979.
CIGOLI, V., GALBUSERA-COLOMBO, T., "Coppie in attesa del primo figlio: come si programma la vita?", *Ter. Fam.*, 7:37-52, 1980.
CROWE, M., "The Treatment of Marital and Sexual Problems", in BENTOIVIM, A., GORELL-BARNES, J., COOKLIN, A., *Family Therapy: Complementary Frameworks of Theory and Practice* vol. 1, Academic Press, 1982.
ELKAIM, M., "A Systemic Approach to Couple Therapy", *Fam. proc.* 25:35-42, 1986.

FRAMO, J., "La famiglia d'origine come risorsa terapeutica", *Ter. Fam.* 4:99-122, 1978.

GALBUSERA-COLOMBO, T., CIGOLI, V., "Coppie in attesa del primo figlio: alcuni romanzi familiari", *Ter. Fam.* 8:37-53, 1980.

HALEY, J., "La terapia di coppia" in *Le strategie della Psicoterapia*, Sansoni, Florença, 1974.

HEIMAN, J. R., LO PICCOLO, L., LO PICCOLO, J., "The Treatment of Sexual Dysfunction", in GURMAN, A. S., KNISKERN, D. P., *Handbook of Family Therapy*, Brunner Mazel, Nova York, 1981.

HUMPREY, F. S., "Treatment of Extramarital Sexual Affairs", in GURMAN, A. S., *Questions and Answers in the Practice of Family Therapy*, Brunner Mazel, Nova York, 1981.

KAPLAN, H. S., *I disturbi del desiderio sessuale*, Mondadori, Milão, 1981.

KAPLAN, H. S., *Nuove terapie sessuali*, Bompiani, Milão, 1976.

PARTE IV
Casais desintegrados e reconstituídos

Os textos seguintes tratam de temas sobre uma questão que vem adquirindo dimensões crescentes na Itália, como já aconteceu em outros lugares (Estados Unidos, por exemplo) durante a última década.

O que fazer quando o casal quer se separar e não consegue, ou quando, apesar da separação material, perdura uma série de relações, muitas vezes ligadas à existência dos filhos ou outros vínculos? Como lidar com o casal recentemente formado, cujas ligações com os ex-parceiros permanecem ativas?

Nesse campo novo e instigante para a atividade clínica, de pesquisa e de formação, é necessário ter como ponto de partida um fio condutor que dê um mínimo indispensável de segurança aos profissionais que trabalham nessa área. Um fio que não alinhave dúvidas e curiosidades, e que por isso mesmo sirva futuramente para tecer tapetes em que se desenhem conceitos e práticas mais coerentes e criativas.

Concordando com a necessidade de dispor de diversas perspectivas de investigação, podemos compartilhar a sensação de que a tendência atual é concentrar a atenção nos métodos de intervenção, mais do que verificar as ''verdades'' estabelecidas e os contextos teóricos em que se inserem.

Como observaremos adiante, ter um horizonte e equiparar seus limites aos da realidade examinada significa identificar essa realidade com o horizonte, e isso se presta a percepções ilusórias e confusas.

Isto suscita o problema da distinção entre conhecimento e ilusão, embora, na tentativa de tornar estático aquilo que em geral flui, estruturemos horizontes diferentes e tornemos possível defini-los por um método que assinala e manifesta as diferenças.

Estabelecidas essas premissas, analisemos mais atentamente o termo ''desintegrados'', referido a casais. Focalizando a atenção no conceito de "integridade", o "des" implica, de modo ativo e dinâmico, o conceito de separação. Mas somos nós que, devido às ressonâncias emocionais, às vezes damos a esse termo conotações dramáticas, incluindo até a idéia de uma explosão. Da mesma forma, em uma atitude mais reflexiva, aceitamos que aquilo que é íntegro, inteiro, pode mudar de forma, pode ser dirigido de modo gradual no tempo e pode ser positivamente redefinido. O fato é que, na realidade, as modalidades de separação dos casais contribuem para reforçar ora uma, ora outra dessas imagens.

Casais que de repente se separam, casais separados que continuam convivendo, casais separados que se ajudam, e outros, que se atacam ferozmente, casais que parecem não ter guardado nem sombra de sua história, casais que não conseguem cortar e redefinir seu vínculo, casais que vivem a separação em múltiplos triângulos (filhos, famílias de origem, instituições, personificações de fantasmas). Daí a necessidade de horizontes que sirvam de orientação e limite.

Todos os trabalhos apresentados a seguir, embora em contextos diferentes, parecem colher no aqui e agora do encontro uma intenção ou potencial terapêutico implícito ou explícito, codificável e portanto passível de ser transmitido.

Quais são os vínculos que unem duradouramente os membros de um casal, como se transmitem e reproduzem no tempo, como se inserem na construção da identidade individual? Nessas situações de desintegração, a memória do passado parece perder-se; a tarefa dos terapeutas seria então "reatar" as pontas de um tecido esgarçado. O encontro com o terapeuta torna-se, metaforicamente, o momento de reunir esses pedaços de história que foram separados.

O espaço vazio da relação, onde "não há transmissão", "não-aliança" e "não-reconhecimento do outro", vai sendo preenchido por um potencial evolutivo que dá origem a um processo vital.

Nessas situações, é característica a posição da criança, portadora do fantasma de fracasso dos pais e, às vezes, expressão meramente biológica de um relacionamento passado, congelado no tempo.

Colocar o tempo em movimento talvez seja, então, o problema e a solução possível, não necessariamente explicitada, para um projeto terapêutico. Embora seja preciso enfrentar, para realizar isso, as dificuldades ligadas a um contexto peculiar, de tipo judiciário, em que ocorre uma luta feroz pela definição do relacionamento e fica mais difícil aceitar soluções de compromisso. Mas, ao mesmo tempo, a criança sobre a qual quase inevitavelmente recaem os conflitos do casal proporciona áreas de redefinição visando quebrar a rigidez e fazer surgirem possibilidades alternativas.

A criança torna-se trâmite do "vínculo desesperador", cuja existência os protagonistas reivindicam continuamente, negando-o ao mesmo tempo.

Para entender a complexidade das situações que estamos descrevendo, surgidas em conseqüência da emergência de uma nova realidade social, os instrumentos interpretativos e teóricos tradicionais provavelmente já não serão suficientes. São necessários novos paradigmas e novos horizontes, a partir dos quais se possa reestruturar uma série de crenças apriorísticas que se mostram ineficazes no nível operacional.

Muito se tem insistido, nos últimos anos, na diferenciação, na individualização, na separação, muitas vezes entendidas como processos de *ruptura* e de *rejeição* de vínculos impostos por relações atuais ou passadas. Parece ter chegado o momento de nos perguntar o que continua válido nesses conceitos e o que não passa de produto de estereótipos culturais. Na cultura em que vivemos, a exaltação de todos os valores que possam estar ligados à afirmação da "individualidade" e do ego, em contraposição aos valores sociais, parece estar aumentando e não reduzindo as tensões de casal. Isso favorece a desintegração, em vez da integração, e uma ação terapêutica que só leve em conta o primeiro tipo de exigência corre o risco de deixar de lado justamente a necessidade de salvaguardar e reestruturar a ligação, que é o que pedem os casais que buscam terapia.

AS CRIANÇAS, PEQUENOS ULISSES ENTRE CILA E CARIBDE[*]

Carmine Saccu, Giovanna Montinari

Ao golpe firme da clava, a pedra partiu-se em dois pedaços, caindo um para cada lado; jaziam inertes, sem memória de seu passado. Entre os dois, um espaço que nos ensinaram a chamar de vazio. Um pouco além, também jaziam inertes os cacos de um vaso antigo, mas uma mão atenta os ia recompondo, até que o guerreiro, a lança e o cavalo reapareceram em sua integridade original. Cada um dos cacos trazia em si um pedaço do outro. O espaço entre eles conservava a marca de uma memória antiga, que se percebia como presença.

Mais além no tempo, um homem e uma mulher estavam sentados longe um do outro. Olhares sombrios e palavras cortantes evocavam um passado denso de significado. Há alguns meses, aquele homem e aquela mulher não eram mais um casal.

Para nós, incumbidos de atendê-los, o espaço entre eles parecianos tomado por uma realidade conflitante, onde iam se condensando atribuições, emoções rancorosas, sofrimentos, afirmações, vãs tentativas de solução. Naquele espaço, a própria história, que chamamos de processo, é lida em letras diferentes. Por outro lado, não pode deixar de ser assim, no momento da separação.

Tínhamos nos preparado bem no estudo do casal, concentrando a atenção no processo, em grande medida inconsciente, que dá forma ao modelo de um casamento, que é o conceito de colusão, pelo qual necessidades e sofrimentos são reciprocamente atribuídos, numa unidade que torna difusos os limites do ego. Daí o estudo de realidades psicológicas que impliquem a escolha de parâmetros de rigidez e flexibilidade no sistema formado.

---

[*] Segundo a mitologia grega, no estreito de Messina, o navegante Ulisses enfrentou, ao mesmo tempo, dois perigos: bater de encontro ao rochedo de Cila ou ser tragado pelo sorvedouro de Caribde, ambos representados como monstros. (N. T.)

Assim, para nós, a separação era um processo complexo, que permitia que se evidenciasse uma área disfuncional, tanto maior e mais intensa quanto maior a incongruência entre separação formal e separação psicológica.

É um longo processo retomar as próprias partes que cada qual, no jogo de atribuições, depositou no outro para serem protegidas. Por isso, muitas vezes contávamos o exemplo do casal que realizara o máximo de separação física. Depois de uma estranha luta pela guarda dos filhos e para ficar com a casa, a mulher perdeu e voltou para sua terra, na América do Sul, aparentando uma renúncia total.

O marido, agora vencedor, mal tolerando que seu perseguidor saísse de cena mediante um aparente ato reparatório de justiça, como o motivava, combinara de se encontrarem num país neutro, para que ela pudesse rever o filho de 10 anos e as duas filhas, de 14 e 16 anos.

Aproveitando um passeio inocente, a mulher alugou um avião e levou embora as duas filhas. Esse movimento pegou-o de surpresa, mas, psicologicamente, trouxe-lhe de volta o perseguidor, renovando um circuito relacional conflitante, no qual parecia mover-se com mais segurança.

A continuação da história era nova na forma, velha no conteúdo. Marcos, de 10 anos, que voltara para a Itália com o pai, sofrendo de um angioma no pênis, recusava ser operado se a mãe não estivesse presente e ameaçava suicidar-se se a mãe e as irmãs não voltassem. Mas a volta da mãe, denunciada pelo marido por seqüestro de menores, acarretaria sua prisão imediata.

O conflito, dizíamos, é um vínculo que satisfaz instâncias profundas, que não podem ser preenchidas pela separação física.

Por isso, nossa intervenção deve ter, implicitamente, uma intenção terapêutica. Muitas vezes enfrentamos esse dilema, discutindo-o em seminários, inclusive com juízes.

Com efeito, em situações de separação não-consensual, a conflitualidade entre os cônjuges pela atribuição da casa conjugal e guarda dos filhos investe o juiz de instrução do Tribunal Civil em seu papel institucional decisório. Freqüentemente ele recorre à competência de um consultor técnico nomeado (C.T.U — *consulente tecnico d'ufficio*), formulando um quesito que tende essencialmente à salvaguarda e proteção do menor. "Diga o C.T.U., após o exame dos autos do processo, visto as partes, analisados os ambientes e as pessoas significativas, qual seria para os menores o melhor regime de guarda e as modalidades de visita para o progenitor que não detenha a guarda." O C.T.U. deve prestar juramento antes de dar início às operações periciais a serem acordadas com os advogados das partes.

184

Havíamos colocado nossas reflexões sobre três aspectos significativos:
1) O contexto e sua lógica subjacente;
2) O papel do C.T.U. relacionado à sua identidade profissional;
3) A metodologia de intervenção.

O contexto judiciário é ativado pela solicitação de um julgamento acima das partes envolvidas, em que está implícita uma expectativa de avaliação qualitativa da atuação passada e presente dos contendores. Em função desse julgamento, cada uma das partes explicita uma atitude que exalte qualitativamente sua própria definição e amplie, em termos depreciativos e negativos, a definição da outra parte. "Diga, o senhor, qual de nós é bom e qual é mau." Assim, todos os esforços tendem à ampliação das atribuições que confirmem as definições explicitadas na solicitação de julgamento (ativação do contexto judiciário).

Sabemos como uma modalidade atributiva de qualidade positiva responde a uma lógica linear própria, enquanto, através dos atributos específicos sobre a pessoa, torna implícita uma relação de causalidade na leitura dos eventos com implicações no plano da responsabilidade.

É como se cada qual dissesse: "Eu sou responsável e portanto digno de confiança, como demonstra minha história; já o outro é irresponsável, como demonstra sua história, que eu relatei, e portanto não é digno de confiança, sendo até mesmo a causa do mal passado, presente e futuro dos meus filhos".

Assim começa uma disputa massacrante, à luz de um escopo nobre, que é a sanidade e bem-estar da prole, exaltando o aspecto sacrificial. "É preciso agir depressa." A urgência é concretizada na dramatização das instâncias conflitantes: "O meu filho deixou de comer, e quando come vomita, vive chorando... perdeu o sono, tem medo de tudo, só consegue dormir junto comigo... está transtornado e ameaça suicidar-se se o obrigarmos a ficar com...". Saem a campo as famílias de origem. A batalha estende-se. Cada qual está pronto a trazer o testemunho de parentes, amigos, conhecidos. O *dossiê* vai engrossando, o mesmo *dossiê* que o C.T.U. leva consigo no ato do juramento. Mas sobre o que jurou? Ele sabe que uma história não se esgota naquelas definições rígidas e que a urgência nessa lógica ata-lhe as mãos. E será que o processo em curso é mesmo tão estranho a ele? Como sua ideologia e sua formação se inserem na história dessas pessoas? Nossas reflexões atentas levaram-nos a alguns esclarecimentos sobre o papel e a identidade profissional do C.T.U.

1) A consciência de fazer parte do processo como observador participante.

2) A posse de uma chave de leitura que permite ler o processo num espaço-tempo psicológico, com uma lógica de causalidade circular.

3) A conceitualização que lhe permite inscrever o processo de separação num quadro de referência muito mais cheio de significações do que o quadro que lhe é proposto.

4) A consciência de que, em todo processo evolutivo, todos os membros, consciente e inconscientemente, concorrem ativamente para determinar a configuração organizacional do sistema familiar em seu ciclo vital.

5) A competência para identificar os níveis de complexidade no encontro entre vários sistemas.

6) A consciência de que todo processo de diagnóstico tem um nível terapêutico implícito e, portanto, requer uma metodologia coerente para conseguir colher, no momento judiciário, uma oportunidade de releitura da história do casal, numa dimensão prospectiva elaborativa e propositiva.

Naquele cômodo, o espaço entre os dois, que diziam não ser mais um casal, estava agora mais cheio. Marcos e Francisco, de dez e seis anos, movimentavam-se fazendo sentir sua presença.

Nós pedíramos que fosse assim, para poder captar os aspectos incongruentes que pudessem emergir entre a leitura de sua história em pleno contexto judicial e aquilo que, naquele espaço e naquele tempo, nos era dado a perceber diretamente.

Marcos, com uma revistinha nas mãos, sentou-se no colo do pai para lhe mostrar as figuras e as cores. Francisco, de camisa aberta, atraía a atenção da mãe e, ao mesmo tempo, ia fazendo pedidos cujo conteúdo era muito distante daquilo de que se estava falando. Depois, de repente, afastou-se da mãe e, com ar reivindicatório e ao mesmo tempo queixoso, colocou-se entre os dois, acusando o irmão de ter pegado a revistinha dele.

Então Marcos, incomodado, defendeu-se do assalto do irmão com uma reação brusca e malcriada, que teve como efeito aumentar o choro e o desespero de Francisco. A mãe levantou-se para enxugar o choro, abrindo espaço para que o pai procedesse a uma intervenção pedagógica junto a Marcos: "Você é o mais velho e tem que entender seu irmão, vivo dizendo isso para você".

Depois, o jogo recomeçava de outro jeito, com soluções inevitavelmente dramáticas, nas quais era possível perceber um desenho. Como em um acordo secreto, agiam de modo a estimular a atenção contínua dos pais. Assim, mais de uma vez, fizeram com que se levantassem quando iam continuar conosco a conversa interrompida.

186

Numa coordenação sutil, eram capazes de modular comportamentos e respostas. "Agora chega, venha sentar aqui perto de mim", dizia o pai ao mais velho, controlando uma reação de aborrecimento, convencido de ter conquistado um tempo e um espaço para prosseguir. Sedutores e provocadores, eram senhores do campo, como se tivessem compreendido que, naquele contexto, diante de nós, nenhum dos dois podia se dar ao luxo de parecer "mau" pai ou mãe "má"

Estavam como que presos numa lógica "pirandelliana", em que a severidade e o controle são lidos, por eles mesmos, como juízo negativo a ponto de poder fazer pender a balança para um ou outro lado.

Em uma luta em que cada qual deve mostrar ser o melhor como pai ou mãe, pedem secretamente aos filhos cumplicidade e consentimento.

Quanto a nós, nem um pouco decepcionados com o que estava acontecendo, igualmente atentos em observar o grau de empenho paternal que mobilizava cada um deles, mostramos a eles as finalidades estratégicas de seus atos e procuramos historiar as modalidades interativas de Marcos e Francisco, para compreender como elas se ativaram e ao mesmo tempo foram ativadas no espaço do casal. Nos últimos tempos, quando a crise tinha se tornado mais evidente para eles, cada um dos filhos dormia com um dos pais, em quartos separados.

Os próprios pais, num sacrifício aumentado, haviam assegurado presença constante, fechando-se para qualquer relacionamento com pessoas de fora; mas, regredindo mais no tempo, Marcos e Francisco tinham se mostrado muito mais exigentes em estimular respostas dos pais, mediante febres, dores de garganta, machucados, galos na cabeça e, além de tudo isso, asma de um e enurese do outro.

Tão grande evidência de "empenho paterno" de ambos, confirmado no aqui e agora da nossa reunião, levou-nos a expressar nosso espanto: "Ficamos um pouco desorientados — dizíamos —, entre o que está escrito nos documentos judiciais, e que vocês dois confirmam contínua e reciprocamente, e o que estão nos mostrando hoje". E mais: "Ajudem-nos a entender com quais e quantas estratégias Marcos e Francisco levaram vocês a serem pais 100% e, ainda por cima, com um sentimento de culpa por não serem ainda mais".

Nesse novo modo de utilizar o tempo pericial "para sermos ajudados por eles a compreender melhor", tínhamos colocado, num contexto lúdico, três propostas. Primeira: pais e filhos juntos, cada qual ativo em inventar e depois representar uma história. Segunda: o pai com os dois filhos, com uma tarefa análoga; e terceira, algo semelhante com a mãe e os filhos. Depois, fomos para trás do espelho unidirecional para que ficassem mais à vontade.

Senhores do campo em que a fantasia é soberana, as crianças arrastam os adultos, levando-os a superar a rigidez tática e estratégica, e estes, envolvidos em vários níveis, demonstram, nos jogos definitórios, capacidades e potencialidades inexpressas ou enjauladas. E uma vez mais fica difícil negar a evidência de que a pele entra, de modo significativo, como evidenciador da qualidade de uma relação. A gente se toca, rola, briga, e as emoções escoam contidas por um contexto lúdico, em que a realidade e a ficção se confundem. A nosso ver, o jogo, como área intermediária em uma metodologia de trabalho, muitas vezes também é predeterminada por uma lógica rígida, como a judiciária.

Os pequenos Ulisses moviam-se com perícia entre Cila e Caribde, introduzindo-se na área do simbólico para ler papéis e funções que desempenhavam ou se preparavam para desempenhar como reflexo de modalidades interativas, de desejos e necessidades profundas, de fantasmas angustiantes.

A história que tinham inventado e que agora se preparavam para representar incluía-os como animais em uma floresta. Tinham construído a história, pedaço a pedaço, falando em voz baixa, entre risadinhas e chamados. O embaraço inicial dera lugar a uma atmosfera mais íntima, que permitia a cada um deles entrar no personagem, quase divertindo-se. O pai leão movia-se pela floresta com a leoa, procurando por toda parte os dois leõezinhos que tinham se perdido. O lamento da leoa ecoava baixinho na floresta, com terríveis imagens de desventura e o pai então a tranqüilizava. Ambos andavam pela sala, fingindo não perceber as duas cabecinhas aparecendo por trás das cortinas. Em certos momentos, o leãozinho maior procurava controlar a excitação do menor, lutando entre esconder-se e mostrar-se. Essa foi a causa da primeira briga entre os dois, provocando a intervenção dos pais. O jogo foi interrompido e depois retomado, com novas regras impostas pelo mais velho, incluindo a de não se mostrar nem fazer sinais. Depois vinha o reencontro e a felicidade na volta à gruta. Quando anoiteceu, foram postos para dormir, o que foi difícil, devemos dizer, se é verdade que os dois entravam e saíam do jogo, ora reivindicando-se leõezinhos, ora Marcos e Francisco.

Sozinhos no cômodo, imersos em seu papel parental na ficção, pai e mãe tinham demonstrado sua competência para resolver juntos os problemas que surgiam.

Na segunda proposta, Marcos, fortalecido por uma experiência vivenciada com o pai numa viagem aérea, reconstruíra o contexto de um aeroporto e dirigia o trânsito do alto da sua torre de controle.

Com voz firme, falando num microfone imaginário, obrigava o pai e o irmãozinho, designados como passageiros, a esperarem.

Devido a uma avaria, tinham sido obrigados a ficar a noite toda no aeroporto, e só poderiam partir para Paris na manhã seguinte. O mesmo lhes ocorrera novamente ao prosseguirem viagem para Nova York, onde várias peripécias se acrescentaram à fantasia de Marcos, com alternância entre atos agressivos e atos subitamente reparadores.

Assim, em pleno vôo, um motor tinha pegado fogo e o avião foi obrigado a um pouso forçado no mar, e os passageiros, já nas últimas, se salvaram em botes infláveis. Depois, excitado, ficara de pé na cadeira ao perceber um conflito mundial: "Nem a ONU pode fazer nada", gritava, batendo com diversos objetos na mesa.

Na terceira proposta, o trenzinho ia seguindo rápido, sacolejando e apitando. A mãe era a locomotiva, na primeira cadeira da fila simulando os vagões. Francisco, prepotente, inseriu-se no primeiro vagão, deixando o segundo para Marcos. Paradas e partidas, comentários de viagem. Tudo parecia tranqüilo quando, durante a viagem, Marcos, apoiando-se com as mãos no espaldar da cadeira-vagão, começou a balançá-la, transmitindo vibrações fortíssimas a Francisco, que estava na frente. Era um jogo, mas quanta violência no gesto!

Depois fizemos algumas reflexões junto com os pais.

A separação é um evento desestabilizador, cujas tonalidades geram ansiedade para todos os membros da família.

A nova e imprevisível carga de tensão dá margem a escassa atividade representativa dos eventos futuros, e muitas vezes em termos catastróficos. Por isso, cada qual luta para manter estáveis as configurações relacionais que mais lhe davam segurança emocional. Isso é ainda mais evidente para os filhos, solicitados a escolher entre duas figuras emocionalmente significativas, numa lógica que fantasia o desaparecimento e a perda de um dos dois de modo dramático e denso de mensagens contraditórias. Essa tensão leva à colusão especular com fantasias análogas de desaparecimento e perda em cada um dos membros do casal parental, reforçada pelas atribuições negativas recíprocas.

Paradoxalmente, o espaço interativo é preenchido por uma área conflitante, que parece conter a ânsia de separação, por não haver alternativas possíveis e igualmente válidas, que com o tempo poderão ser colocadas.

Há contudo uma diferença entre pais e filhos. Para os pais, não é difícil recuperar eventos significativos de sua história; encontrar, na rigidez das atribuições recíprocas, a base capaz de conter múltiplas ânsias. Acordar de noite e logo achar a imagem daquele que foi a causa de nossos males é uma maneira de não ficar só.

Para os filhos, esse processo é mais difícil, a menos que tenham sido anteriormente envolvidos em jogos abertos de aliança, que tornam a definição de cada um dos pais mais real e mais estável no tempo. Na maioria das vezes, o evento separação se impõe como uma evidência e uma realidade difícil de aceitar, com uma força superior às possibilidades de controle dos filhos. Antes que seja possível qualquer adaptação, encontram-se imersos numa lógica que solicita deles uma definição que investe a área emocional e aciona a área fantasmática em diversos níveis de profundidade. A separação é então como um ativador de áreas fantasmáticas que devem ser reconhecidas e protegidas para que não sejam gerados ou ampliados e enrijecidos mecanismos baseados em sentimento de culpa.

No contexto do jogo, as emoções emergiram de modo prepotente, com imagens fortes e violentas, temperadas por imagens reparadoras (depois de uma noite no aeroporto, o pai e o irmão tinham despencado no mar e foram salvos *in extremis*) ou mesmo atuadas (os solavancos na cadeira-vagão do irmão). Fantasmas edipianos e caínicos reaparecem, confusos e terrivelmente ansiógenos, fortes em sua ambivalência, junto com os temidos fantasmas da separação, que compartilham o espaço com as novas imagens que a realidade judicial solicita e impõe.

Para dar segurança e sustentação, é preciso criar uma lógica, na qual os personagens envolvidos vivam uma experiência que evidencie as potencialidades construtivas e positivas do relacionamento de ambos os pais. Efetivamente, há um aspecto incontestável: cada um dos pais se define competente e cada qual está pronto para reivindicar uma capacidade de relacionamento e uma atitude pedagógica sadia.

É também incontestável que cada um deles será pai ou mãe pelo resto da vida. Um trabalho cuidadoso consiste, então, em criar evidências irrefutáveis, no tempo e no espaço pericial, que façam emergir os aspectos contraditórios e as áreas incongruentes ligadas às definições anteriormente sustentadas.

A área intermediária das fábulas representadas em nossa metodologia era um exemplo; mas havíamos trazido outros ainda, mostrando a eles como, "distraindo-se", e, portanto, escapando temporariamente à lógica judicial, podiam resolver problemas que surgiam com os filhos. Também havia sido importante assinalar todos os comportamentos, individuais ou conjuntos, que podiam ser lidos como tentativas dos filhos de desempenhar uma função de diversão ou cobertura no confronto dos pais, como se seguissem um desenho

190

predeterminado. Mais delicada, mas visando igualmente à focalização do espaço parental, foi a separação de outras duas áreas conflitantes relativas à relação de casal e à relação com as famílias de origem. Sabíamos que os jogos redefinidores podiam permitir leituras complexas, em que cada qual podia colocar as imagens de sua própria história, sob luz e perspectivas diversas. Uma mão atenta ia recompondo... o espaço entre eles conservava a marca de uma memória antiga, que se percebia como presença. A separação consensual foi o resultado dessa intervenção.

Bibliografia

ANDOLFI, M., *La terapia con la famiglia*, Astrolabio, Roma, 1977.
BENEDEK, E. P., "Joint Custody: Solution or Illusion", *Am. J. Psych.*, 1979.
CIGOLI, V., GULLOTTA, G., SANTI, G., *Separazione, Divorzio e Affidamento dei figli*, Giuffrè, Milão, 1983.
DELL'ANTONIO, A. M., *Il bambino conteso*, Giuffrè, Milão, 1983.
DICKS, H. V., *Marital Tensions*, Routledge & Kegan Paul, Londres, 1967.
MONTINARI, G., "La perizia in tema di affidamento", in *Trattato di Criminologia*, vol. VI "Aspetti Criminologichi e Psichiatrico-forensi dell'età del minore", edição de FERRACUTI, F., Giuffrè, Milão, 1987.
MONTINARI, G., SACCU, C., "Identità del perito, identità del terapeuta", Seminário no I.T.F. de Roma, in *Terapia Fam. Notizie*, n. 4, julho 1985.
SACCU, C., *L'enfant: de l'object de soin à l'instrument de formation relationnelle, La création du systhème thérapeutique*, Les Editions ESF, 1987.

FAMÍLIAS RECONSTITUÍDAS: A CRIAÇÃO DE UM NOVO PARADIGMA[1]
Elizabeth Carter

Segundo o United States Census Bureau, a porcentagem de divórcios nos Estados Unidos é mais elevada entre as pessoas que estão no segundo casamento — 49% contra 47% — e prevê-se que chegará a 60% em 1990. Isto significa que um quinto dos americanos que hoje têm cerca de trinta anos irá passar, não somente por um, mas por *dois* divórcios. O fim do segundo casamento acontece até em menos tempo: depois de apenas quatro anos, em média, contra sete anos após o primeiro casamento.

Essas estatísticas perturbadoras, no entanto, não constituem um fator determinante para as pessoas, pois 65% das mulheres e 70% dos homens voltam a se casar com a convicção de que o primeiro divórcio aconteceu por uma escolha errada de parceiro ou por algum problema emocional pessoal ou familiar, e não devido a alguma falha da instituição matrimonial em si.

Muitos deles acreditam que casar de novo lhes dará oportunidade de retomar as expectativas originais em relação ao casamento e à família.

Essas idéias fazem com que muitas pessoas, inclusive os terapeutas, não reconheçam a necessidade de um paradigma *inteiramente novo* para compreender a complexidade das relações em uma família reconstituída.

As tentativas de criar uma família nuclear "intata", como no primeiro casamento, trazem várias conseqüências:

1) erguer uma fronteira muito rígida, baseada em lealdade, em torno dos membros da nova família, leva a excluir, de fato, os pais bio-

---

1. Artigo preparado para publicação em versão mais extensa num volume editado pela entidade The Women Project in Family Therapy. O livro, intitulado *Family Relationships: Feminist Clinical Practice*, tinha publicação prevista para fins de 1988, pela Guilford Press, Nova York.

lógicos ou os filhos da primeira união, e por isso não é realista, embora seja, evidentemente, muito difícil renunciar à idéia de "família nuclear".

2) O fato de a ligação pai/filho ou mãe/filho ter nascido antes da ligação entre os cônjuges, às vezes muitos anos antes, representa uma dificuldade estrutural nas famílias reconstituídas, e tende a produzir rivalidades entre o progenitor e o enteado, como se a relação fosse do mesmo nível hierárquico.

3) Os papéis sexuais tradicionais, que requerem que a mulher cuide do bem-estar emocional da família, opõem a madrasta à enteada e colocam a nova mulher e a ex-mulher em posição competitiva, particularmente no que diz respeito aos filhos. E ainda o fato de que o homem deva cuidar dos aspectos econômicos coloca o segundo marido contra o primeiro: quem "perder" paga a conta.

Embora os problemas econômicos sejam muitas vezes motivo de conflito, os maiores problemas, nas famílias reconstituídas, decorrem das idéias tradicionais acerca do papel da mulher.

É ela quem tem de fazer o marido feliz, mesmo estando ele atormentado por sentimentos de culpa e raiva por problemas não resolvidos no primeiro casamento; é a mulher quem tem de consertar a infelicidade que os filhos (dele) sofreram na primeira família, mesmo se eles a odeiam porque se casou com o pai deles; ela tem de enfrentar as intromissões da ex-mulher do marido e as de seu próprio ex-marido; deve se assegurar, sem ser intrometida, de que seus próprios filhos tenham um bom relacionamento com o padrasto e com o pai biológico, independentemente do comportamento que este último possa ter em relação ao sustento e o cuidado com os filhos.

A mulher que tentar cumprir todos esses deveres, e muitas tentam, está destinada a se tornar, muito em breve, uma esposa insuportável e uma "madrasta incapaz".

O novo modelo para os sistemas reconstituídos deveria abranger, então, os seguintes pontos:

1) *Fronteiras permeáveis em torno da família*, de modo que os filhos possam transitar facilmente, segundo o que foi acordado. Isso permitiria construir um canal de comunicação entre os ex-cônjuges, entre os pais e filhos biológicos, os avós e outros parentes.

2) *Aceitação e apoio às responsabilidades e sentimentos do novo cônjuge* em relação aos filhos da primeira união, sem querer substituir nem se opor ao apego entre eles.

Na maioria das vezes, costuma-se analisar, especialmente, os problemas de adaptação dos filhos nas famílias reconstituídas; mas o vínculo mais recente é o dos cônjuges, e por isso o mais frágil, e nada incide tão negativamente sobre ele quanto o envolvimento ou o conflito com os filhos.

3) *Revisão dos papéis sexuais tradicionais.* As velhas regras, pelas quais cabe às mulheres criar os filhos e aos homens trazer dinheiro para casa, não se aplicam às famílias em que as crianças não são filhas da esposa atual e parte da receita não pode ser produzida nem controlada pelo atual marido.

Essa revisão de papéis implica também que, especialmente no começo, *cada um* dos cônjuges seja responsável pela criação e educação de seus próprios filhos biológicos, se possível com a ajuda do ex-cônjuge.

Essa sugestão não visa a fazer com que o progenitor biológico tenha um comportamento rigidamente autoritário, embora esta possa ser uma medida temporária necessária, no caso do *acting-out* particularmente grave em adolescentes.

Mas, em geral, a intenção é incentivar o progenitor biológico a tomar as decisões mais importantes, estabelecer as regras gerais, *ao invés de* delegar essas funções essenciais ao cônjuge, embora muitas vezes essa delegação lhe seja conveniente.

A relação entre os filhos e os novos "pais" deve ser definida por estes últimos, levando em conta a idade das crianças, as circunstâncias do divórcio e os desejos das pessoas envolvidas. Podem estabelecer, por exemplo, um tipo de relacionamento baseado na amizade, isto é, não limitado ao clássico relacionamento de pai e filho.

Mas tudo isso está bem distante do que a maioria das pessoas pensa: que a madrasta, como mulher, deve se encarregar da casa, dos filhos e dos aspectos emocionais dos relacionamentos dentro da família. Não se diz como ela poderia cuidar dos filhos do marido sem entrar em conflito com a mãe biológica deles, mas quando isso acontece, então é a ela ou à mãe que se atribui toda a culpa.

Os choques entre enteada e madrasta são muito freqüentes, pois as filhas se encarregam de proteger a própria mãe. Uma pesquisa recente (Bray 1986) demonstra que, nas famílias reconstituídas, as filhas manifestam nível de estresse mais elevado do que os filhos.

Às vezes, por intervenção do marido ou de um terapeuta familiar, a madrasta pode renunciar a educar os enteados, mas continua se encarregando de cuidar da casa e da atmosfera emocional da família. Nesses casos, a situação com certeza é pior.

Os filhos fazem bagunça na casa *dela*, chegam atrasados para o almoço *dela*, falam mal *dela* na escola, enquanto ela não tem nenhuma autoridade para intervir e não pode nem se queixar com o marido.

A situação só vai melhorar se a terapia conseguir mudar o sistema de idéias compartilhadas pelos cônjuges, de modo que a casa seja *dele* também, o almoço *também* lhe pertença e assim por diante. A metamensagem que deve chegar à madrasta é que não foram as carências dela, como mulher e como mãe, que criaram o problema na nova família, problema que ela pensa resolver "recuando", mas que ela foi arrastada para um vazio criado pelas velhas normas sociais. E por isso, em vez de continuar a combater uma batalha já perdida contra os filhos do marido, ela pode ajudá-lo a ser pai dos próprios filhos e incentivá-lo a participar da gestão da família.

Da mesma maneira, é importante que os problemas relativos à gestão econômica sejam também tratados em conjunto, e que sejam honradas as obrigações financeiras com a primeira família, quer na criação dos filhos, quer na pensão direta à pessoa.

Se as receitas e despesas devem ser comuns, como normalmente ocorre no primeiro casamento, é um problema em aberto, cuja solução dependerá também da fonte, natureza e montante das receitas e despesas.

Porém, o que muitas vezes provoca raiva e tensões é que uma mulher, ao se casar novamente, queira manter o controle de seus próprios rendimentos, e que o marido espere que a segunda mulher lhe permita decidir unilateralmente sobre os recursos econômicos de ambos, ou que um dos dois dê *demais* aos filhos e *não dê o suficiente* ao cônjuge atual.

Assim como a guarda dos filhos e a gestão doméstica, a questão das receitas e da administração do dinheiro também é controlada por normas sociais e regras extrafamiliares, que, há milhares de anos estabelecem, com base no sexo, raça e classe social, quem terá acesso aos meios de aquisição de riqueza e em qual nível. Considerando esse *background*, na maioria dos casos será prematuro falar em *igual* participação econômica de homens e mulheres, mesmo se a produção *em comum* dos rendimentos for um fato na esmagadora maioria das famílias norte-americanas, e, por isso, a velha idéia de que as mulheres de classe média-alta são sustentadas a vida inteira pelos maridos é não apenas injusta, mas também injustificada e imprudente.

Tudo isso é particularmente evidente nas famílias reconstituídas, em que cada um dos cônjuges tem obrigações econômicas contraídas antes do atual casamento.

Quando os papéis sexuais tradicionais não mudam, nas famílias reconstituídas ocorrem choques entre as duas mães, que buscam tomar para si a responsabilidade emocional pelos filhos, e choques entre os pais, cada um dos quais procura não ser o único responsável pelos rendimentos das duas famílias.

Nos consultórios dos terapeutas familiares chegam os ecos desses choques, pois as famílias reconstituídas têm os mesmos problemas, ligados aos papéis sexuais, que envenenam a vida das famílias nucleares, com maior virulência e conseqüências mais graves. Vejamos algumas situações clínicas.

O triângulo com o padrasto

A família reconstituída típica compõe-se da mãe, seus filhos e o segundo marido. Nesse caso, os problemas ligados ao papel sexual são muito sutis, pois parece natural que, nesse tipo de constelação, o papel central seja da mulher, tanto em relação à casa como aos filhos. Muitas dificuldades surgirão se a mulher e o segundo marido acharem que ela não tem condições de cuidar dos filhos sem a intervenção dele. Outras dificuldades nascem quando todos pensam que *ela* é que deve se desdobrar para haver um bom relacionamento entre os filhos e o padrasto, *além de pedir aos filhos que tratem o novo marido com respeito e cortesia*.

Outro problema ligado aos papéis sexuais aparece se o ex-marido não paga pensão suficiente para o sustento dos filhos, ou não paga regularmente (coisa que acontece com bastante frequência), e a mulher não tem condições de ganhar o bastante para cobrir as despesas dos filhos (coisa também muito comum). Nesses casos, pode acontecer que o padrasto se recuse a colaborar, mesmo se tem condições para tanto, como reação à falha ou incapacidade do pai biológico de "sustentar seus próprios filhos".

Ao trabalhar com esse tipo de problemas, é muito importante que o terapeuta sustente e insista na capacidade da mãe de cuidar de seus próprios filhos sem intervenção do atual marido. Para favorecer a instauração de um bom relacionamento entre os filhos e o padrasto, é importante limitar o papel deste último a fazer respeitar a disciplina e enfrentar os problemas de dinheiro de modo direto e justo.

O triângulo com a madrasta

A estrutura familiar composta de pai, filhos e a nova mulher não é muito comum, mas se realiza, pelo menos, toda vez que o pai vai visitar os filhos na casa da ex-mulher ou telefona. Nesse caso, cabe ao marido dar lugar, inicialmente, à nova mulher, e não que esta tenha de lutar para entrar no sistema familiar já constituído. O pai deve explicar aos filhos que a nova mulher deve ser respeitada, mas que não irá substituir a mãe, nem ele mesmo. Ainda será o pai que irá estabelecer as regras de vida em comum.

Ele deve estar preparado para um certo mal-estar dos filhos com o novo casamento, e saber que o novo relacionamento entre eles e a nova mulher irá se desenvolver lentamente, de acordo com os desejos e os modos de relacionamento das duas partes. Deverá evitar forçar os tempos; não pode esperar que se crie um apego imediato entre a mulher e os filhos.

Aliás, os problemas previsíveis que podem surgir nesse tipo de triângulo devem-se, quase inteiramente, às velhas idéias sobre a divisão de papéis conforme o sexo, e é garantido que acabam por produzir a típica "madrasta incapaz".

Vejamos alguns desses problemas.

1) O marido, a nova mulher ou ambos podem pensar que é ela quem tem de se encarregar dos filhos (dele), como é dever de toda mãe, suscitando assim intermináveis resistências por parte dos filhos e da mãe biológica.

2) A relação entre o pai e os filhos pode ser tão distanciada ou conflitante que a nova mulher interfere para proteger ou ajudar o marido, e acaba por ficar envolvida nos conflitos.

3) Tanto o pai como a nova mulher podem pensar que as "pobres crianças" precisam de compensação pela infelicidade passada, e também podem pensar que essa compensação afetiva só pode ser proporcionada por uma mulher. Mas os filhos opõem resistência às tentativas da madrasta e esta, por sua vez, se irrita por ter de demonstrar "afeto" por filhos "ingratos" e "malcriados", especialmente se o marido começa a criticar seus esforços, em vez de tratar do assunto pessoalmente.

4) O pai pode concordar em se encarregar pessoalmente dos filhos, mas está tão ocupado e viaja tanto, por motivos de trabalho, que a mulher inevitavelmente sente-se obrigada a substituí-lo.

5) O marido pode ter um relacionamento muito conflitante com a ex-mulher e pedir ou induzir a segunda esposa a manter os contatos com a primeira, "pelo bem das crianças".

6) Um pai que sustenta e cuida dos filhos movido por fortes sentimentos de culpa pode induzir a mulher a entrar em competição com os filhos pela atenção do marido.

Resistências à mudança

Paradoxalmente, alguns homens se opõem a que a mulher trabalhe e, quando podem se permitir isso, sustentam também a ex-mulher, para não ter de mudar o modelo de relação. Geralmente, há um tal respeito pela atitude dos homens em relação ao dinheiro, que até em terapia familiar é raro que se coloque em discussão seu direito de manter o controle financeiro. E ainda, paradoxalmente, a nova mulher, quem mais teria a ganhar com um maior envolvimento do marido nas questões domésticas, muitas vezes resiste às mudanças nesse sentido, porque ameaçam sua identidade. Em terapia familiar, a nova mulher é sempre levada, inevitavelmente, a "ficar para trás". Mas esse tipo de intervenção não dá bons resultados, pois não valoriza suficientemente seu lugar na família. A mudança necessária, então, não é simplesmente que ela "fique para trás", mas que ambos os cônjuges redefinam e distribuam de modo diferente suas responsabilidades.

O casal

E enfim chegamos ao casal, não por acaso o último.

Por mais que tenham saído juntos, namorado e depois casado com a idéia de construir uma vida de casal, os dois cônjuges são rapidamente submersos pelos problemas familiares e dos filhos, a ponto de submeter a sérios riscos o senso de identidade como casal.

Uma pesquisa recente revela que os casais com filhos que voltam a se casar têm o dobro de probabilidade de se divorciarem do que os casais sem filhos.

O dever de conseguir um casamento satisfatório, apesar de tantas dificuldades, recai em grande parte sobre a mulher, que todos, inclusive ela própria, consideram responsável por como vão evoluir as coisas. Embora os problemas apresentados quase sempre digam respeito aos filhos, é importante que o terapeuta também preste muita atenção à relação de casal.

Para concluir, a porcentagem muito alta de divórcios, nos Estados Unidos, criou uma estrutura familiar "alternativa", que aparece nos consultórios dos terapeutas familiares tanto ou mais freqüentemente do que a estrutura familiar tradicional em que fomos criados, e temos de aprender a trabalhar com ela.

O problema para os terapeutas, então, é o seguinte: vamos reconsiderar nossas idéias sobre estrutura familiar funcional e poder ajudar essas famílias, ou vamos continuar fazendo só o que já sabemos e tratando esse tipo de famílias como famílias "rompidas" que devam ser "consertadas" para combinar com a velha cópia-carbono?

TERAPIAS COM CASAIS EM UMA SOCIEDADE DESAGREGADORA
Kitty LaPerrière

Perspectiva social

"Vivemos cada vez mais num mundo de estranhos e precisamos aprender a transformá-los em amigos", escreve Elizabeth Janeway, num artigo recente, dando voz a percepções que muitas vezes informam o meu trabalho terapêutico com casais. Em terapia familiar, costumava-se considerar a família nuclear como sinônimo de família, e o casal como coluna de sustentação da família. Grande parte da teoria clássica de terapia familiar está baseada nesse pressuposto e deve ser repensada, na medida em que a família-protótipo dessa teoria representa uma proporção decrescente de "lares", com o aumento de famílias com um só progenitor, famílias binucleares e pessoas que moram sozinhas. Muito se escreveu sobre o declínio da família extensa e sobre como é exígua a assistência da comunidade com que se pode contar. As condições econômicas e políticas obrigam a mudanças e migrações. Continuidades históricas são rompidas, tanto no sentido coletivo-cultural como no sentido familiar. Cada vez mais, as pessoas precisam encontrar, descobrir e criar os valores e as condições de suas próprias vidas. Em termos de família, isso significa que os casamentos não duram, necessariamente, muito tempo, e que as pessoas não se casam necessariamente à primeira escolha. Muitas crianças crescem com só um dos pais e com uma sucessão de padrastos ou madrastas e sem verdadeiro acesso a avós ou parentes colaterais. A luta pela transição dos papéis sexuais, de complementaridades previsíveis a modelos elaborados individualmente, atravessa períodos de luta pelo poder, de competição, de definição pessoal, enquanto são menos evidentes os elementos de cooperação, cuidado e promoção dos outros e de estar a serviço deles. Essa situação existe ideologicamente nos sistemas macrossociais em que vivemos e, de modo crescente, nos nossos sistemas interpessoais íntimos. A ênfase na auto-realização, nas psicoterapias individuais, e a mudança de foco que acabou se criando entre os sistemas pessoais íntimos e os vários sistemas sociais, cada vez mais predominantes na terapia familiar, contribuem para fazer a balança pender ainda mais para o lado do interesse pessoal e do poder como únicos fatores importantes a serem considerados.

Pode-se colocar a área de trabalho com casais entre a polaridade da psicoterapia individual de longo prazo, que tem como objetivo a reestruturação do indivíduo e trabalha com a luta de cada um para alcançar uma autonomia madura, e o trabalho visando a descobrir e resolver os problemas das famílias de origem. Sob muitos aspectos, esta representam uma verdadeira *incógnita*: a afirmação de Margaret Mead, de que as pessoas se casam porque os pais se casavam, está superada. As regras mudaram. Já não basta trabalhar com os problemas criados pela diferenciação insuficiente do casal em relação aos esquemas da família de origem. É preciso propor soluções criativas, explorar novos caminhos. O terapeuta deixa de ser um mago-especialista, que intervém, para tornar-se alguém que faz perguntas e serve de guia pelo caminho.

Ao explorar díades em que foram expostas e testadas disfunções e infelicidades, seja em sintomas como dependências e depressões, seja em falta de ternura ou sexualidade, o terapeuta de casal muitas vezes fica na situação de ter de frear um sistema instável, levado à fragmentação por sua instabilidade inata e também pelas muitas influências ambientais, dos amigos ("não o/a deixe fazer isso com você") aos terapeutas individuais ("você merece mais do que isso, mexa-se"), aos defensores de posições fechadas e, também, aos terapeutas familiares que gostam de mudanças bem concretas, evidentes.

Boa parte da literatura sobre terapia familiar fala do terapeuta esperto que é capaz de entrar por trás ou por dentro da "resistência à mudança" que sustenta a homeostase, e, como que por um ato de mágica, leva a família a mudanças repentinas, louvando a beleza dessa operação, que é ainda aumentada pela ignorância da família sobre o como e o porquê. Naturalmente, há muitas famílias rígidas, que desafiam a engenhosidade do terapeuta como agente de mudanças.

Esse não é o desafio do terapeuta de casal. Longe de procurar meios de desestabilizar ou arrebentar um sistema demasiado rígido, o terapeuta de casal espera, em seu trabalho, criar uma ilha de tranqüilidade e equilíbrio, um lugar de calma onde o conflito possa ser reexaminado sem a inevitabilidade de uma "escalada" bilateral, em que o jogo de soma zero se transforme numa atitude de "ganhar ou perder". O casal deve parar de acusar o parceiro pelas infelicidades de sua vida, e passar a reconhecer as dificuldades como coisas que acontecem na vida, ambos provavelmente contribuindo para o conflito em algum aspecto significativo. Ao mesmo tempo, o conflito é reconhecido como uma dificuldade esperada; será normalizado (o terapeuta apresenta como normal algo que é, efetivamente, normal, mesmo sob outros aspectos, tais como, por exemplo, a freqüência do fato).

Quando — na descrição do meu trabalho terapêutico — insisto na estabilidade, na coesão e na continuidade, faço-o com a intenção explícita de assinalar que noto a falta desses aspectos na vida das pessoas com quem trabalho. Longe de encontrar meus pacientes atolados em rígidas posições de não mudar, muitas vezes, os encontro cambaleando por causa de tantas mudanças. Essas mudanças, muitas vezes, são provocadas de fora e devem ser amortecidas, equilibradas e integradas por dentro.

Às vezes me pergunto se pacientes desse tipo e eu nos escolhemos para trabalhar em questões de interesse comum. Sabemos que essa auto-seleção recíproca funciona sempre que pacientes e terapeuta estão livres para escolher. Além disso, o sistema de vida e o sistema de crenças do terapeuta determinam o modo como uma situação clínica é vista e descrita e, conseqüentemente, como é tratada. O velho ditado "ver para crer" é mais válido se mudado para "crer para ver".

Exerço minha atividade profissional na área metropolitana de Manhattan e venho de um ambiente multicultural. Por isso, e provavelmente por muitas outras razões, parece que sou particularmente sensível à natureza provisória e à estrutura fragmentária de muitas das famílias que me consultam. A exigência de pressionar para uma mudança raramente parece ter importância primária. A mudança vem para todos nós, e parece mais importante que as pessoas aceitem a si mesmas, uns aos outros, e encontrem o fio da meada das suas vidas. Não é necessário ver na normalização uma tática terapêutica. A experiência de vida de cada pessoa é a sua normalidade, e é nisso que a terapia tem de se empenhar.

Numa sociedade que coloca acima de tudo os resultados e o sucesso evidente, o tempo passado no consultório do terapeuta permite dedicar energia e atenção aos problemas pessoais. A entrevista terapêutica torna-se um acontecimento em que as experiências privadas são formuladas claramente, reconhecidas e consideradas importantes. Aspectos da vida que, muitas vezes, são ignorados ou deixados de lado na pressão da vida pública, são colocados em evidência.

Em muitas vidas não há tempo, nem interesse, nem habilidade para considerar e resolver os problemas privados. As pessoas não dão importância à sua vida passada, ao seu casamento, aos seus re-

201

lacionamentos com os outros. Tendem a deixar de lado ou até a rejeitar a idéia de que a vida familiar requer energia, tempo e competências — naturalmente de tipo diferente daquelas exigidas na vida do trabalho, mas, ainda assim, competências. (Uma das primeiras ilusões que o terapeuta de casal precisa destruir, e a mais dura de morrer, é a idéia de que o casamento é aquele ambiente idealizado em nossa infância, onde somos amados sem reservas e tudo funciona por conta própria, e, se não funcionar, é culpa do outro.) Acontece que muitos casais em terapia são pessoas altamente qualificadas na vida pública, dirigem inteligentemente, e com ótimos resultados, empresas, hospitais, faculdades universidades — organizações em que têm muitas pessoas dependendo deles. No entanto, quando voltam para casa, guardam na gaveta tudo que sabem sobre o comportamento de um adulto competente. Parece até que não se deram tempo de perceber, que não aprenderam e ninguém lhes ensinou como se comportar de modo funcional em casa. Para essas pessoas, a terapia confere validade à esfera privada e proporciona estabilidade e apoio para experimentar e aprender nas relações íntimas. Faz-se assim um pequeno contrapeso à tendência geral de não reconhecer, e, *ipso facto*, de não valorizar os eventos domésticos, emocionais, de dependência, e os que fazem crescer.

Os casais que procuram assistência terapêutica muitas vezes ficam decepcionados quando é exigido deles um trabalho duro. Esperam uma varinha mágica que faça tudo funcionar direito e lhes dê uma sensação de bem-estar. O terapeuta torna-se assim mestre e guia no caminho de formar relacionamentos. Esse caminho às vezes é particularmente tortuoso, num período de transformações fundamentais das definições sexuais, da nova engenharia genética e, talvez, de mudança concomitante no significado de ser pais. As regras e as perspectivas sobre relacionamentos ao alcance de homens e mulheres são indefinidas, contraditórias, inatingíveis. Estão em contraste com as expectativas da infância, as fantasias da adolescência, as esperanças da idade adulta.

É raro que existam fortes razões externas para duas pessoas se estabelecerem como casal. Hoje é quase universalmente aceito que se conviva sem casar (uma mudança radical desses últimos vinte anos). Viver como casal não é, necessariamente, vantajoso financeiramente. A decisão de casar, ou mesmo de morar juntos, é uma decisão livre, muitas vezes tomada para obter o máximo de prazer e de crescimento pessoal, prestando pouca atenção à reciprocidade das obrigações em condições de impasse ou adversidade (desemprego, doença), na vida pessoal ou do parceiro: na verdade, há menos valores constantes para enfrentar essas adversidades.

202

Assim, por um lado, a hora de terapia torna-se um foro para trocar idéias e preocupações, onde se aprende a olhar além do jogo defensivo de poder e a reconhecer e proteger as vulnerabilidades recíprocas. É uma oportunidade para superar as preocupações com autonomia e individuação, de aprender que é essencial para a saúde e o bem-estar saber gostar de si e que os outros gostem da gente, confiar e gozar da confiança dos outros, reivindicar direitos e ser objeto de reivindicações de sua presença duradoura na vida do outro e gozar de sua presença duradoura, não apenas simbolicamente, mas de modo vivo e imediato.

Acho importante especificar alguns desses valores, mesmo correndo o risco de parecer aborrecida e pouco clara, pois são o fundamento de meu trabalho e de meu modo de encarar as dificuldades dos casais. Os exemplos clínicos apresentados a seguir poderão ilustrar esses valores a que me refiro, mas sei também que as mesmas seqüências clínicas poderiam ser usadas para ilustrar, explicar e justificar uma série de hipóteses diferentes. Ao abandonar a investigação da família como sistema especial, à qual não se pode deixar de pertencer, que tem funções especiais e que é a primeira formação da humanidade de todos nós, o terapeuta familiar — ao se tornar um interventor nos sistemas — abandonou tacitamente questões particularmente pertinentes à humanidade das pessoas. Talvez seja hora de nos lembrarmos de revisitar essas áreas.

Problemas clínicos

Podemos sistematizar os problemas relativos aos casais empregando um esquema simples, ao qual podem ser acrescentados diversos níveis de complexidade:

1) o casal que tem dificuldades para se tornar um casal;
2) o casal que tem dificuldades para achar um *modus vivendi* feliz como casal;
3) o casal que não sabe se quer continuar junto ou não;
4) o casal que precisa de ajuda para se separar;
5) o casal que precisa achar um jeito de se adaptar a mais de uma relação de casal, geralmente devido à existência de filhos de um casamento ou de uma relação anterior.

O casal em formação

Trata-se de um casal que vive junto mas não é capaz de dar o próximo passo adiante. Às vezes houve um longo relacionamento com o mesmo parceiro, mas os dois não conseguem avançar nem se separar, ou então o casal repetiu a história com diversos parceiros ou trocou de parceiro num ponto de decisão particularmente crítico.

Nesse caso, o empenho do terapeuta consiste em aliviá-los da urgência de uma decisão e ajudá-los a suportar a investigação definitiva do processo de vida em comum, em vez de se precipitarem numa solução e depois voltarem atrás. As opções possíveis são explicitadas, exploradas como igualmente aceitáveis, e o trabalho se desenvolve no sentido de uma escolha consciente e de sua aceitação por ambos os parceiros: pode manter o *status quo* sem sentir a obrigação de avançar (nem todo mundo tem que se casar), pode separar-se (sim, é possível sobreviver sozinho) ou casar-se (afinal, ninguém embarca num casamento sem algumas dúvidas).

Esse trabalho pode ser feito em poucas sessões ou pode se estender por um período de tempo mais longo.

Exemplo — Burt, de 36 anos, e Sally, de 26, estavam juntos há quatro anos. Cada qual tinha seu apartamento e moravam num deles nos dias úteis e no outro nos fins-de-semana. Passavam as férias juntos e as festas com a família de um ou outro. De vez em quando, cada um ia sozinho visitar sua família. Burt tinha sido casado dos vinte aos trinta anos e tinha uma filha adolescente, que acompanhava bem de perto. Não queria outros filhos. Sally, pesquisadora de biologia, resolveu que, para ficar com Burt, estava disposta a renunciar a ter filhos. Mas, para ela, eles deveriam se casar, ter um apartamento em comum e uma casa de campo. Burt rejeitava esse projeto.

A terapia revelou que, embora o casal fosse compatível no tocante ao aspecto profissional, público, diferenciavam-se no grau de satisfação com a relação: Sally achava Burt pessoalmente distanciado, ele a achava pouco interessante e pouco interessada sexualmente.

Sally ia percebendo, cada vez mais, que queria casar e levar uma vida doméstica tranqüila, ao passo que Burt, com um consultório médico bem encaminhado, gostava da cidade e de se envolver em seus múltiplos aspectos. Tinha levado a relação adiante "porque acreditava sinceramente que um homem de bem tinha de ser casado", correspondendo assim ao desejo de casamento de Sally. No começo, Sally tivera receio do casamento, como ameaça potencial à sua carreira; daí escolher Burt, como um parceiro sem risco. Quando resolveu que queria mesmo casar, foi relativamente fácil, para ela, deixar Burt e procurar um parceiro mais disposto ao casamento. No fim, Burt também aceitou a idéia de que nem todos os homens de bem têm de se casar, e assim conseguiu deixar Sally.

A terapia com esse casal abrangeu um ano e meio ao todo. A relação terminou de modo simétrico e facilitou a transição para ambos, permitindo que continuassem amigos. Num controle realizado cinco anos mais tarde, Burt estava casado e Sally com outro parceiro.

Exemplo — Um casal pediu uma consulta durante uma crise. Estavam juntos há apenas três meses, o que, pela experiência desta autora, é muito pouco para que a terapia possa ser de utilidade. Abrimos uma exceção devido à insistência implorante da mulher e a um pedido do terapeuta individual do homem. Judy e Ted tinham quarenta anos. Tinham sido apresentados por amigos, que os consideravam feitos um para o outro, e tinham se apaixonado pouco depois de se conhecerem. Ambos tinham vida profissional de sucesso. Ted estava se divorciando, Judy tinha sido casada e se divorciara muitos anos atrás. A causa da crise que os tinha levado a procurar um terapeuta fora o desejo desesperado de Judy de ter um filho. Tinha até pensado na possibilidade de fazer uma inseminação artificial, pouco antes de conhecer Ted. Esse encontro não mudara substancialmente a situação: em vez de um doador anônimo, ela agora pensava em Ted como pai potencial de seu filho. Ao se ver em tal papel, o entusiasmo inicial de Ted esfriou. A investigação, numa única sessão, mostrou que eles ainda tinham de construir as bases sobre as quais assentar uma relação de casal duradoura e que precisavam repensar a urgência de seus projetos individuais. Oferecemos fazer uma segunda consulta após algumas semanas. Telefonaram para desmarcá-la porque estavam pensando em se separar.

As dificuldades de viver como casal

Quero focalizar aqui os problemas decorrentes da insegurança relacionada à compreensão e representação dos papéis sexuais, com uma igualdade ideológica que distoa dos hábitos e expectativas do dia-a-dia. O trabalho do terapeuta consiste, por um lado, em ajudar os casais a formular suas opiniões e convicções e, por outro, seu comportamento e suas reações emocionais, para identificar as contradições e conflitos, e encontrar uma solução. A rigidez da definição dos papéis deve ser atenuada, e é preciso renunciar a certas expectativas.

Exemplo — Chris e Robert moravam juntos há cerca de três anos, sem serem casados, quando iniciaram a terapia de casal, por motivos de incompatibilidade. Brigavam muito, Robert criticava as pequenas preocupações domésticas de Chris e ela reclamava do caso amoroso que ele tinha com o computador. Ele estava ganhando bem como analista financeiro, ao passo que os rendimentos dela, como fisioterapeuta, eram bem modestos. Nenhum dos dois tinha sido casado, e ambos haviam tido uma série de relações breves. Agora tinham passado dos trinta e estavam meio contrariados com a possibilidade de terminar mais essa relação, que diziam ter sido a mais importante de todas, para ambos. A terapia seguiu os esquemas habituais durante cerca de um ano: o casal descobriu um jeito de dividir as tarefas, para Chris não se sentir uma empregada doméstica, e montou um sistema de cada um deles contribuir nas despesas proporcionalmente ao seu ganho: um pequeno gesto visando reduzir as desigualdades do mercado de trabalho. À medida que a relação foi crescendo e manifestando elementos de estabilidade, Chris lembrou-se de sua idade e resolveu ter um filho. Robert não quis saber disso, pois tivera uma infância muito infeliz e já há tempo tinha se conformado a não ter filhos. Esse aspecto novo veio ameaçar a continuidade desse casal relativamente novo. Os dois tinham se fechado em suas posições. A terapeuta — talvez porque não quisesse jogar fora o trabalho de um ano visando a continuidade da relação — resolveu ajudar o casal a negociar e se reestruturar. O primeiro passo consistiu numa declaração de Chris: mesmo querendo uma criança, não queria renunciar a Robert. Declarou-se disposta a ser mãe solteira, a sair de casa se fosse necessário, mas a continuar a relação com Robert. Propôs fazer uma inseminação artificial de um doador, para que Robert não se sentisse obrigado a ter sentimentos paternos por uma criança que não desejava.

Depois de refletir, Robert resolveu que o esperma podia até ser o dele, desde que Chris não viesse exigir que ele bancasse o pai. Ela concordou, e o casal assinou um contrato pelo qual Chris liberava Robert de qualquer responsabilidade pela paternidade. Naturalmente, um contrato desses não tem validade jurídica, mas nesse caso revelou-se psicologicamente muito válido. Livre do peso de uma iminente paternidade e da ansiedade de ter que se comportar direito durante a gravidez de Chris, Robert concordou em gerar o filho dela. Tudo continuou na mesma até o quinto mês de gravidez, quando Robert, cheio de cuidados, propôs que Chris reduzisse sua carga de trabalho, tanto em casa como fora. A partir daí, sua paternidade se afirmou e a situação progrediu.

Essa história, com algumas variantes, repetiu-se diversas vezes ao longo do meu trabalho de terapeuta. Talvez indique que quando o compromisso de ser esposos ou pais se torna uma única opção, pode ficar pesada demais para ser enfrentada diretamente.

Ficar juntos ou separar-se

Com o divórcio como opção freqüente e ao alcance da mão, e com os sonhos de fugir do casamento experimentados como mais fáceis do que a perda acarretada por toda dissolução do casamento, parece que a possibilidade de separação é muitas vezes considerada a solução para os problemas de muitos casamentos. O trabalho terapêutico consiste em explorar as possibilidades alternativas dentro da estrutura do casamento, em desmistificar a idéia do casamento e também a idéia da liberdade que se teria fora dele, e em ajudar o casal a entender que, muitas vezes, a questão importante não é ficar ou sair do casamento. Outra tarefa importante, do ponto de vista terapêutico, é ajudar os casais a não usarem a ameaça de ir embora como última cartada na negociação.

Exemplo — Vou tentar resumir uma terapia que durou mais de sete anos, com intervalos, com sessões de casal e algumas sessões familiares e individuais, e que ainda está em curso. As pessoas envolvidas são pessoas amorosas, sérias e bem-intencionadas, que esperavam encontrar correspondência entre suas experiências internas e sua vida em comum. Vieram me consultar pela primeira vez por indicação de um amigo que achara a terapia de casal muito útil para seu próprio casamento. Nenhum dos dois tinha feito psicoterapia antes — coisa rara entre os intelectuais nova-iorquinos. O motivo da consulta era a infelicidade causada pela relação extraconjugal do marido, que já era a segunda ou terceira.

O casal se conhecia desde o tempo de colégio e tinham sido os primeiros e únicos parceiros (com exceção dessas fugidas). Pareciam combinar bem, mostravam-se carinhosos e pouco à vontade na sessão. Declaravam que compartilhavam todos os seus pensamentos, e lembro-me de ter comentado que isso devia pôr limites no que pensavam.

Tinham três filhos e não havia grandes conflitos nesse aspecto de sua vida em comum.

Na entrevista, o marido expressou um grande sentimento de culpa e certa dificuldade para entender os motivos de sua infidelidade. Ao mesmo tempo, manifestava irritação e impaciência com a mulher. Ela se mostrava carinhosa, adorando o marido e se apoiando muito nele, mas, ao mesmo tempo, sentia-se moralmente ofendida e expressava total desaprovação à relação extraconjugal. A primeira fase da terapia de casal foi uma tentativa de introduzir alguma diferenciação nesse casal em estado de fusão e com muitas defesas. Encorajei-os a discutir e brigar, mas bem pouco do que se avançava durante a terapia parecia refletir no comportamento deles em casa. Marie, por um lado, continuava submissa e, por outro, recusava-se a entender e desaprovava. Edward estava deprimido, meio infeliz, distanciado. A vida sexual do casal — segundo diziam na época e depois — era excelente.

Durante o segundo ano de terapia, o marido teve outra relação que durou, com muita infelicidade, dor e dramaticidade, cerca de dezoito meses. A essa altura o casal se separou. A terapia continuou sendo feita com o casal por mais seis meses, porque tanto ele como ela expressaram o desejo de continuar com o casamento. Uma nova tentativa de convivência terminou de modo rápido e desastroso e voltaram a se separar por mais tempo. O marido alugou um apartamento ainda não mobiliado. A terapia de casal passou a terapia individual, com Marie explorando uma infância pobre numa família com cinco filhos, pai alcoólatra e mãe passiva, e Edward tentando chegar a uma definição em seu relacionamento com os pais, particularmente com o pai, que tinha morrido mais ou menos na época em que ele começara sua primeira relação.

Enquanto Marie encontrou um apartamento para ela e os filhos, Edward não conseguiu manter sua decisão de ficar sozinho e, em um mês, convidou a "outra" para morar com ele.

Seguiu-se um período doloroso para ambos e, de certa maneira, para a terapeuta também. Às vezes, parecia mais fácil esquecer tudo, acabar com o casamento e deixar que a vida continuasse. Marie fez um esforço para tornar-se mais independente, mas sem nunca procurar um trabalho remunerado, e manifestou sua raiva contra o marido pressionando-o financeiramente. Quanto a ele, pensou em morar com Alice (a nova mulher), mas descobriu de modo crescente seu profundo apego a Marie. Esse processo durou muito tempo e houve também uma reaproximação e uma mudança em seu relacionamento com a família de origem, reforçando seu senso pessoal de identidade.

Eu trabalhara anteriormente com casais que superaram crises graves de fidelidade e que, depois, demonstraram muita gratidão pelo fato de a família ter ficado intata, e pude continuar a seguir essa situação, apesar das minhas dúvidas sobre a extensão do envolvimento terapêutico e a complexidade da situação. Sentia-me responsável por Alice e convidei-a, sem grande entusiasmo, para uma sessão junto com Edward. Provavelmente foi seu bom senso que levou a recusar o convite.

Depois que Alice foi embora, Edward e Marie passaram a sair regularmente, por uns seis meses e, depois, voltaram a morar juntos.

O casal que precisa de ajuda para se separar

Muitas vezes, os casais ficam juntos porque têm medo de não conseguir sobreviver separados. Durante o processo de separação, disfarçam e dominam esse medo desenvolvendo tanta raiva e agressividade mútuas que levam a separação a ser indistinguível de matar o(a) esposo(a) que está para partir ou que já partiu. Uma batalha desse tipo deixa pesadas cicatrizes nos filhos além de no próprio casal, batalha que, muitas vezes, continua até na relação sucessiva. A tarefa do terapeuta é ajudar a entender que se pode sobreviver sem a outra pessoa. Que é possível continuar uma relação parcial como pais, mesmo que não seja de amizade e carinho. Que a separação pode se dar com um mínimo de destrutividade e talvez até com ajuda mútua.

Exemplo — Um casal em processo de rompimento, acusando um ao outro de solapar e querer acabar com a relação, veio me consultar a conselho de um casal de amigos que eu tinha ajudado a preparar uma separação amigável. Visto o precedente, esperavam um bom resultado da terapia e, declarando que só tinham dinheiro para uma ou duas sessões, puseram logo mãos à obra, expressando seus receios sobre o que se separar poderia significar. O pai estava preocupado de perder contato com o filho, a mãe, de ficar com recursos insuficientes e sem tempo suficiente para voltar a se inserir no mercado de trabalho. Durante a sessão o casal chegou a algumas soluções sobre a guarda do filho e sobre como viverem separadamente. Marcaram outra sessão, que depois desmarcaram, dizendo que as coisas estavam correndo conforme previsto. Um telefonema um mês depois confirmou o fato.

Novas relações — famílias binucleares

Nessas famílias, muitas vezes, verifica-se a vontade de recomeçar do zero, o que significa que os compromissos anteriores podem provocar ressentimento e que, muitas vezes, se desejaria considerá-los inexistentes. Espera-se que a nova estrutura familiar possa funcionar como uma família nuclear original. Além disso, a primazia do vínculo conjugal sobre o de pai e filho, tão freqüentemente solicitada na família nuclear, nessas situações só pode ser estabelecida de modo pacato, gradual e cuidadoso. As tarefas do terapeuta consistem aqui em ajudar os vários membros da família a ver e entender que estão envolvidos numa forma nova e especial de família. Ser padrasto ou madrasta não é o mesmo que ser pai ou mãe, e o filho não o tem os mesmos sentimentos pelos dois, assim como um pai não pode ter por um enteado os mesmos sentimentos que tem por um filho. (Há uma certa sabedoria nos velhos contos de fada, que falam de padrastos e madrastas malvados.) A responsabilidade com os próprios filhos, muitas vezes, entra em conflito com a responsabilidade com o novo parceiro, e é difícil estabelecer prioridades. Há uma tendência à diferenciação sexual: geralmente, o padrasto ou madrasta é mais bem aceito se o(a) enteado(a) for do sexo oposto.

Exemplo — Emily foi casada por pouco tempo, aos vinte anos, quando era vendedora numa loja de departamentos. Agora, aos 25 e com uma carreira executiva, está casada com John, arquiteto viúvo, pai de dois filhos e uma filha adolescentes. A mulher de John morreu quando os filhos eram crianças e ele ficara sozinho para poder dedicar-se inteiramente a eles. Formavam um grupo muito unido. Quando John se apaixonou por Emily, nenhum dos dois previa problemas. Emily considerava os filhos crescidos o bastante para poderem se virar sozinhos, como ela tinha feito na idade deles. John achava que Emily seria mais alguém maravilhoso em sua família unida.

O casal me consultou após o nascimento de uma criança de seu casamento. Emily estava profundamente deprimida e queria mudar de casa ou proibir que os dois filhos adolescentes entrassem no apartamento. Não suportava sua música barulhenta, seus amigos desajeitados e relaxados, o fato de chegarem de madrugada. Sentia-se afogada com todo o trabalho e a responsabilidade que, efetivamente, estavam em suas costas e queria que os adolescentes respeitassem suas exigências de descanso e silêncio e ajudassem nas tarefas domésticas. Eles, pelo contrário, esperavam uma mãe, que não necessariamente amariam, mas que contribuiria para facilitar sua vida e a do pai.

A terapia consistiu em voltar ao ponto de partida, em descrever e reviver como eram as coisas antes da união dessas duas unidades. Enquanto Sara, a nova menina, representava uma ligação entre todos eles, não se conseguia estabelecer muitos outros pontos de interesse comum. A situação mais penosa era a de John, pois era tão apegado aos filhos do primeiro casamento quanto à nova família. Sua incapacidade para fundir esses dois grupos, tão diferentes, num todo amoroso e unido atingia-o como uma grande perda. Durante a terapia, a família se reestruturou de modo mais sintonizado com os esquemas originais. John assumiu maior responsabilidade pelos três filhos, permitindo assim uma aproximação entre eles e Emily, no seu ritmo natural, muito mais lento.

Conclusão

As tendências e condições sociais atuais, que aqui resumimos, são muitas vezes causa de fragmentação nas famílias e casais. A tendência das intervenções terapêuticas tem sido a de enfatizar a autonomia, a individualidade, favorecer a separação mais do que a vinculação, a continuidade e os cuidados com os outros. Considerando que o homem é um animal social, e não solitário, as regras de relacionamento atuais, que estão em transformação, devem descobrir vias alternativas para preservar alguma continuidade e certos vínculos comuns. Esperemos que os terapeutas familiares encontrem meios de levar adiante esta tentativa.

OS AUTORES

M. ANDOLFI
Professor associado do Depto. de Psicologia dos Processos de Desenvolvimento, Universidade "La Sapienza", Roma. Diretor Científico do Istituto di Terapia Familiare de Roma (Itália)

C. ANGELO
Psiquiatra-auxiliar no Serviço Psiquiátrico da U.S.L. Centro-Sul, Bolzano. Didata do Istituto di Terapia Familiare de Roma (Itália)

G. G. BARNES
Diretor de Formação no Institute of Family Therapy, Londres (Reino Unido)

J. C. BOULEY
Responsável de Formação na Association Parisienne de Recherche et de Travail avec les Familles (A.R.T.F.), Paris (França)

P. CAILLÉ
Responsável pelo Centre de Guidance Familiale de Sagene, Oslo (Noruega)

E. CARTER
Diretora do Family Institute of Westchester, Mount Vernon, Nova York, (Estados Unidos)

A. COOKLIN
Diretor do Institute of Family Therapy, Londres (Reino Unido)

R. de BERNART
Diretor do Istituto di Terapia Familiare, Florença (Itália)

M. de NICHILO
Psicoterapeuta familiar. Docente no Depto. de Psicologia dos Processos de Desenvolvimento, Universidade "La Sapienza", Roma (Itália)

M. ELKAIM
Diretor do Institut d'Etudes de la Famille et des Systèmes Humains, Bruxelas (Bélgica). Diretor-responsável da revista *Cahiers de Thérapie Familiale et des Pratiques de Reseau*

R. GIOMMI
Coordenadora Didática do Istituto Internazionale di Sessuologia, Florença (Itália)

K. LAPERRIÈRE
Psicoterapeuta familiar e de casal. Ex-Diretora de Formação no Ackerman Institute for Family Therapy e ex-Presidente da American Family Therapy Association (Estados Unidos)

F. MENGHI
Diretor de Atividade Didática no Istituto di Terapia Familiare de Roma (Itália). Presidente da "Mandala", Associazione di Ricerca per lo Sviluppo Armonico

G. MONTINARI
Psicoterapeuta familiar, Didata no Istituto di Terapia Familiare de Roma (Itália)

A. M. NICOLÓ
Diretor de Atividade Clínica no Istituto di Terapia Familiare de Roma (Itália)

P. PAPP
Senior Training Supervisor e Co-Diretora do Projeto de Terapia Breve no Ackerman Institute for Family Therapy, Nova York (Estados Unidos)

W. PASINI
Professor-Associado de Psiquiatria na Universidade de Genebra. Diretor da Unidade de Psicossomática e Sexologia, Genebra (Suíça)

E. ROMANO
Psicóloga, Responsável de Pesquisa na Association Parisienne de Recherche et de Travail avec les Familles (A.R.T.F.), Paris (França)

C. SACCU
Professor-Associado no Instituto de Neuropsiquiatria Infantil da Universidade "La Sapienza", Roma. Diretor do Istituto di Terapia Familiare de Roma (Itália)

V. SATIR
Diretora de Treinamento, Avanta Network, São Francisco, Califórnia (Estados Unidos)

H. STIERLIN
Diretor da Clínica Psicossomática da Universidade de Heidelberg (Alemanha)

J. WILLI
Professor-Associado de Medicina Psicossocial na Universidade de Zurique (Suíça)

www.gruposummus.com.br